# DIREITO HUMANO À ALIMENTAÇÃO E SUSTENTABILIDADE NO SISTEMA ALIMENTAR

Mariana de Araujo Ferraz

# DIREITO HUMANO À ALIMENTAÇÃO E SUSTENTABILIDADE NO SISTEMA ALIMENTAR

**Dados Internacionais de Catalogação na Publicação (CIP)**
**(Câmara Brasileira do Livro, SP, Brasil)**

Ferraz, Mariana de Araujo
  Direito humano à alimentação e sustentabilidade no sistema alimentar / Mariana de Araujo Ferraz. – São Paulo : Paulinas, 2017. – (Coleção cidadania)

  Bibliografia.
  ISBN: 978-85-356-4263-6

  1. Alimentos (Direito) 2. Alimentos - Consumo 3. Direito à alimentação 4. Direito fundamental 5. Direitos humanos 6. Organismos transgênicos 7. Sustentabilidade I. Título. II. Série.

  17-00993                                                      CDU-342.57

**Índice para catálogo sistemático:**
1. Direito fundamental à alimentação : Direitos humanos : Direito constitucional   342.57

1ª edição – 2017

Direção-geral: *Bernadete Boff*
Editora responsável: *Andréia Schweitzer*
Copidesque: *Ana Cecilia Mari*
Coordenação de revisão: *Marina Mendonça*
Revisão: *Sandra Sinzato*
Gerente de produção: *Felício Calegaro Neto*
Projeto gráfico: *Manuel Rebelato Miramontes*

Nenhuma parte desta obra poderá ser reproduzida ou transmitida por qualquer forma e/ou quaisquer meios (eletrônico ou mecânico, incluindo fotocópia e gravação) ou arquivada em qualquer sistema de banco de dados sem permissão escrita da Editora. Direitos reservados.

**Paulinas**
Rua Dona Inácia Uchoa, 62
04110-020 – São Paulo – SP (Brasil)
Tel.: (11) 2125-3500
http://www.paulinas.org.br – editora@paulinas.com.br
Telemarketing: 0800-7010081
© Pia Sociedade Filhas de São Paulo – São Paulo, 2017

A meus pais, Maria Lúcia e Aloísio,
e às minhas queridas irmãs, Thaís e Camila.

# Agradecimentos

Este livro é fruto de minha dissertação de Mestrado em Direitos Humanos, intitulada "Direito à alimentação e sustentabilidade", desenvolvida sob orientação da professora Elza Antônia Pereira Cunha Boiteux, e defendida em abril de 2014, na Faculdade de Direito do Largo São Francisco, Universidade de São Paulo – USP. Nesse sentido, dedico meus agradecimentos a muitas pessoas especiais que contribuíram com este trabalho. À orientação da professora Elza Boiteux, e aos conselhos e observações do professor Marcelo Gomes Sodré. Às professoras Patrícia Faga Iglecias Lemos e Rosangela Lunardelli Cavallazzi, pela avaliação criteriosa e construtiva. A Estela Waksberg Guerrini e Daniela Trettel, amigas, anjos da guarda, e por terem sido fundamentais na decisão da realização do mestrado. A Tâmara Amoroso e Gabriela Saab, pela luz e dicas preciosas. Ao Idec – Instituto Brasileiro de Defesa do Consumidor, uma verdadeira escola em ativismo pela defesa de direitos, nas pessoas de Marilena Lazzarini, Lisa Gunn, Carlos Thadeu, Carlota Aquino, Teresa Liporace, Ione Amorim, Adriana Charoux, Graziela Tanaka, Guilherme Varella, Veridiana Alimonti, Renata Farias, Silvia Vignola, Ana Paula Bortoletto e toda a equipe idequiana, pela força e carinho. A Ekaterine Karageorgiadis, irmã, parceira de batalhas, e a todos os colegas do Consea – Conselho Nacional de Segurança Alimentar e Nutricional, na pessoa de Maria Emília Pacheco. Às inspiradoras Elisabetta Recine, Inês Rugani e Paula Johns. A Maria Cecília Asperti,

Vivian Calderoni, Mariana dos Anjos e Paula Gomes, pela força e auxílio durante o mestrado e a todas minhas amigas do Largo São Francisco, pela amizade fortalecedora. A Lívia Bitencourt, pela constante presença, mesmo na distância. Ao meu pai, Aloísio, pelo olhar atento e cuidadoso, postura inspiradora e por nossa amizade. A minha mãe, Maria Lúcia, e irmãs, Thaís e Camila, pelo apoio incondicional. Ao meu companheiro de lutas e da vida, Fabio Gomes. Agradeço, por fim, a todos os colegas ativistas e acadêmicos, que tanto contribuem para a construção de um mundo mais justo no campo da alimentação.

# Sumário

Siglas ............................................................................. 13

Prefácio .......................................................................... 17

Introdução ...................................................................... 21

### Parte I
### Direitos humanos e alimentação

Capítulo 1 – Histórico dos direitos humanos ........................... 29
Internacionalização dos direitos humanos ............................... 34
Da proclamação à eficácia ..................................................... 38

Capítulo 2 – Alimentação como direito ................................... 43
Conceito de alimentação adequada e saudável ....................... 49
A abordagem de direitos humanos ......................................... 61

Capítulo 3 – Segurança alimentar e nutricional ........................ 71

Capítulo 4 – Alimentação como direito no Brasil ..................... 77

Capítulo 5 – A natureza jurídica do direito à alimentação ......... 83
Natureza de direito humano .................................................. 84
Natureza de direito fundamental ............................................ 85
Natureza de direito fundamental de segunda dimensão ........... 89

Natureza de direito fundamental de primeira dimensão ........ 91
Natureza de direito fundamental de terceira dimensão ........ 91
Natureza de direito fundamental de quarta dimensão ........ 93

Conclusão da Parte I .................................................................. 97

### Parte II
### Alimentação e sustentabilidade

Capítulo 6 – Origens do conceito de sustentabilidade .............. 103

Capítulo 7 – Dimensões do conceito de sustentabilidade ........ 107
A relação entre pobreza, insegurança alimentar
e sustentabilidade .................................................................. 114
Sustentabilidade, solidariedade e o paradigma ambiental ..... 120

Capítulo 8 – Produção de alimentos e sustentabilidade ........... 131
O caso dos alimentos transgênicos ......................................... 133
Agroecologia e a concretização do DHAA ............................ 170

Capítulo 9 – Consumo e sustentabilidade ............................... 183
Ação política por meio do consumo ...................................... 188
A ação política por meio do consumo alimentar .................. 194

Conclusão da Parte II ............................................................... 209

### Parte III
### Conflitos público-privados e realização da sustentabilidade
### na alimentação

Capítulo 10 – Conflitos público-privados e a realização
do direito humano à alimentação ............................................ 215

Capítulo 11 – O papel da responsabilidade social empresarial .. 221

Capítulo 12 – O papel do Estado ............................................................227
Políticas públicas e exigibilidade do direito humano
à alimentação ........................................................................................ 228
Justiciabilidade do direito humano à alimentação ................237

Capítulo 13 – O papel da educação ....................................................249

Conclusão da Parte III ..............................................................................259

Considerações finais ..................................................................................263

Referências bibliográficas ........................................................................269

# Siglas

| | |
|---|---|
| AAO | Associação de Agricultura Orgânica |
| Anpa | Associação Nacional dos Pequenos Agricultores |
| Anvisa | Agência Nacional de Vigilância Sanitária |
| AS-PTA | Assessoria e Serviços a Projetos em Agricultura Alternativa |
| CAISAN | Câmara Interministerial de Segurança Alimentar e Nutricional |
| CDC | Código de Defesa do Consumidor |
| CNUMAD | Conferência das Nações Unidas sobre o Meio Ambiente e o Desenvolvimento |
| COMEST | Comissão Mundial de Ética da Ciência e da Tecnologia da Unesco |
| ComADHP | Comissão Africana de Direitos Humanos e dos Povos |
| Consea | Conselho Nacional de Segurança Alimentar e Nutricional |
| CTNBio | Comissão Técnica Nacional de Biossegurança |
| DHAA | Direito Humano à Alimentação Adequada |
| DNA | Ácido desoxirribonucleico |
| EAN | Educação Alimentar e Nutricional |

| | |
|---|---|
| FAO | Organização das Nações Unidas para Alimentação e Agricultura |
| FIAN | FoodFirst Information & Action Network |
| Idec | Instituto Brasileiro de Defesa do Consumidor |
| Incra | Instituto Nacional de Colonização e Reforma Agrária |
| Isaaa | Serviço Internacional para Aquisição de Aplicações em Agrobiotecnologia |
| Losan | Lei Orgânica de Segurança Alimentar e Nutricional |
| Mapa | Ministério da Agricultura, Pecuária e Abastecimento |
| MPF | Ministério Público Federal |
| OCDE | Organização para a Cooperação e Desenvolvimento Econômico |
| OGMs | Organismos Geneticamente Modificados |
| OMS | Organização Mundial da Saúde |
| ONG | Organização Não Governamental |
| ONU | Organização das Nações Unidas |
| PGMs | Plantas Geneticamente Modificadas |
| Pidesc | Pacto Internacional dos Direitos Econômicos, Sociais e Culturais |
| Plansan | Plano Nacional de Segurança Alimentar e Nutricional |
| PNSAN | Política Nacional de Segurança Alimentar e Nutricional |
| PNUD | Programa das Nações Unidas para o Desenvolvimento |
| RR | Roundup Ready |

| | |
|---|---|
| RSE | Responsabilidade Social Empresarial |
| SAN | Segurança Alimentar e Nutricional |
| Sisan | Sistema Nacional de Segurança Alimentar e Nutricional |
| TAC | Termo de Ajustamento de Conduta |
| Unesco | Organização das Nações Unidas para a Educação, a Ciência e a Cultura |

# Prefácio

A contemporaneidade e inovação deste livro reside na escolha do tema e na abordagem metodológica adotados por Mariana de Araujo Ferraz, pesquisadora e militante comprometida com a causa da soberania alimentar.

A opção por estabelecer a relação entre o direito humano à alimentação e a sustentabilidade, aplicada à análise sobre a produção e o consumo dos transgênicos e seus riscos sociais, ambientais e para a saúde humana, oferece uma importante contribuição ao debate. Ao seguir um instigante caminho teórico, conduz o leitor, de forma problematizadora, ao entendimento dos conflitos e desafios para a realização desse direito nos sistemas alimentares na atualidade.

Por isso suas reflexões chamam atenção sobre as mudanças determinantes no campo da alimentação, lembrando-nos de fatores como os escândalos alimentares, como, por exemplo, o fenômeno da "vaca louca"; as controvérsias sobre os caminhos da ciência e das tecnologias que artificializam a alimentação, onde se inclui a transgenia, fruto da chamada "Revolução Verde"; a percepção e publicização ou não de riscos; as ideologias alimentares e os discursos e práticas sobre consumo consciente. Esses fatores, explica-nos a autora, acabam colocando a alimentação no centro dos debates políticos.

No contexto de aguçamento dos conflitos público-privados e abuso de poder das corporações, ela examina e ressalta a obrigação do Estado de respeitar, proteger, promover e prover o direito à alimentação, associada a uma *consciência ética coletiva*, no dizer de Fábio Konder Comparato. Essa perspectiva quer afirmar a consciência de que a dignidade da condição humana exige respeito a certos valores e bens, ou seja, a uma alimentação adequada e saudável, e a garantia da segurança alimentar e nutricional. Ao mesmo tempo em que se requer acionar mecanismos de exigibilidade e justiciabilidade desse direito.

Ao fazer esse percurso crítico, Mariana caminha para a análise das alternativas do ponto de vista da produção e do consumo. Mostra a agroecologia como alternativa que respeita o princípio da precaução, e que responde às dimensões de disponibilidade, acessibilidade, adequação, sustentabilidade na produção dos alimentos, além de fortalecer a agricultura familiar, camponesa e dos povos e comunidades tradicionais como sujeitos e titulares de direitos. Analisa o consumo sob o ângulo das concepções e práticas expressas nos movimentos de consumidores, mostrando que o ato de *comer* pode se transformar em ação política, incluindo o exercício cidadão da defesa do direito à informação sobre os alimentos transgênicos.

É importante sublinhar também que o tema é tratado sob a égide da interdisciplinaridade, conjugando conceitos, princípios e valores. Ao assumir o diálogo entre o direito humano à alimentação e a questão ambiental, ela mostra que a incorporação do valor da solidariedade e dos princípios da precaução e da prevenção deve fundamentar limites às tecnologias que apresentem possibilidade ou plausibilidade de danos ao meio ambiente e aos seres humanos.

O universo jurídico, familiar à formação da autora, contempla reflexões filosóficas, éticas, promovendo o diálogo entre vários campos do saber que envolvem juristas, cientistas sociais, nutricionistas, educadores e outros profissionais. É uma estimulante leitura para a qual convido todas as pessoas que buscam informações sobre o tema, mas também para aquelas que desejam assumir um compromisso como cidadãos e se engajarem nesta importante e atual luta pela soberania alimentar e pelo direito à alimentação adequada e saudável.

*Maria Emília Lisboa Pacheco*
Antropóloga, assessora da FASE-Solidariedade e Educação, Presidente do Conselho Nacional de Segurança Alimentar e Nutricional (Consea), na gestão 2012-2016.

# Introdução

De acordo com os dados da FAO, estima-se que 795 milhões de pessoas ainda sofrem de fome no mundo.[1] A grande maioria das pessoas que sofrem de fome crônica, ou seja, que não têm alimentos suficientes para uma vida saudável e ativa, se encontra nos países em desenvolvimento.

Nesse contexto, a tecnologia de produção de alimentos ganha corpo. Com frequência, os alimentos geneticamente modificados são apresentados como um dos meios mais promissores para a resolução da fome e da subnutrição no mundo. Também são ressaltadas suas possíveis contribuições para o aumento e facilitação da produtividade.

A produção de transgênicos aumenta em todo o mundo. No entanto, paradoxalmente, os dados da fome permanecem alarmantes. É o que João Paulo II apelidou, em 1992, de "paradoxo da abundância", um problema ainda contemporâneo relembrado pelo Papa Francisco em discurso na FAO no ano de 2014: "existe comida para todos, mas nem todos podem comer, enquanto o desperdício, o descarte, o consumo excessivo e o uso de alimentos para outros fins estão sob nossos

---

[1] FAO, IFAD and WFP. 2015. The State of Food Insecurity in the World 2015. Meeting the 2015 international hunger targets: taking stock of uneven progress. Rome, FAO. Disponível em: <http://www.fao.org/3/a-i4671e.pdf>. Acesso em: 20 jul. 2016.

olhos, e este paradoxo infelizmente continua sendo atual".[2]

Importante destacar que o Brasil aparece como o segundo maior produtor mundial de transgênicos e o país que mais cresce em área para produção de transgênicos, segundo dados fornecidos pelo Serviço Internacional para Aquisição de Aplicações em Agrobiotecnologia (Isaaa).[3]

O problema em torno da temática da alimentação, porém, vai além dos dramas relacionados à fome. O modelo produtivo alimentar baseado na "Revolução Verde", marcada pelas monoculturas latifundiárias, grande mecanização, uso de adubos químicos, agrotóxicos e sementes transgênicas, tendo em vista a economia de escala, trouxe consigo questões como a concentração de renda e terra, exclusão dos camponeses, ameaças à cultura alimentar nativa, assim como problemas relativos à contaminação do meio ambiente. Destaca-se a questão da dependência dos camponeses em relação às empresas de sementes e às transnacionais da agroquímica. Marc Dufumier assevera que os camponeses que sofrem hoje de fome e as famílias que migraram para as favelas urbanas são, na realidade, os excluídos dessa "Revolução Verde".[4]

No contexto da globalização, grandes corporações transnacionais que atuam nos ramos alimentícios adentram diferentes mercados, provocando uma homogeneização dos padrões

---

[2] Discurso do Papa Francisco à sede da FAO, em Roma, por ocasião da Segunda Conferência Internacional sobre Nutrição. Sede da FAO – Roma, 20 de novembro de 2014. Disponível em: <http://papa.cancaonova.com/discurso-do-papa-a-conferencia-da-fao-sobre-nutricao>. Acesso em: 20 jul. 2016.

[3] JAMES, Clive. 2015. Global Status of Commercialized Biotech/GM Crops: 2015. ISAAA Brief N. 51. ISAAA: Ithaca, NY.

[4] DUFUMIER, Marc. "Os riscos para a biodiversidade desencadeados pelo emprego das plantas geneticamente modificadas." In: ZANONI, Magda; FERMENT, Gilles. *Transgênicos para quem? Agricultura, ciência e sociedade.* Brasília: MDA, 2011, p. 385 (Série Nead, debate 24).

alimentares, e muitas vezes colocando em risco a manutenção da cultura de consumo e produção alimentar local. Nesse processo, a qualidade e adequação dos alimentos também são colocadas em questão. Por exemplo, o aumento do estímulo ao consumo de produtos alimentícios ultraprocessados[5] (com alta densidade energética, nutricionalmente desequilibrados, de baixo custo e acessível especialmente pela população de mais baixa renda), em detrimento dos alimentos *in natura*, acaba repercutindo no aumento da prevalência da obesidade e de doenças crônicas não transmissíveis relacionadas à má alimentação, como a diabetes, a hipertensão e o câncer.

No Brasil, o sobrepeso afeta 52,5% da população adulta e a obesidade, 17,9%, sendo que isso é verificado em todos os grupos de renda e em todas as regiões brasileiras.[6] Estima-se que o ganho de peso, sobrepeso e obesidade aumenta o risco de onze tipos de câncer, incluindo o de intestino, mama (pós-menopausa), próstata (câncer avançado), pâncreas, endométrio,

---

[5] Os produtos alimentícios ultraprocessados, comparados com os alimentos *in natura* ou minimamente processados, têm mais açúcar, mais gordura saturada, mais sódio e menos fibra, características que aumentam o risco de várias doenças crônicas. A maioria é feita, anunciada e vendida por grandes corporações e possui a propriedade de serem muito duráveis e prontos para consumo. Eles são por isso chamados "alimentos de conveniência", na medida em que requerem mínima ou nenhuma preparação, têm longos prazos de validade, podem ser comercializados em diferentes tamanhos e são facilmente encontrados em todos os lugares. Além disso, produtos ultraprocessados tendem a ser hiperpalatáveis, graças à adição generosa de gorduras, açúcar, sal e ao uso de toda sorte de aditivos "realçadores de sabor". Todos esses fatores são largamente explorados pela indústria publicitária, que amplia as "vantagens" dos produtos ultraprocessados e estimula seu consumo em excesso, sem levar em conta os impactos para a saúde. Diante disso, a produção e o consumo desses produtos está aumentando rapidamente pelo mundo e substituindo padrões alimentares baseados nos alimentos frescos e minimamente processados. Cf. MONTEIRO, Carlos Augusto. "The big issue is ultra-processing: the price and value of meals." *World Nutrition 2*, 2011, p. 271-282.

[6] Brasil. Ministério da Saúde. Vigitel 2014. Brasília, DF: Ministério da Saúde, 2015.

rim, fígado, vesícula biliar, esôfago (adenocarcinoma), ovário e estômago (cárdia). No âmbito brasileiro, a obesidade está associada a 29% dos casos de câncer de endométrio; 26% e 20% dos casos de câncer de esôfago em mulheres e homens, respectivamente; 8% e 13% dos casos de câncer de pâncreas em homens e mulheres, respectivamente; e 14% dos casos de câncer de mama.[7]

Fome, insegurança alimentar, sistemas de produção de alimentos associados a riscos ambientais, sociais e à saúde de agricultores e consumidores, são alguns dos diversos problemas relacionados ao atual sistema dominante de produção e consumo de alimentos, de onde emerge o questionamento sobre as providências do Direito para a proteção dos seres humanos e do meio ambiente. Nesse sentido, desenhou-se o objetivo geral do presente livro, no qual buscamos compreender o processo de especificação do direito humano à alimentação, o seu conteúdo e de que forma os problemas contemporâneos relacionados à sustentabilidade no sistema alimentar são enfrentados por esse ramo do Direito.

Partimos da hipótese de que a "sustentabilidade" deve ser premissa da efetiva realização do direito humano à alimentação. Esse termo, tão amplamente difundido nas últimas décadas, e muitas vezes utilizado de forma inconsequente, ainda gera dúvidas quanto ao seu real significado. Investigamos, portanto, o que é a sustentabilidade para o direito humano à alimentação. Trata-se de um aspecto inerente e inafastável para a efetiva realização desse direito? E mais, podemos dizer

---

[7] WORLD CANCER RESEARCH FUND/AMERICAN INSTITUTE FOR CANCER RESEARCH. Disponível em: <http://www.wcrf.org/int/cancer-facts-figures/preventability-estimates/cancer-preventability-estimates-body-fatness>. Acesso em: 20 jul. 2016.

que a sustentabilidade está presente nos atuais sistemas de produção e consumo de alimentos?

Para análise dessas questões, definimos um recorte metodológico no caso dos alimentos transgênicos. Procurou-se verificar em que medida as premissas da sustentabilidade encontram-se presentes nos atuais sistemas de produção de alimentos, traçando um quadro comparativo entre a produção com base nos organismos geneticamente modificados e o modelo alternativo da agroecologia. Paralelamente, investigou-se o papel do consumidor para a construção de sistemas alimentares sustentáveis, conforme o conteúdo do direito humano à alimentação.

Inevitavelmente, esta obra contempla os conflitos público-privados emergentes da realização do direito humano à alimentação. Diante dos obstáculos para implementação desse direito, investigamos os instrumentos de exigibilidade, de forma a apontar caminhos possíveis para a efetivação dos ditames do direito humano à alimentação pautados nas premissas da sustentabilidade.

Em síntese, temos como objetivos específicos da pesquisa: (i) compreender o processo de especificação da alimentação enquanto direito e o conteúdo do direito humano à alimentação; (ii) compreender o conceito de sustentabilidade no universo da alimentação, em particular na produção e no consumo de alimentos; (iii) identificar os conflitos advindos da implementação desse direito e apontar propostas para a superação desses obstáculos. Tais objetivos são tratados nas três partes em que se dividem o livro, guiados, respectivamente, pelas seguintes questões:

1. Existe um direito humano à alimentação adequada? Qual é o seu conteúdo? Como foi o seu processo de especificação?
2. O que é a sustentabilidade para o direito humano à alimentação? Trata-se de um aspecto inerente e inafastável para a efetiva realização desse direito? Podemos dizer que a sustentabilidade está presente nos atuais sistemas de produção e consumo de alimentos?
3. Existem conflitos público-privados para a implementação desse direito? Quais são os papéis dos diferentes atores econômicos, governamentais e sociais para esse fim? Quais os mecanismos para a exigibilidade do direito humano à alimentação?

A importância central deste livro reside na elucidação (ao consumidor, ao legislador, aos juízes e operadores do direito, aos educadores, aos agentes de políticas públicas, às empresas e aos agricultores) de que hoje temos a construção de um sistema jurídico que visa proteger a dignidade humana e o meio ambiente nos sistemas alimentares, agregando valores éticos da solidariedade e da sustentabilidade. Tal elucidação tem como objetivo final contribuir para a adoção de novas práticas, a construção de novas políticas e a promoção da exigibilidade do direito humano à alimentação adequada pautado na sustentabilidade.

# Parte I
# Direitos humanos e alimentação

A primeira parte desta obra dedica-se, principalmente, a responder os seguintes questionamentos: Existe um direito humano à alimentação adequada? Qual é o seu conteúdo? Como foi o seu processo de especificação?

# Capítulo 1
# Histórico dos direitos humanos

Retomar a história do surgimento dos direitos humanos é essencial para compreender o processo atual de concepção de novos direitos e os impactos da afirmação dos mesmos enquanto direitos humanos.

É possível apontar raízes dos direitos individuais do homem no antigo Egito e na Mesopotâmia do terceiro milênio a.c., onde foram previstos alguns mecanismos de proteção do indivíduo em relação ao Estado. O Código de Hamurabi (1690 a.c.) é uma das primeiras codificações que afirmaram direitos comuns a todos os homens, tais como à vida, à propriedade, à honra, à dignidade, à família e à supremacia das leis em relação aos governantes. Apontam-se também influências filosófico-religiosas do budismo (500 a.C.) em suas concepções de igualdade entre os homens.[1]

A herança do mundo antigo, por meio da religião e da filosofia, trouxe influências diretas à concepção jusnaturalista de que o ser humano, pelo simples fato de existir, é titular de alguns direitos naturais e inalienáveis. Na filosofia clássica, especialmente na greco-romana, e no pensamento cristão, é

---

[1] MORAES, Alexandre de. *Direitos humanos fundamentais: teoria geral, comentários aos arts. 1º a 5º da Constituição da República Federativa do Brasil, doutrina e jurisprudência.* 9. ed. São Paulo: Atlas, 2011, p. 6.

possível identificar raízes dos valores da dignidade da pessoa humana, da liberdade e da igualdade entre os homens.[2] No caso da Grécia, destacam-se as previsões de participação política dos cidadãos e os pensamentos sofistas e estoicos de defesa à existência de um direito natural anterior e superior às leis escritas (por exemplo, na obra *Antígona* – 441 a.C.). Em relação ao Direito romano, ressaltam-se os interditos de tutela aos direitos individuais perante os arbítrios estatais.[3]

Durante a Idade Média, é possível identificar um traço básico nos documentos jurídicos, qual seja, a limitação ao poder estatal. A partir de então, aponta-se como os mais importantes antecedentes históricos de direitos humanos a *Magna Charta Libertatum*, outorgada por João Sem-Terra em 15 de junho de 1215; a *Petition of Right*, de 1628; o *Habeas Corpus Act*, de 1679; o *Bill of Rights*, de 1689, e o *Act of Settlement*, de 1701. Posteriormente, a partir da Revolução dos Estados Unidos da América, surgiram relevantes documentos para a história dos direitos humanos, tais como a Declaração de Direitos da Virgínia, de 1776; a Declaração de Independência dos Estados Unidos da América, também de 1776; e a Constituição dos Estados Unidos da América, de 1787. Coube à França, porém, a consagração normativa dos direitos do homem, quando, em 1789, promulgou a Declaração dos Direitos do Homem e do Cidadão, seguida pela Constituição Francesa de 1791 e 1793.[4]

Tais documentos foram concebidos no âmbito do Iluminismo de inspiração jusnaturalista que culminou no processo de elaboração doutrinária do contratualismo e da

---

[2] SARLET, Ingo Wolfgang. *A eficácia dos direitos fundamentais*. 8. ed. Porto Alegre: Livraria do Advogado Ed., 2007, p. 45.
[3] MORAES, Alexandre de, op. cit., p. 6.
[4] Ibid., p. 7-10.

teoria dos direitos naturais do indivíduo. Conforme aponta Ingo Wolfgang Sarlet, os representantes mais influentes desse período foram Rousseau (1712-1778), Tomas Paine (1737-1809) e Immanuel Kant (1724-1804), sendo que o pensamento kantiano traz o marco conclusivo dessa fase da história dos direitos humanos, elevando a liberdade ao direito natural por excelência.[5]

Conforme aponta Fábio Konder Comparato, as declarações do século XVIII representaram "a emancipação histórica do indivíduo perante os grupos sociais aos quais ele sempre se submeteu: a família, o clã, o estamento, as organizações religiosas".[6] De acordo com o ilustre jurista brasileiro, diante da vulnerabilidade do indivíduo, devido à perda da proteção familiar, religiosa ou estamental, a sociedade liberal ofereceu-lhe a segurança da legalidade, com a garantia de igualdade de todos perante a lei. No entanto, essa declaração de isonomia revelou-se vazia quando conferida na realidade, principalmente quando verificadas as profundas assimetrias entre patrões e empregados no sistema capitalista. Não só nas relações de emprego, a lei, desconsiderando as especificidades dos indivíduos ou grupos de indivíduos, assegurava imparcialmente a todos (homens, mulheres, crianças, ricos, pobres e idosos) a possibilidade jurídica de prover livremente sua subsistência e enfrentar as adversidades da vida. A miséria e a pauperização das massas proletárias foram resultantes dessa desconsideração. O reconhecimento de exigências econômicas e sociais partiu da Constituição Francesa de 1848, chegando a ter sua

---

[5] SARLET, Ingo Wolfgang, op. cit., p. 45.
[6] COMPARATO, Fábio Konder. *A afirmação histórica dos direitos humanos*. 6. ed., São Paulo: Saraiva, 2008, p. 53.

plena afirmação no século XX, com a Constituição Mexicana de 1917 e com a Constituição de Weimar, de 1919.[7] Norberto Bobbio nos conduz por uma reflexão acerca da relatividade histórica dos direitos humanos. A doutrina dos direitos do homem possui raízes na filosofia jusnaturalista, que, para justificar a existência de direitos inatos ao homem independentemente do Estado, parte da hipótese de um "estado de natureza", no qual os direitos do homem seriam poucos e essenciais, quais sejam: o direito à vida e à sobrevivência, que inclui também o direito à propriedade, e o direito à liberdade (compreendendo algumas liberdades essencialmente negativas). A hipótese do "estado de natureza" era, para Norberto Bobbio, uma ficção doutrinária, tendo em vista justificar racionalmente determinadas exigências advindas de um momento histórico específico – primeiramente durante as guerras de religião, quando surge a exigência de liberdade de consciência contra toda forma de imposição de uma crença e, num segundo momento, na época que vai da Revolução Inglesa à Norte-Americana e à Francesa, nas quais se demandavam liberdades civis contra toda forma de despotismo.[8]

Assim, a real origem das exigências sobre esses direitos seria não na hipótese do "estado de natureza" e, sim, nas lutas e nos movimentos fundados na realidade social da época e nas suas contradições. Conforme se observa na história da humanidade, a complexidade do mundo das relações sociais traz a contínua ampliação das exigências por direitos, não bastando

---

[7] COMPARATO, Fábio Konder, op. cit., 2008, p. 53-54.
[8] BOBBIO, Norberto. *A era dos direitos*. Trad. Carlos Nelson Coutinho. 6. reimpressão. Rio de Janeiro: Elsevier, 2004, p. 68.

os chamados direitos fundamentais à vida, à liberdade e à propriedade, fundados na hipótese do "estado de natureza".[9]

A multiplicação de direitos humanos teria se dado, na leitura de Norberto Bobbio, por três motivos básicos: devido ao aumento da quantidade de bens considerados merecedores de tutela; devido à extensão da titularidade de alguns direitos típicos a sujeitos diversos do homem (exemplo: meio ambiente, geração futura etc.); porque o homem passou a ser visto não apenas como ente genérico ou abstrato, e sim como ser específico e concreto nas diversas maneiras de ser em sociedade (criança, idoso, doente etc.).[10]

Sobre o processo de multiplicação de direitos, Fábio Konder Comparato chama atenção para o fato de que, no curso do tempo, a humanidade passou (e ainda passa) por vivências de extrema violência, sofrimento físico e moral, e a cada grande surto de violência os homens reagem, fazendo surgir novas exigências para uma vida mais digna para todos.[11] Nesse sentido, Norberto Bobbio também nos lembra de que os direitos humanos não são um dado, e sim um "construído" de acordo com a decorrência histórica. Sobre isso, o professor aponta que, de acordo com o desenvolvimento da técnica, com as transformações econômicas e sociais, com o avanço da ciência e das comunicações, podem-se produzir grandes mudanças na organização da vida humana e das relações sociais, de forma que sejam criadas ocasiões favoráveis para novos carecimentos e, portanto, para novas demandas de liberdade e poder.[12]

---

[9] Ibid., p. 68-69.
[10] Ibid., p. 63.
[11] COMPARATO, Fábio Konder, op. cit., 2008, p. 38.
[12] BOBBIO, Norberto, op. cit., p. 33.

Desse movimento vimos surgir o processo de internacionalização dos direitos humanos.

## Internacionalização dos direitos humanos

A Segunda Guerra Mundial foi um marco histórico para a consolidação do Direito Internacional dos Direitos Humanos. As barbaridades conferidas pelo nazismo fizeram com que o mundo se mobilizasse por providências, tendo em vista a reconstrução dos direitos humanos e o estabelecimento de paradigmas éticos que orientassem a ordem internacional contemporânea. Assim, no contexto do pós-guerra, a preocupação central residia na internacionalização e universalização dos direitos humanos, com o fim de serem tratados homogeneamente pela comunidade internacional.[13]

Temos, a partir de então, a primazia da concepção de que toda nação deve respeitar os direitos humanos e de que a comunidade internacional tem o direito e a responsabilidade de protestar, caso um Estado não cumpra com suas obrigações. Os direitos humanos passam a ser um tema de legítimo interesse internacional e há uma consequente revisão da noção tradicional da soberania absoluta do Estado.

Conforme esclarece André de Carvalho Ramos, o Direito Internacional dos Direitos Humanos consiste no conjunto de direitos e faculdades que protegem a dignidade do ser humano e se beneficia de garantias internacionais institucionalizadas.[14]

---

[13] PIOVESAN, Flávia. *Temas de direitos humanos*. 2. ed. São Paulo: Max Limonad, 2003, p. 59.

[14] CARVALHO RAMOS, André de. *Processo Internacional de Direitos Humanos – Análise dos sistemas de apuração de violações dos direitos humanos e a implementação de decisões no Brasil*. Rio de Janeiro: Ed. Renovar, 2002, p. 25.

A Carta de São Francisco, tratado internacional que criou a Organização das Nações Unidas em 1945, é o marco inicial do Direito Internacional dos Direitos Humanos, e menciona expressamente o dever de promoção de direitos humanos por parte dos Estados signatários, assim como o de garantir a dignidade e o valor de todos. Esse é o primeiro tratado de alcance universal que reconhece os direitos fundamentais de todos os seres humanos, impondo aos Estados a obrigação de assegurar direitos básicos a todos sob sua jurisdição, sejam nacionais ou estrangeiros.[15]

Em seguida aprovou-se, sob a forma de Resolução da Assembleia Geral da ONU, em 10 de dezembro de 1948, a Declaração Universal dos Direitos Humanos. De acordo com a Carta da ONU, uma resolução da Assembleia Geral sobre tal tema não possui força vinculante.[16] Isso impulsionou os trabalhos de redação de novos tratados internacionais, com destaque para o Pacto Internacional de Direitos Civis e Políticos e o Pacto Internacional de Direitos Econômicos, Sociais e Culturais.

Hoje, o Direito Internacional de Direitos Humanos engloba dezenas de convenções universais e regionais, que vão de tratados gerais a tratados sobre temas específicos, tratados que protegem certas categorias de pessoas e textos de

---

[15] Id. "O Supremo Tribunal Federal e o Direito Internacional dos Direitos Humanos." In: SARMENTO, Daniel; SARLET, Ingo Wolfgang (Org.). *Direitos fundamentais no Supremo Tribunal Federal: balanço e crítica*. Rio de Janeiro: Lumem Juris, 2011, p. 5.

[16] Importante notar que, apesar de não possuir força vinculante, a Declaração Universal dos Direitos Humanos é reconhecida como espelho de norma costumeira de direitos humanos, sendo, assim, fonte do Direito Internacional. A Corte Internacional de Justiça afirmou o caráter de norma costumeira dessa declaração, considerada como elemento de interpretação do conceito de direitos fundamentais insculpido na Carta da ONU. De acordo com: CARVALHO RAMOS, André de, op. cit., p. 7.

alcance regional. No âmbito do Brasil, destacamos a Convenção Americana de Direitos Humanos (Pacto de San José, 1969) e seu Protocolo Adicional sobre Direitos Sociais, Econômicos e Culturais (Protocolo de San Salvador, de 1988).

Costuma-se falar em gerações (ou dimensões) de direitos humanos, que se trata de um mecanismo didático de agrupamento dos direitos humanos, de acordo com suas principais características. Conforme aponta Ingo Wolfgang Sarlet, o termo "gerações" de direitos humanos foi alvo de muitas críticas da doutrina por "ensejar a falsa impressão da substituição gradativa de uma geração por outra",[17] por esse motivo, utilizamos o termo "dimensões" de direitos humanos.

Tal classificação foi inspirada na lição do jurista tcheco Karel Vasak, que, com base no lema da Revolução Francesa (*Liberté, Égalité, Fraternité*), dividiu os direitos humanos em três agrupamentos.

A primeira dimensão corresponderia aos direitos civis e políticos, seriam os direitos de liberdade, limitadores da atuação estatal e afirmadores do dever do Estado de não ingerência na esfera particular do indivíduo. Tais direitos estariam ligados ao contexto do absolutismo no século XVIII, em que a burguesia reivindicava direitos civis e a possibilidade de poder político.

A segunda dimensão corresponderia aos direitos econômicos, sociais e culturais, necessários para a construção da igualdade material. Haveria aqui uma relação com o momento da Revolução Industrial, em que a massa proletária era submetida a péssimas condições de trabalho e de remuneração e era patente a desigualdade entre trabalhadores e detentores dos

---

[17] SARLET, Ingo Wolfgang, op. cit., p. 54.

meios de produção. Nesse sentido, exige-se do Estado uma atuação positiva para o alcance da igualdade material.

Já a terceira dimensão seria aquela afeita aos direitos de fraternidade ou solidariedade. Em suma, são direitos de titularidade difusa ou coletiva. Conforme esclarece Celso Lafer,[18] esses direitos têm como titular não o indivíduo, na sua singularidade, mas sim grupos humanos, como a família, o povo, a nação, coletividades regionais ou étnicas e a própria humanidade. Como exemplo, citam-se o direito à autodeterminação dos povos, o direito ao desenvolvimento, o direito à paz e ao meio ambiente.

Há quem suscite ainda a existência de uma quarta dimensão de direitos humanos. Paulo Bonavides posiciona-se favoravelmente ao reconhecimento dessa dimensão, cujos direitos seriam introduzidos pela globalização política na esfera da normatividade jurídica. Trata-se do direito à informação, ao pluralismo e à democracia (direta e materialmente possível graças aos avanços da tecnologia de comunicações e legitimamente sustentável graças à informação correta e às aberturas pluralistas do sistema).[19]

Importante salientar que a classificação dos direitos humanos em gerações ou dimensões é, em realidade, um critério metodológico e não deve servir para enfatizar a ideia de incompatibilidade entre essas classes de direitos. Pelo contrário, os direitos humanos devem ser concebidos como uma unidade interdependente, inter-relacionada e indivisível. Sobre isso, Fábio Konder Comparato relembra que "o princípio da

---

[18] LAFER, Celso. *A reconstrução dos direitos humanos: um diálogo com o pensamento de Hannah Arendt*. São Paulo: Companhia das Letras, 1988, p. 131.
[19] BONAVIDES, Paulo. *Curso de Direito Constitucional*. 22. ed. São Paulo: Malheiros, 2008, p. 571.

complementaridade solidária dos direitos humanos de qualquer espécie foi proclamado solenemente pela Conferência Mundial de Direitos Humanos, realizada em Viena, em 1993, nos seguintes termos":[20]

> Todos os direitos humanos são universais, indivisíveis, interdependentes e inter-relacionados. A comunidade internacional deve tratar os direitos humanos globalmente, de modo justo e equitativo, com o mesmo fundamento e a mesma ênfase, levando em conta a importância das particularidades nacionais e regionais, bem como os diferentes elementos de base históricos, culturais e religiosos; é dever do Estado, independentemente de seus sistemas políticos, econômicos e culturais, promover e proteger todos os direitos humanos e as liberdades fundamentais.

## Da proclamação à eficácia

Como é de se observar através da análise do histórico dos direitos humanos, um longo caminho foi percorrido até a proclamação dos chamados direitos humanos universais. Cumpre-nos, porém, sermos realistas em afirmar que a mera proclamação de direitos humanos na esfera internacional é apenas um primeiro passo na longa caminhada rumo à definitiva verificação desses direitos na vida cotidiana das pessoas.

Ao sairmos da esfera teórica para a prática, deparamo-nos com muitas crises, seja de incompatibilidades entre direitos, seja da falta de instrumentos ou condições objetivas para colocá-los em prática.

Norberto Bobbio nos traz significativas reflexões acerca desses problemas. Os direitos sociais, por exemplo, requerem uma intervenção ativa do Estado, ou seja, a ampliação

---
[20] COMPARATO, Fábio Konder, op. cit., 2008, p. 68.

dos seus poderes, ao contrário dos direitos de liberdade, que nascem contra o *superpoder* do Estado. O notável professor italiano salienta que "o exercício do poder pode ser considerado maléfico ou benéfico segundo os contextos históricos e segundo os diversos pontos de vista a partir dos quais esses contextos são considerados", e complementa não ser verdade que o aumento da liberdade seja sempre um bem ou o aumento do poder seja sempre um mal.[21]

A crise dos direitos econômicos e sociais *versus* direitos civis e políticos enfrentou sua máxima repercussão durante a Guerra Fria, quando o cenário global dividiu-se entre países que seguiam a ordem capitalista liberal e países que seguiam a ordem socialista. Enquanto o bloco capitalista defendia serem os direitos civis e políticos os únicos verdadeiros direitos capazes de trazer aos indivíduos a liberdade e o bem-estar; o bloco socialista, por sua vez, sustentava que os direitos econômicos e sociais, como à saúde e à moradia, seriam as condições necessárias para o pleno funcionamento de um sistema democrático em que os direitos civis e políticos pudessem ser plenamente exercidos. Esse cenário dificultou a internalização do princípio da complementaridade solidária dos direitos humanos.

As disparidades econômicas entre países do Sul e do Norte (ou *países desenvolvidos, subdesenvolvidos* ou *em desenvolvimento*) também são fatores determinantes no que diz respeito ao posicionamento quanto aos direitos humanos, repercutindo na própria adesão a tratados internacionais. Enquanto os países menos desenvolvidos defendem um aumento do princípio da cooperação e redistribuição de riquezas (e uma política mais intervencionista), países desenvolvidos procuram

---

[21] BOBBIO, Norberto, op. cit., p. 67.

reafirmar a autonomia dos Estados pela busca do desenvolvimento (e uma política mais liberal).

As dificuldades para a implementação dos direitos humanos passam também pela própria natureza dos direitos proclamados. Sobre isso, Norberto Bobbio distingue os "direitos em sentido fraco" dos "direitos em sentido forte":

> Uma coisa é um direito, outra, uma promessa de um direito futuro. Uma coisa é um direito atual, outra, um direito potencial. Uma coisa é ter um direito que é, enquanto reconhecido e protegido; outra é ter um direito que deve ser, mas que, para ser, ou para que passe do dever ser ao ser, precisa transformar-se de objeto de discussão de uma assembleia de especialistas em objeto de decisão de um órgão legislativo dotado de poder de coerção.[22]

Em outras palavras, além da proclamação dos direitos, são necessários mecanismos coercitivos de implementação e uma ordem jurídica capaz de resguardar esses direitos. Norberto Bobbio ainda aponta que no sistema internacional são necessárias certas condições para ocorrer a passagem dos direitos em sentido fraco para os direitos em sentido forte. Essas condições seriam:

> a) a de que o reconhecimento e a proteção de pretensões ou exigências contidas nas Declarações provenientes de órgãos e agências do sistema internacional sejam consideradas condições necessárias para que um Estado possa pertencer à comunidade internacional; b) a existência, no sistema internacional, de um poder comum suficientemente forte para prevenir ou reprimir a violação dos direitos declarados.[23]

---

[22] BOBBIO, Norberto, op. cit., p. 77.
[23] Ibid., p. 76.

Resta-nos a questão já levantada por Fábio Konder Comparato: como, então, reconhecer a vigência efetiva dos direitos humanos no meio social? Como reconhecer o seu caráter de obrigatoriedade?

Uma das respostas para essa questão seria através do reconhecimento dos direitos humanos pelas autoridades com poder político de editar normas, tanto no interior dos Estados quanto no plano internacional. Sobre isso, trazemos a distinção terminológica entre "direitos humanos" e "direitos fundamentais", defendida por Ingo Wolfgang Sarlet. O professor esclarece que o termo "direitos fundamentais" refere-se aos direitos do ser humano, conhecidos e positivados na esfera do direito constitucional positivo de determinados Estados, e o termo "direitos humanos" refere-se aos documentos de direito internacional.[24]

Fábio Konder Comparato acrescenta que esse reconhecimento oficial de direitos humanos pela autoridade política competente, além de prover maior segurança às relações sociais, possui uma função pedagógica sobre o prevalecimento de valores éticos na sociedade. No entanto, destaca ser necessário um fundamento mais profundo para a vigência desses direitos, além do que o simples reconhecimento estatal, qual seja, uma "consciência ética coletiva", uma "convicção longa e largamente estabelecida na comunidade de que a dignidade da condição humana exige o respeito a certos bens ou valores em qualquer circunstância, ainda que não reconhecidos no ordenamento estatal, ou em documentos normativos internacionais".[25]

---

[24] SARLET, Ingo Wolfgang, op. cit., p. 36.
[25] COMPARATO, Fábio Konder, op. cit., 2008, p. 60.

Corroborando os argumentos antes apresentados, Paulo Bonavides destaca que instrumentos como a Declaração não passarão de textos românticos, se os países signatários da Carta não se aparelharem de meios e órgãos que façam cumprir as regras lá estabelecidas, e, principalmente, se esses países não produzirem uma consciência nacional de que tais direitos são invioláveis.[26]

Tendo em vista as considerações mencionadas, passemos a analisar o objeto principal de nosso estudo: o processo de especificação do direito humano à alimentação e as implicações e conflitos dele advindos.

---

[26] BONAVIDES, Paulo. *Curso de Direito Constitucional*. 22. ed. São Paulo: Malheiros, 2008, p. 578.

# Capítulo 2
# Alimentação como direito

Na história recente, dentro do contexto de internacionalização dos direitos humanos, uma das primeiras contribuições para o processo de concepção de um direito à alimentação partiu do discurso *Four Freedoms*,[1] proferido por Franklin Delano Roosevelt, em janeiro de 1941. Nesse discurso, o então presidente dos Estados Unidos citou a "liberdade de não passar necessidade" (*freedom from want*) como uma das quatro liberdades básicas (liberdade de expressão; liberdade de culto; liberdade de não sentir medo; e liberdade de não passar necessidade). Tal conceito relaciona-se diretamente com um direito à alimentação, ou seja, com um direito de estar livre da fome.

---

[1] "In the future days, which we seek to make secure, we look forward to a world founded upon four essential human freedoms. The first is freedom of speech and expression – everywhere in the world. The second is freedom of every person to worship God in his own way– everywhere in the world. The third is freedom from want – which, translated into world terms, means economic understandings which will secure to every nation a healthy peacetime life for its inhabitants – everywhere in the world. The fourth is freedom from fear –which, translated into world terms, means a world-wide reduction of armaments to such a point and in such a thorough fashion that no nation will be in a position to commit an act of physical aggression against any neighbor – anywhere in the world. That is no vision of a distant millennium. It is a definite basis for a kind of world attainable in our own time and generation. That kind of world is the very antithesis of the so-called new order of tyranny which the dictators seek to create with the crash of a bomb" (Franklin D. Roosevelt, excerpted from the State of the Union Address to the Congress, January 6, 1941).

Novamente, em 1944, no seu discurso *State of the Union*, Roosevelt reforçou o conceito de liberdade de não passar necessidade, afirmando que homens necessitados não seriam livres e que pessoas com fome e desempregadas constituem matéria-prima para ditaduras:

> We have come to a clear realization of the fact that true individual freedom cannot exist without economic security and independence. "Necessitous men are not free men." People who are hungry and out of a job are the stuff of which dictatorships are made.[2]

Conforme citado anteriormente, a Carta das Nações Unidas de 1945 deu início ao movimento de internacionalização dos direitos humanos e, apesar de não consagrar expressamente o direito à alimentação, faz referências ao favorecimento pelas Nações Unidas de níveis mais altos de vida, trabalho efetivo e condições de progresso e desenvolvimento econômico e social (art. 55, "a").

Em 1948, com a Declaração Universal dos Direitos Humanos adotada pela Assembleia Geral das Nações Unidas, temos uma única referência direta à alimentação, no art. 25 (1):

> Toda pessoa tem direito a um padrão de vida capaz de assegurar a si e a sua família saúde e bem-estar, inclusive *alimentação*, vestuário, habitação, cuidados médicos e os serviços sociais indispensáveis, e direito à segurança em caso de desemprego, doença, invalidez, viuvez, velhice ou outros casos de perda dos meios de subsistência fora de seu controle.

Apesar dessa citação na Declaração, a complexidade do tema carecia de um tratamento ainda mais detalhado. Era

---

[2] Franklin D. Roosevelt: "State of the Union Message to Congress", January 11, 1944. Disponível em: <http://www.presidency.ucsb.edu/ws/?pid=16518>. Acesso em: 20 jul. 2016.

necessário clarificar que um direito à alimentação iria além de um direito a estar livre da fome, ou seja, que haveria um dever não apenas de assegurar que os indivíduos não morram de fome (ligado ao direito fundamental à vida), mas também de assegurar uma alimentação em quantidade e qualidade adequadas para permitir saúde e bem-estar ao indivíduo.

Nesse sentido, o direito à alimentação não se deveria restringir a uma interpretação extensiva do direito à vida (positivado no art. 6º do Pacto dos Direitos Civis e Políticos) como garantia contra a morte resultante da fome.

O Pacto Internacional dos Direitos Econômicos, Sociais e Culturais (Pidesc), adotado pela Resolução n. 2.200-A (XXI) da Assembleia Geral das Nações Unidas, em 16 de dezembro de 1966, vem colaborar decisivamente para o entendimento amplo do direito à alimentação, uma vez que reforça o direito a um nível de vida adequado, previsto no art. 25 da Declaração Universal e reiterado no art. 11 do Pacto:

ARTIGO 11
1. Os Estados-Partes do presente Pacto reconhecem o *direito de toda pessoa a um nível de vida adequado para si próprio e sua família, inclusive à alimentação*, vestimenta e moradia *adequadas*, assim como a uma melhoria contínua de suas condições de vida. Os Estados-Partes tomarão medidas apropriadas para assegurar a consecução desse direito, reconhecendo, nesse sentido, a importância essencial da cooperação internacional fundada no livre consentimento.

2. Os Estados-Partes do presente pacto, reconhecendo o *direito fundamental de toda pessoa de estar protegida contra a fome*, adotarão, individualmente e mediante cooperação internacional, as medidas, inclusive programas concretos, que se façam necessárias para:
a) *melhorar os métodos de produção, conservação e distribuição de gêneros alimentícios pela plena utilização dos conhecimentos técnicos e científicos, pela difusão de princípios de educação nutricional e pelo*

*aperfeiçoamento ou pela reforma dos regimes agrários, de maneira que se assegurem a exploração e a utilização mais eficazes dos recursos naturais;*

b) *assegurar uma repartição equitativa dos recursos alimentícios mundiais em relação às necessidades, levando-se em conta os problemas tanto dos países importadores quanto dos exportadores de gêneros alimentícios* (grifo nosso).

Até julho de 2016, 164 países haviam ratificado o Pacto Internacional de Direitos Econômicos, Sociais e Culturais (Pidesc), tornando-se Estados-Partes, o que os obriga a adotar medidas para a realização dos direitos proclamados no Pidesc e a prestar informações periódicas às Nações Unidas sobre o progresso na realização desses direitos. O Brasil é um dos Estados-Partes no Pidesc, tendo aderido ao Pacto em 24 de janeiro de 1992 (incorporado à legislação nacional pelo Decreto n. 591, de 6 de julho de 1992).

Philip Alston[3] esclarece a importância desse artigo, em primeiro lugar, pelo fato do direito a estar protegido contra a fome ser qualificado como "fundamental". O artigo também frisa a importância da cooperação internacional. Por fim, o texto é o único no âmbito das Nações Unidas a utilizar o conceito de "repartição equitativa" dos recursos alimentícios mundiais em relação às necessidades.

Nesse artigo, temos duas previsões a serem destacadas: (1) o direito a uma alimentação adequada, que provém do "direito de toda pessoa a um nível de vida adequado para si e para sua família, inclusive a alimentação, vestimenta e moradia adequadas"; e (2) o direito de toda pessoa de estar protegida contra a fome.

---

[3] ALSTON, Philip. "International Law and the Human Right to Food." In: ALSTON, Philip; TOMASEVSKI, Katarina. *The right to Food*. São Paulo: Editora SIM, 1984, p. 32.

É importante salientar a diferença dessas duas previsões, pois a primeira engloba um universo mais amplo, não só de sobrevivência, mas de acesso a uma alimentação em qualidade e quantidade adequadas a garantir um nível de vida sadio. Enquanto o segundo aspecto desse direito refere-se a um conteúdo mínimo, ou seja, um núcleo duro de estar ao abrigo da fome.[4]

Héctor Faúndez Ledesma bem esclarece essa diferença:

> Con el párrafo 2 del art. 11 del Pacto no se pretende restringir los alcances del derecho a la alimentación de sus aspectos más urgentes – la necesidad de estar protegido contra el hambre –, sin reducirlo a un nivel mínimo de subsistencia; en realidad, lo que se consagra es el derecho a una alimentación adecuada, que sea suficiente para desarrollarse plenamente y conservar sus facultades físicas y mentales. Eliminar el hambre es lo primero; pero, obviamente, allí no se agotan las obligaciones del Estado en materia de alimentación.[5]

Tal disposição impulsiona o entendimento de que o direito de toda pessoa de estar protegida contra a fome é um primeiro passo para a realização da norma primária, que seria o direito a uma alimentação adequada, distanciando-se assim de uma concepção minimalista do direito à alimentação, segundo a qual apenas deveria ser conferido o mínimo para suprir as necessidades nutricionais.

---

[4] GOLAY, Christophe. *Direito à alimentação e acesso à Justiça: exemplos em nível nacional, regional e internacional*. Organização das Nações Unidas para Agricultura e Alimentação. Roma: FAO, 2009, p. 14. Disponível em: <http://www.fao.org/docrep/016/k7286p/k7286p.pdf>. Acesso em: 20 jul. 2016.
[5] LEDESMA, Héctor Faúndez. "Las dimensiones jurídicas del derecho a la alimentación." In: *Memorias del seminario "El derecho a la alimentación como derecho fundamental"*. Caracas, 12-14 de jul. 1996, p. 74-75.

Além de previsão no Pidesc, cumpre anotarmos a contribuição da Convenção Americana de Direitos Humanos de 1969 (ou Pacto de San José, da Costa Rica), ratificada pelo Brasil em 25 de setembro de 1992.[6] Tal Convenção estabelece em seu art. 26 a obrigação dos Estados-Partes de promoverem o desenvolvimento progressivo dos direitos econômicos, sociais e culturais contidos na Carta da Organização dos Estados Americanos. Por sua vez, o Protocolo Adicional à Convenção Americana sobre Direitos Humanos, na área de Direitos Econômicos, Sociais e Culturais de 1988, também denominado "Protocolo de San Salvador", refere-se, em seu art. 12, ao direito à alimentação da seguinte forma:

ARTIGO 12
Direito à alimentação
1. Toda pessoa tem direito a uma nutrição adequada que assegure a possibilidade de gozar do mais alto nível de desenvolvimento físico, emocional e intelectual.
2. A fim de tornar efetivo esse direito e de eliminar a desnutrição, os Estados-Partes comprometem-se a aperfeiçoar os métodos de produção, abastecimento e distribuição de alimentos, para o que se comprometem a promover maior cooperação internacional com vistas a apoiar as políticas nacionais sobre o tema.

Com as referidas positivações do direito à alimentação, cumpre notar que os períodos subsequentes foram frutíferos para o detalhamento desse direito. Por exemplo, nos anos 1980, Asbjørn Eide produziu o primeiro relatório sobre o direito à alimentação como um direito humano endereçado à Comissão de Direitos Econômicos, Sociais e Culturais das

---

[6] Com a ratificação da Convenção, o Brasil reconhece como obrigatória de pleno direito a competência da Corte Interamericana de Direitos Humanos sobre todos os casos relativos à interpretação ou aplicação da Convenção Interamericana de Direitos Humanos.

Nações Unidas.[7] Cumpre também ressaltar a importância da estruturação de movimentos da sociedade civil nesse período, como a fundação, em 1986, da FIAN (FoodFirst Information & Action Network), organização não governamental que advoga pelo direito humano à alimentação, que veio a produzir outros relatórios paralelos e independentes sobre o direito à alimentação.

## Conceito de alimentação adequada e saudável

Mesmo com a positivação estabelecida no Pidesc, na Declaração Universal e em outros instrumentos, o direito à alimentação carecia de maiores detalhamentos, como a definição de direitos e deveres e a própria clarificação do conceito de adequação do alimento, que apresentava certo grau de subjetividade. Uma das críticas e razões para a não implementação do direito à alimentação residiria na falta de definição explícita sobre seu conteúdo nos instrumentos jurídicos de direito internacional.

O conceito de adequação do alimento remete a uma ideia de quantidade suficiente para uma existência normal e ativa (e não a uma porção mínima de calorias que previna a morte por inanição). Remete também à qualidade que atenda não só à proteção contra a fome, mas também a outras determinantes sociais, culturais e ambientais.

Tendo em vista uma elucidação do tema, reuniram-se em Genebra, em maio de 1997, representantes da sociedade civil de vários países e especialistas em direitos humanos, para elaborar o Código de Conduta sobre o Direito Humano a

---

[7] EIDE, Asbjørn. Right to Adequate Food as Human Right. *Human Rights Studies Series* N. 1, Sales N. E.89.XIV.2, United Nations: New York, 1989.

uma Alimentação Adequada (International Code on Human Right to Adequate Food). Tal Código fora fruto do objetivo 7.4 do Plano de Ação adotado na Conferência Internacional da FAO sobre Alimentação (World Food Summit), realizado em Roma, em novembro de 1996.[8] Importante salientar que a demanda social, consubstanciada no trabalho de diversas organizações não governamentais,

---

[8] "*Objectivo 7.4*: Esclarecer o conteúdo do direito a uma alimentação adequada e do direito fundamental de todos a não ter fome, como declarado no Pacto Internacional sobre Direitos Econômicos, Sociais e Culturais e outros relevantes instrumentos internacionais e regionais, prestando especial atenção à aplicação e à realização plena e progressiva deste direito como meio de conseguir segurança alimentar para todos.
Com este propósito, os Governos, em associação com todos os membros da sociedade civil, como apropriado, deverão:
(a) fazer todo o possível para aplicar as disposições do art. 11 do Pacto Internacional sobre os Direitos Econômicos, Sociais e Culturais (o Pacto) e as disposições pertinentes de outros instrumentos internacionais e regionais;
(b) persuadir os países que ainda não são parte do Pacto a aderir a ele o mais cedo possível;
(c) convidar o Comitê dos Direitos Econômicos, Sociais e Culturais a prestar atenção especial ao presente Plano de Ação, na estrutura das suas atividades, e continuar a monitorar a implementação das medidas específicas providas, para este fim, no art. 11 do Pacto;
(d) convidar os órgãos pertinentes, criados por ocasião dos tratados, assim como os organismos apropriados especializados das Nações Unidas, a considerar o modo como podem contribuir, dentro da estrutura de seguimento coordenado pelo sistema das Nações Unidas para as suas maiores conferências e cimeiras, incluindo a Conferência Mundial dos Direitos Humanos, Viena, 1993, nos limites dos seus mandatos, para a implementação destes direitos;
(e) convidar o Alto Comissariado para os Direitos Humanos das Nações Unidas, em consultação com os órgãos relevantes criados por ocasião dos tratados, e em colaboração com organismos especializados e programas relevantes do sistema das Nações Unidas, assim como com os mecanismos intergovernamentais apropriados, a melhor definir os direitos relacionados com a alimentação, contidos no art. 11 do Pacto e a propor formas de implementação e realização destes direitos, como um meio para alcançar os compromissos e objetivos da Cimeira Mundial da Alimentação, tendo em conta a possibilidade de estabelecer diretrizes voluntárias a fim de se alcançar a segurança alimentar para todos." (FAO. Declaração de Roma sobre a Segurança Alimentar Mundial e Plano de Ação da Cimeira Mundial da Alimentação) (versão em português). Roma: FAO, 1996. Disponível em: <http://www.fao.org/wfs/index_en.htm>. Acesso em: 20 jul. 2016.

foi fundamental para o processo de especificação do direito à alimentação como direito humano. As organizações não governamentais FIAN International, World Alliance on Nutrition and Human Rights, juntamente com o Institut Jacques Maritain, coordenaram o desenvolvimento da minuta do Código de Conduta sobre o Direito Humano à Alimentação Adequada,[9] disponibilizada em setembro de 1997. O objetivo principal desse processo era o de colocar o Código de Conduta nas agendas da Comissão de Direitos Humanos das Nações Unidas e no Comitê da FAO sobre Segurança Alimentar.[10] Tal Código reafirma o direito à alimentação adequada como um direito humano fundamental estabelecido pela legislação internacional, e prevê princípios gerais e guias para a sua implementação nos âmbitos doméstico e internacional, sendo direcionado aos Estados e a outros atores relevantes, tais como organizações internacionais e empresas. Conforme seu art. 4º, o direito à alimentação tem como objetivo atingir o bem-estar nutricional, sendo este dependente de medidas nos campos da educação e da saúde, e por isso deve ser entendido como um direito à alimentação adequada e à nutrição. Também se frisa que a realização desse direito é inseparável da justiça social, requerendo a adoção de políticas econômicas, ambientais e sociais, tanto em âmbito nacional como internacional, voltadas à erradicação da pobreza e à satisfação das necessidades básicas.

---

[9] FIAN International (Foodfirst Information and Action Network); Human Rights Organization for the Right to Feed Oneself; WANAHR (World Alliance for Nutrition and Human Rights; Institute Jacques Maritain International. "International Code of Conduct on Human Right to Adequate Food." Disponível em: <http://www.iatp.org/files/International_Code_of_Conduct_on_the_Human_Rig.htm>. Acesso em: 20 jul. 2016.

[10] WINDFUHR, Michael. "The Code of Conduct on the Right to Adequate Food: A Tool for Civil Society." Disponível em: <http://www.worldhunger.org/articles/global/foodashumrgt/windfuhr.htm>. Acesso em: 20 jul. 2016.

Nesse contexto, em 1999 o Comitê das Nações Unidas sobre os Direitos Econômicos Sociais e Culturais elaborou o General Comment 12 sobre o Direito à Alimentação Adequada.[11] Tal documento interpreta o Pacto dos Direitos Sociais, Econômicos e Culturais. Destacamos a definição do direito à alimentação adequada:

> O Comitê considera que o conteúdo essencial do direito à alimentação adequada implica: (a) a *disponibilidade* de alimentos em quantidade e qualidade suficientes para satisfazer as *necessidades dietéticas* dos indivíduos, *livre de substâncias adversas* e de forma *aceitável* dentro de uma determinada *cultura*; (b) a *acessibilidade* aos alimentos em formas que sejam *sustentáveis*[12] e que não interfiram no gozo de outros direitos humanos[13] (tradução e grifos nossos).

Para elucidar essa definição, o documento dá explicações detalhadas de cada termo:

> Sobre as *necessidades dietéticas* subentende-se que a dieta como um todo deve conter nutrientes capazes de contribuir para o crescimento físico e mental, para o desenvolvimento e para a realização de atividade física que estão em conformidade com as necessidades fisiológicas humanas em todas as fases do ciclo de vida e de acordo com gênero e ocupação (ponto 9 do General Comment 12).

O termo *livre de substâncias adversas* estabelece requisitos para a segurança alimentar, de modo a prevenir a

---

[11] NAÇÕES UNIDAS. Comitê de Direitos Econômicos, Sociais e Culturais. Comentário Geral n. 12 sobre o direito à alimentação adequada, E/C.12/1999/5. Disponível em: <http://www.fao.org/fileadmin/templates/righttofood/documents/RTF_publications/EN/General_Comment_12_EN.pdf>. Acesso em: 20 jul. 2016.

[12] Grifamos as passagens que remetem à sustentabilidade, pois o tema será trabalhado em detalhes nas Partes II e III do livro.

[13] NAÇÕES UNIDAS. Comitê de Direitos Econômicos, Sociais e Culturais. Comentário Geral n. 12 sobre o direito à alimentação adequada, E/C.12/1999/5.

contaminação dos gêneros alimentícios em virtude de más condições de higiene, adulteração ou contaminação por toxinas (ponto 10 do General Comment 12). Destacamos nesse ponto a relação com os modernos problemas de contaminação de alimentos por pesticidas, ou com o uso indiscriminado de hormônios, que acabam comprometendo a adequação e qualidade do alimento.

*Disponibilidade* refere-se às possibilidades de se autoalimentar tanto diretamente dos frutos das terras produtivas ou de outros recursos naturais como também através de um bom funcionamento do mercado de processamento, distribuição e comercialização dos alimentos (ponto 12 do General Comment 12).

*Acessibilidade* abrange tanto a acessibilidade física como econômica. A acessibilidade econômica significa que os custos financeiros associados à aquisição de alimentos para uma dieta adequada não devem comprometer a satisfação de outras necessidades básicas. A acessibilidade física implica que a alimentação adequada deva ser acessível a todos, incluindo indivíduos fisicamente vulneráveis, como crianças, jovens, idosos, pessoas com deficiência, doentes terminais e pessoas com problemas médicos persistentes, incluindo doenças mentais. Percebe-se uma vulnerabilidade particular nos muitos grupos populacionais indígenas, cujo acesso às terras ancestrais pode estar ameaçado (ponto 12 do General Comment 12).

A noção de *sustentabilidade*[14] está intrinsecamente ligada à noção de segurança alimentar ou alimentação adequada, o que implica na acessibilidade do alimento para as gerações presentes e futuras. O significado preciso de "adequação" é

---

[14] O conceito de sustentabilidade será trabalhado em detalhes nas Partes II e III desta obra.

em grande medida determinado pela prevalência de aspectos sociais, econômicos, culturais, climáticos, ecológicos e outros, enquanto a "sustentabilidade" incorpora a noção de longo prazo sobre a disponibilidade e acessibilidade (ponto 7 do General Comment 12).

A *aceitabilidade cultural ou do consumidor* implica, também, a necessidade de se considerar, tanto quanto possível, valores que não estão ligados exclusivamente ao conteúdo nutricional do alimento, mas sim ao alimento em si, à forma do consumo alimentar e às preocupações dos consumidores relativas às informações sobre a cadeia produtiva de alimentos (ponto 11 do General Comment 12). A comida desempenha importante papel para a manutenção da identidade regional das comunidades. Um exemplo dessa dimensão cultural da comida pode ser identificado nos hábitos dos povos indígenas. As populações adaptam sua alimentação às condições geográficas, climáticas, às crenças religiosas e aos conhecimentos tradicionais relativos à fauna e à flora. Acrescentamos que essa aceitabilidade também se estende aos habitantes de grandes cidades, ao consumidor moderno, que deve ser provido das informações necessárias sobre o processo produtivo e de distribuição do alimento. Tais dimensões devem ser respeitadas na lógica da alimentação adequada.

Olivier de Schutter, relator especial sobre o direito à alimentação, destaca as dimensões da disponibilidade, acessibilidade, adequação e participação:

> 5. Garantir o direito à alimentação significa garantir a possibilidade de se alimentar diretamente de terras produtivas, ou através de outros recursos naturais ou comprar alimentos. Isto implica assegurar que o alimento esteja *disponível, acessível e seja adequado*. *Disponibilidade* está relacionada com a existência de alimento suficiente no mercado para suprir as demandas. *Acessibilidade*

implica acesso tanto físico quanto econômico; acessibilidade física significa que o alimento deve estar acessível a todas as pessoas, inclusive aos fisicamente vulnerabilizados, como crianças, idosos ou pessoas com deficiência; acessibilidade econômica significa que o alimento deve ser economicamente acessível, sem comprometer outras necessidades básicas como educação, assistência médica ou habitação. *Adequação* requer que os alimentos satisfaçam as necessidades nutricionais (levando em conta idade, condições de vida, saúde, profissão, gênero etc. de uma pessoa), sejam seguros para consumo humano, isentos de substâncias adversas e culturalmente aceitáveis. A *participação* de grupos em situação de insegurança alimentar e nutricional na elaboração e implantação das políticas que mais os afetam é também uma dimensão essencial do direito à alimentação[15] (grifos nossos).

De forma a esclarecer os elementos que compõem o conceito de "alimentação adequada", Elisabetta Recine e Marília Leão[16] sistematizam, através de uma representação gráfica, as dimensões da "alimentação adequada":

---

[15] CAISAN (Câmara Interministerial de Segurança Alimentar e Nutricional). Conselho de Direitos Humanos. Décima sexta sessão. Item 3 da agenda Promoção e proteção de todos os direitos humanos, direitos civis, políticos, econômicos, sociais e culturais, inclusive o direito ao desenvolvimento. Relatório apresentado pelo relator especial sobre direito à alimentação, Olivier de Schutter. Brasília: MDS, 2012, p. 14.

[16] LEÃO, Marília; RECINE, Elisabetta. "O direito humano à alimentação adequada." In: TADDEI, José Augusto et al. (Org.). *Nutrição em Saúde Pública*. Rio de Janeiro: Rubio, 2011, p. 477.

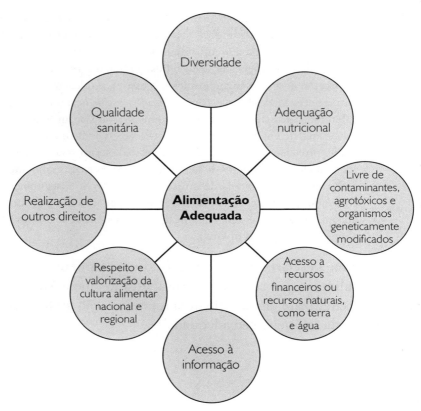

Figura 1. Representação gráfica das dimensões da alimentação adequada.

Dentro do conceito de adequação, merece destaque o fato de que a alimentação deva ser "saudável".

Há uma íntima relação entre saúde e alimentação – a alimentação é essencial para a saúde, e, em contrapartida, um bom estado de saúde é fundamental para que o organismo aproveite adequadamente os alimentos consumidos.[17] Cabe-nos

---

[17] BURITY, Valéria et al. *Direito humano à alimentação adequada no contexto da segurança alimentar e nutricional*. Brasília: Abrandh, 2010, p. 160.

resgatar o conceito de saúde para compreender o que seria uma alimentação saudável.

Uma das tentativas de conceituação parte da premissa de que a saúde seria a ausência da doença. Tal abordagem restringe-se aos aspectos biológicos, segundo a qual a investigação científica da medicina limita-se à análise da doença.

A conceituação negativa da saúde (como ausência de doença) passa a receber críticas, por ser uma definição muito limitada, pois nem sempre a ausência de sintomas significa uma condição saudável.

Em um movimento de superação dos limites apresentados pelo conceito negativo da saúde em 1948, a Organização Mundial da Saúde (OMS), agência das Organizações das Nações Unidas, a define como "o estado completo de bem-estar físico, mental e social, e não somente a ausência de condições e enfermidades".[18]

Tal definição foi criticada e debatida nos anos subsequentes, tendo como resultado uma nova conceituação de saúde, proveniente da Primeira Conferência sobre a Promoção da Saúde, ocorrida em Ottawa, Canadá, em 1986. A Carta de Ottawa,[19] fruto dessa conferência, afirma que a saúde não diz respeito exclusivamente ao setor sanitário, não sendo responsabilidade exclusiva do setor saúde, indo "para além de um estilo de vida saudável, na direção de um bem-estar global". Como condições e recursos fundamentais para a saúde são previstos: a paz, a habitação, a educação, a alimentação, a renda, o ecossistema estável, os recursos sustentáveis, a justiça social e a equidade.

---

[18] OMS. Preâmbulo da Constituição da Organização Mundial da Saúde, 1946.
[19] Carta de Ottawa. Primeira Conferência Internacional sobre Promoção da Saúde. Ottawa, novembro de 1986.

Tal conceituação reforça as dimensões econômicas, sociais e políticas da saúde, colocando a alimentação como prerrogativa para sua realização. Por sua vez, o Ministério da Saúde do Brasil discorre que:

> Uma alimentação saudável é aquela que atende as necessidades nutricionais e as características de cada fase do curso da vida, é acessível física e financeiramente a todos, saborosa, variada, colorida, harmônica e segura do ponto de vista sanitário e que respeita a cultura alimentar da população.[20]

Assim, podem-se destacar alguns requisitos da alimentação saudável:[21]

- *Acessibilidade física e financeira:* não é necessário que o alimento seja industrializado (e caro) para que seja saudável; ao contrário, a alimentação saudável é aquela baseada em alimentos *in natura*, produzidos localmente e, assim, facilmente acessíveis física e financeiramente.

- *Sabor:* a alimentação saudável é naturalmente saborosa, pois deve se basear no resgate e na valorização da preparação dos alimentos, de maneira a preservar o valor nutritivo e realçar o sabor.

- *Variedade:* a monotonia alimentar limita a disponibilidade de nutrientes necessários para atender as demandas fisiológicas, por isso, o consumo de vários tipos de alimentos que fornecem diferentes nutrientes é pressuposto para a alimentação saudável. Com esse entendimento, nenhum alimento específico – ou grupo deles

---

[20] Brasil. Ministério da Saúde. Secretaria de Atenção à Saúde. Coordenação Geral da Política de Alimentação e Nutrição. Guia alimentar para a população brasileira: promovendo a alimentação saudável. Brasília: Ministério da Saúde, 2005.

[21] BURITY, Valéria et al. *Direito humano à alimentação adequada no contexto da segurança alimentar e nutricional.* Brasília: Abrandh, 2010, p. 160.

isoladamente – é suficiente para garantir uma boa nutrição e a manutenção da saúde.

- *Cor:* apresentando variedade, a alimentação também apresentará múltiplas cores. Quanto mais colorida é a alimentação, mais rica é em termos de vitaminas e minerais. Além disso, a variedade de coloração contribui para tornar a refeição atrativa.

- *Harmonia:* diz respeito ao equilíbrio em quantidade e qualidade dos alimentos consumidos, considerando a variação de acordo com as fases da vida e outros fatores, como estado nutricional, idade, gênero, grau de atividade física, estado fisiológico etc.

- *Segurança sanitária:* alimentos que não apresentem contaminantes de natureza biológica, física ou química, ou outros perigos que comprometam a saúde do indivíduo e da população. Para isso, devem ser adotadas medidas preventivas e de controle, incluindo as boas práticas de higiene.

- *Cultural:* a alimentação saudável passa necessariamente pelo respeito e pela valorização da cultura, sendo concebida de acordo com os contextos étnicos, regionais e sociais.

Podemos concluir que há uma explícita conexão entre os termos "saudável" e "adequada". Tendo em vista esse entendimento, construiu-se o seguinte conceito, referendado na III Conferência Nacional de Segurança Alimentar e Nutricional:

> Alimentação saudável e adequada é a realização de um direito humano básico, com a garantia ao acesso permanente e regular, de forma socialmente justa, a uma prática alimentar adequada aos aspectos biológicos e sociais dos indivíduos, de acordo com o ciclo de vida e as necessidades alimentares especiais, pautada pelo

referencial tradicional local. Deve atender aos princípios da variedade, equilíbrio, moderação e prazer (sabor), às dimensões de gênero e etnia, e às formas de produção ambientalmente sustentáveis, livre de contaminantes físicos, químicos e biológicos e de organismos geneticamente modificados.[22]

Somado a isso, o Guia Alimentar para a População Brasileira de 2014 descreve que: "Alimentação adequada e saudável deriva de sistema alimentar socialmente e ambientalmente sustentável". Nesse sentido, prevê que as "recomendações sobre alimentação devem levar em conta o impacto das formas de produção e distribuição dos alimentos sobre a justiça social e a integridade do ambiente".[23] Vemos aqui novamente o conceito de sustentabilidade, que será aprofundado na segunda parte deste livro, mas desde já adiantamos a grande contribuição desse guia alimentar para a compreensão da sustentabilidade como requisito para uma alimentação adequada e saudável. O documento enfatiza que diferentes sistemas de produção e distribuição de alimentos podem ou não promover justiça social e proteger o ambiente. Cita, para isso, algumas variáveis que determinam a sustentabilidade nos sistemas alimentares, como, por exemplo, tamanho e uso das propriedades rurais, autonomia dos agricultores na escolha de sementes e fertilizantes e forma de controle de pragas, condições de trabalho e riscos ocupacionais do agricultor, intermediários entre agricultores e consumidores, geração de oportunidades de trabalho e partilha equitativa de renda. Além disso, destaca as variáveis de impacto ambiental,

---

[22] Consea. III Conferência Nacional de Segurança Alimentar e Nutricional. Documento Base. Brasília, 2007, p. 31.
[23] BRASIL. Ministério da Saúde. Secretaria de Atenção à Saúde. Departamento de Atenção Básica. *Guia alimentar para a população brasileira*. 2. ed. Brasília: Ministério da Saúde, 2014, p. 18.

como uso de fertilizantes orgânicos ou sintéticos, sementes convencionais ou transgênicas, controle biológico ou químico de pragas e doenças, criação de animais de forma intensiva ou extensiva, uso de água e energia, entre outros fatores.

Temos, assim, evidências de que o processo de especificação de um direito humano à alimentação incorpora os elementos conceituais da "saúde" e da "adequação". O direito que passa a ser exigido não diz respeito a qualquer alimentação, mas sim àquela que cumpra os requisitos de uma alimentação *adequada* e *saudável*.

A alimentação que passa a ser exigida por meio de um direito não é mais aquela que unicamente previna a doença ou a morte por inanição, mas sim aquela que promova o sumo bem humano.[24]

## A abordagem de direitos humanos

O processo de especificação do direito à alimentação continuou nos anos 2000, pois ainda eram necessários esclarecimentos acerca dos instrumentos de promoção, monitoramento e responsabilização relativos a esse direito.

A Cúpula Mundial da Alimentação: cinco anos depois, ocorreu em Roma no ano de 2002, ocasião em que os chefes de Estado e de Governo convidaram[25] o Conselho

---

[24] Em *Ética a Nicômaco*, Aristóteles investiga o tema do "sumo bem", onde "bem" é aquilo a que todas as coisas tendem, sendo, portanto, um fim, e "sumo" porque é o mais excelente de todos os fins – o sumo bem seria o fim alcançável pela ação bela e justa, tratar-se-ia da felicidade ou vida feliz, pois não desejamos a felicidade com vistas a outro fim qualquer, ela seria o fim mais absoluto. ARISTÓTELES. *Ética a Nicômaco*. Trad. Leonel Vallandro e Gerd Bornheim. São Paulo: Abril Cultural, 1979 (EN 1095a 15-25; 1097a 30-1097b 10).

[25] FAO. Declaração aprovada na Cúpula Mundial da Alimentação: cinco anos depois. World Food Summit: five years later. FAO Headquarters, Rome, Italy, 10-13 June

da Organização das Nações Unidas para Agricultura e Alimentação (FAO) a estabelecer um grupo de trabalho para elaborar, com a participação das partes interessadas, um conjunto de diretrizes voluntárias para apoiar os Estados--Membros na realização progressiva do direito à alimentação adequada. Cumpre notar que a expectativa da sociedade civil organizada foi de certa forma frustrada, uma vez que se advogava pela elaboração de um Código de Conduta sobre o Direito Humano à Alimentação.[26]

Após o estabelecimento, pelo Conselho da Organização das Nações Unidas para Agricultura e Alimentação (FAO), de um Grupo de Trabalho Intergovernamental para a elaboração das diretrizes voluntárias, as Diretrizes Voluntárias em Apoio à Realização Progressiva do Direito à Alimentação Adequada no Contexto da Segurança Alimentar Nacional[27] foram adotadas na 127ª Sessão do Conselho da FAO. Esse documento consolida orientações práticas aos Estados para implementação progressiva do direito à alimentação adequada, com vistas a alcançar os objetivos do Plano de Ação da Cúpula Mundial da Alimentação.[28]

Ao longo de todo o corpo das Diretrizes Voluntárias, observamos uma abordagem baseada em direitos humanos, isto

---

2002. Parágrafo 10. Disponível em: <ftp://ftp.fao.org/docrep/fao/meeting/004/Y6948E.PDF>. Acesso em: 20 jul. 2016.

[26] VALENTE, Flavio Luiz Schieck. "Frustrações e desafios cinco anos depois." Observatório da Cidadania, 2002, p. 23. Disponível em: <http://www.socialwatch.org/sites/default/files/pdf/en/tematicosc2002_bra.pdf>. Acesso em: 20 jul. 2016.

[27] FAO. Diretrizes Voluntárias em apoio à realização progressiva do direito humano à alimentação adequada no contexto da segurança alimentar nacional. Roma, 2015 [edição portuguesa]. Disponível em: <http://www.fao.org/3/b-y7937o.pdf>. Acesso em: 20 jul. 2016.

[28] Ponto 6 do prefácio das Diretrizes Voluntárias.

é, que enfatiza as obrigações do Governo fundamentando-se nas constituições nacionais e na legislação internacional de direitos humanos, que preveem o direito de estar livre da fome e o acesso sustentável à alimentação adequada.

Conforme esclarecem as Nações Unidas,[29] uma abordagem de direitos humanos para seus programas de desenvolvimento implica a presença dos seguintes elementos:

a) avaliação das demandas dos detentores do direito humano, assim como das obrigações correspondentes dos responsáveis, e diagnóstico das causas estruturais da não realização dos direitos;

b) desenvolvimento de estratégias para fortalecer a capacidade dos detentores de direitos, de forma que possam reivindicá-los, e fortalecimento da capacidade dos portadores de obrigações, de forma que as mesmas sejam cumpridas;

c) acompanhamento e avaliação dos resultados e dos processos, tendo sempre como base os princípios e as normas de direitos humanos;

d) os programas devem seguir as recomendações e diretivas dos organismos internacionais de direitos humanos.

Tendo isso em mente, logo no preâmbulo das Diretrizes são apresentados seus princípios fundamentais, quais sejam:[30]

- Igualdade e não discriminação: pressupõe a provisão do direito à alimentação de forma isonômica aos diferentes

---

[29] Nações Unidas. The Human Rights Based Approach to Development Cooperation: Towards a Common Understanding Among the U.N. Agencies (May 2003). Disponível em: <https://www.humanrights.gov.au/sites/default/files/content/social_justice/conference/engaging_communities/un_common_understanding_rba.pdf>. Acesso em: 20 jul. 2016.
[30] Ponto 7 do prefácio das Diretrizes Voluntárias.

grupos sociais, não afastando o enfoque prioritário aos segmentos mais vulneráveis.

- Participação e inclusão: pressupõe que as pessoas definam as ações necessárias ao seu bem-estar, participando de forma ativa e informada das políticas a elas direcionadas.
- Obrigação de prestar contas (responsabilização): os Estados devem conduzir suas políticas de forma transparente, elucidando suas metas e os alcances obtidos.
- Universalidade, indivisibilidade e interdependência dos direitos humanos.

Diferentemente de uma abordagem puramente econômica, com bases no livre mercado que enfatiza a não interferência estatal, o uso da abordagem em direitos humanos ao direito à alimentação permite que sejam destacados importantes aspectos, como os titulares de direitos e os portadores de obrigações. As Diretrizes Voluntárias reconhecem expressamente a responsabilidade primária dos Estados em relação à progressiva realização do direito à alimentação adequada (Diretriz 6).

Asbjørn Eide, em seus estudos sobre o direito à alimentação como direito humano,[31] desenvolveu uma tipologia dos diferentes níveis de obrigações dos Estados, hoje largamente utilizada na análise de obrigações estatais relativas a direitos humanos. Essas obrigações seriam: a obrigação de respeitar, a obrigação de proteger e as obrigações de promover ou prover direitos humanos.[32]

---

[31] Nações Unidas. E/CN.4/2001/53.
[32] Esses níveis de obrigações também são previstos no parágrafo 15 do Comentário Geral 12 do Comitê das Nações Unidas sobre Direitos Econômicos, Sociais e Culturais (E/C.12/1999/5).

A obrigação de *respeitar* o direito à alimentação é uma obrigação negativa, uma vez que implica limites às atividades do Estado que possam privar os indivíduos ou grupos de prover sua própria alimentação. Por sua vez, a obrigação de *proteger* requer que os Estados tenham papel ativo na regulação dos atores não estatais, incluindo as empresas ou os indivíduos que venham a ameaçar o direito à alimentação de pessoas ou grupos populacionais. Já a obrigação de *promover* refere-se a uma obrigação positiva, significando o dever do Estado de identificar os grupos mais vulneráveis e de implementar políticas para melhorar o acesso dessas pessoas à alimentação adequada, assim como de aprimorar as capacidades das pessoas para realização efetiva do direito à alimentação. Por sua vez, a obrigação de *prover* diz respeito à assistência direta a indivíduos ou grupos impossibilitados de obter os alimentos por conta própria.[33]

As Diretrizes Voluntárias são minuciosas ao especificar essas obrigações estatais. A título de exemplo, conforme destacam Elisabetta Recine e Marília Leão,[34] algumas dessas obrigações seriam:

- os Estados devem prover a boa gestão dos assuntos públicos, de forma a alcançar um desenvolvimento sustentável, a erradicação da pobreza e da fome e a realização de todos os direitos humanos, inclusive a progressiva realização do DHAA;[35]

---

[33] Nações Unidas. Relatório preliminar do relator especial da Comissão de Direitos Humanos para o direito à alimentação, Jean Ziegler. 23 de jul. 2001. Parágrafo 23. (A/56/210). Disponível em: <http://www.righttofood.org/wp-content/uploads/2012/09/A56210.pdf>. Acesso em: 20 jul. 2016.

[34] LEÃO, Marília; RECINE, Elisabetta, op. cit., p. 478.

[35] Ponto 1.3 das Diretrizes Voluntárias.

- os Estados devem adotar medidas diretas e imediatas para garantir acesso à alimentação adequada, investindo em projetos produtivos para melhorar de maneira sustentável os meios de subsistência da população afetada pela pobreza e pela fome – estabelecimento de instituições adequadas, mercados que funcionem, um marco jurídico e normativo favorável, acesso ao emprego e aos recursos produtivos.[36]

Mas não só os Estados possuem responsabilidades no que se refere à realização do direito humano à alimentação adequada; todos os membros da sociedade devem respeitar esse direito. Destacamos as grandes corporações transnacionais privadas, que, devido ao seu poder econômico, possuem capacidade imensa de interferência na vida da sociedade. Sobre isso, em 2003, o relator especial sobre Direito Humano à Alimentação, Jean Ziegler, submeteu às Nações Unidas um relatório cuja análise parte do fato de que em muitos aspectos, e em muitas regiões do mundo, as corporações transnacionais têm um controle sem precedentes sobre o sistema alimentar, mas não existe um sistema coerente de responsabilidade para garantir que elas não abusem desse poder. O relator afirma que, assim como os direitos humanos foram originalmente elaborados para colocar limites sobre abusos de poder por parte dos Estados, devem agora ser desenvolvidos para circunscrever os abusos de poder por parte das corporações.[37]

Em seu discurso na Segunda Conferência Internacional sobre Nutrição da FAO, realizada em Roma em 2014, o Papa Francisco recorda o sentido do direito à alimentação como um direito humano ao enfatizar o sujeito central desse direito,

---

[36] Ponto 2.4 das Diretrizes Voluntárias.
[37] Nações Unidas. A/58/330, 28 agosto 2003, p. 2. Disponível em: <https://documents-dds-ny.un.org/doc/UNDOC/GEN/N03/484/16/PDF/N0348416.pdf?OpenElement>. Acesso em: 20 jul. 2016.

qual seja, a pessoa que sofre os efeitos da fome e da desnutrição, e que tal direito implica em deveres.[38]

Em suma, a importância de se dar uma abordagem de direitos humanos ao direito à alimentação reside no constante aprimoramento da definição dos titulares de direitos, dos portadores de obrigações e das obrigações em si pautadas pelo princípio maior da dignidade humana. O Direito Humano à Alimentação Adequada encontra-se, portanto, num processo contínuo de *especificação*, que, conforme a lição de Norberto Bobbio,[39] seria a etapa de aprofundamento da tutela, passando do tratamento de destinatários genéricos (o ser humano, o cidadão) ao ser em situação (o idoso, a mulher, a criança, o indígena etc.).

Tendo isso em vista, o Direito Humano à Alimentação Adequada (DHAA) passa a ser tratado de acordo com suas diversas dimensões e levando em conta a interdependência com outros direitos humanos. Por exemplo: o DHAA de um bebê de menos de 6 meses passa pelo direito da mãe de praticar o aleitamento materno; o DHAA da população indígena depende do acesso às suas terras e do respeito aos modos de produção e consumo tradicionais; ou o DHAA da população urbana depende da acessibilidade física e econômica (preços justos), da disponibilidade e da adequada informação dos alimentos (entre outros requisitos).[40]

---

[38] Discurso do Papa Francisco à sede da FAO, em Roma, por ocasião da Segunda Conferência Internacional sobre Nutrição. Sede da FAO, Roma, 20 de novembro de 2014. Disponível em: <http://papa.cancaonova.com/discurso-do-papa-a-conferencia-da-fao-sobre-nutricao>. Acesso em: 20 jul. 2016.

[39] BOBBIO, Norberto. *A era dos direitos*. Trad. Carlos Nelson Coutinho. 6. reimpressão, Rio de Janeiro: Elsevier, 2004.

[40] BURITY, Valéria et al. *Direito humano à alimentação adequada no contexto da segurança alimentar e nutricional*. Brasília: Abrandh, 2010, p. 57-61.

Retomando a lição de Norberto Bobbio, o nascimento do direito à alimentação como direito humano e sua constante especificação foi (e é) fruto de um momento histórico e das reivindicações sociais. Todo esse processo aqui narrado ocorreu em um período de consolidação da globalização, em que o alimento deixou de ser simplesmente "comida" para se tornar mercadoria (*commodities*) amplamente negociada no mercado internacional e sujeita à lógica econômica.[41] Nesse mesmo sentido, o Papa Francisco chama atenção para a constatação de que "a luta contra a fome e a desnutrição é dificultada pela 'prioridade do mercado' e pela 'preeminência da ganância, que reduziram os alimentos a uma mercadoria qualquer, sujeita à especulação, inclusive financeira".[42]

O direito humano à alimentação vai ganhando corpo conforme as reivindicações sociais reagem ao agravamento das disparidades entre os países, à constatação da situação de fome e miséria, à utilização irresponsável da tecnologia sem levar em conta seus impactos na saúde humana e no meio ambiente, entre outras situações. É justamente o que Fábio Konder Comparato observou[43] em relação ao processo de multiplicação de direitos: diante da experimentação da

---

[41] De acordo com o relatório da FAO sobre as múltiplas dimensões da segurança alimentar, as oscilações nos preços e na renda podem afetar significativamente os pobres e famintos. Quando os preços sobem, os consumidores tendem a mudar seu consumo para alimentos mais baratos e menos nutritivos, aumentando os riscos de deficiências de micronutrientes e outras formas de desnutrição, o que pode ter efeitos adversos a longo prazo sobre a saúde das pessoas, e, por consequência, para o desenvolvimento e a produtividade. FAO. The multiple dimensions of food security. FAO, Rome, 2013. Disponível em: <http://www.fao.org/docrep/018/i3434e/i3434e.pdf>. Acesso em: 20 jul. 2016.

[42] Discurso do Papa Francisco à sede da FAO, em Roma, por ocasião da Segunda Conferência Internacional sobre Nutrição. Sede da FAO, Roma, 20 de novembro de 2014. Disponível em: <http://papa.cancaonova.com/discurso-do-papa-a-conferencia-da-fao-sobre-nutricao>. Acesso em: 20 jul. 2016.

[43] COMPARATO, Fábio Konder, op. cit., 2008, p. 38.

extrema violência, a humanidade reage fazendo surgir novas exigências para uma vida mais digna.[44]

---

[44] Cumpre-nos listar outros documentos que contribuíram para a consagração do direito à alimentação como direito humano: Convenção sobre os Direitos da Criança: versa, em seu art. 24. 2., "c", que os Estados-Partes adotarão as medidas apropriadas com vistas a combater as doenças e a desnutrição dentro do contexto dos cuidados básicos de saúde mediante, *inter alia*, a aplicação de tecnologia disponível e o fornecimento de alimentos nutritivos e de água potável, tendo em vista os perigos e riscos da poluição ambiental;
Protocolo Adicional às Convenções de Genebra Relativo à Proteção das Vítimas de Conflitos Armados Internacionais e Não Internacionais: versa, em seu art. 54, ser proibido utilizar, contra os civis, a fome como método de guerra; e ser proibido atacar, destruir, retirar ou pôr fora de uso bens indispensáveis à sobrevivência da população civil, tais como os gêneros alimentícios e as zonas agrícolas que os produzem, colheitas, gado, instalações e reservas de água potável e obras de irrigação, com vistas a privar, pelo seu valor de subsistência, a população civil ou a parte adversa, qualquer que seja o motivo que inspire aqueles atos, seja para provocar a fome das pessoas civis, a sua deslocação ou qualquer outro; Declaração Universal sobre a Erradicação da Fome e Desnutrição (1974), que proclama que: "Todo homem, mulher e criança tem o direito inalienável de estar livre da fome e da desnutrição, a fim de desenvolver plenamente e manter suas faculdades físicas e mentais"; Declaração de Roma sobre Segurança Alimentar Mundial (1996), que afirma no art. 1: "Nós, os chefes de Estado e de Governo, ou nossos representantes, reunidos na Cúpula Mundial da Alimentação a convite da FAO, reafirmamos o direito de toda pessoa de ter acesso a alimentos seguros e nutritivos, em consonância com o direito à alimentação adequada e o direito fundamental de toda pessoa de estar livre da fome"; Declaração sobre a Proteção de Mulheres e Crianças em Situação de Emergência e Conflitos Armados (1974), que indica que as mulheres e crianças que se encontrem em local de conflito armado, ou que vivem em territórios ocupados, não devem ser privadas de abrigo, alimentação, assistência médica ou outros direitos inalienáveis; Declaração de Princípios da Conferência Mundial sobre Reforma Agrária e Desenvolvimento Rural (1979), que diz no art. 1 (7) que a pobreza, fome e desnutrição retardam os esforços nacionais de desenvolvimento e afetam negativamente a estabilidade do mundo social e econômico, e que sua erradicação é o principal objetivo de desenvolvimento do mundo; A Comissão do Código de Ética para Comércio Internacional do Codex Alimentarius (1979), que reconheceu que a alimentação adequada, segura e saudável é um elemento vital para a consecução dos padrões de vida aceitáveis.

# Capítulo 3
# Segurança alimentar e nutricional

A conceituação do direito humano à alimentação veio em paralelo a outro importante conceito, o da "Segurança Alimentar e Nutricional" (SAN). Existem diversas definições de SAN. Tal diversidade ocorre principalmente por essa noção ser utilizada para fundamentar proposições de políticas públicas, ficando assim suscetível às influências das partes envolvidas. As diferentes visões não obstam, no entanto, a construção de consensos ou acordos nessa seara.[1]

Inicialmente, o enfoque da segurança alimentar era restrito à disponibilidade de alimentos através da expansão da produção agrícola. Predominava o entendimento de que a insegurança alimentar decorria da produção insuficiente de alimentos nos países pobres. Tal premissa servia como justificativa para o aumento da produtividade no modelo da "Revolução Verde", com o crescente uso de novas variedades genéticas dependentes de insumos químicos e mecanização. Posteriormente, emergiram as consequências dessa estratégia, como o impacto na biodiversidade, contaminação do solo e de alimentos com agrotóxicos, êxodo rural, entre outros.

---

[1] MALUF, Renato S. *Segurança alimentar e nutricional*. 3. ed. Petrópolis: Vozes, 2011, p. 16.

71

Havia nesse período um enfoque predominante no produto (aumento da produtividade, regularidade no abastecimento), e não no ser humano, estando a dimensão do direito humano em segundo plano. Apesar do aumento da produtividade, paradoxalmente não houve redução no número de pessoas famintas no mundo.[2]

Com isso, a partir dos anos 1980, começa um movimento para enfatizar a capacidade de acesso aos alimentos pelos indivíduos e grupos sociais, com posterior extensão à capacidade de os países acessarem alimentos por meio do comércio internacional. Em contrapartida, num contexto de ascensão do neoliberalismo, especialistas procuravam deslocar o enfoque para o plano domiciliar e individual, retirando a relevância da esfera nacional em favor da dimensão micro ou local dos problemas.[3]

Assim, a noção de segurança alimentar passa a adquirir outras dimensões importantes:[4] a da suficiência (proteção contra a fome e a desnutrição); a do acesso a alimentos seguros (não contaminados biológica ou quimicamente), de qualidade (nutricional, biológica, sanitária e tecnológica, que previna os males associados à alimentação); a de adequação (alimentos produzidos e consumidos de forma ambientalmente sustentável, socialmente justa, culturalmente aceitável e incorporando a ideia de acesso à informação).[5] Com isso, o conceito de segurança alimentar associa-se à necessidade de mudança no modo de produção baseado na "Revolução Verde" para um

---

[2] BURITY, Valéria et al. *Direito humano à alimentação adequada no contexto da segurança alimentar e nutricional*. Brasília: Abrandh, 2010, p. 11.
[3] MALUF, Renato S., op. cit., p. 31.
[4] BURITY, Valéria et al., op. cit., 2010, p. 12.
[5] MALUF, Renato S., op. cit., p. 20.

modo de produção econômica e ambientalmente sustentável, social e culturalmente justa.

No histórico de construção desse conceito, destacamos a Conferência das Nações Unidas sobre o Meio Ambiente e o Desenvolvimento (CNUMAD), ou Eco/92. Nessa ocasião, foi organizada a Conferência Mundial da Sociedade Civil, que enviou suas propostas ao evento oficial. O tema da "Segurança Alimentar" destacou-se, gerando um Tratado da Segurança Alimentar.[6]

Com o processo de especificação do direito humano à alimentação adequada, a SAN passa a ser entendida como uma estratégia para a garantia desse direito. Em outras palavras, é por meio de uma política de SAN que o Estado deve exercer suas obrigações relativas ao DHAA (respeitar, proteger, promover e prover). Esse direito, por sua vez, integra o objetivo de um estado físico ideal (estado de segurança alimentar e nutricional) aos princípios de direitos humanos (igualdade, participação, não discriminação etc.).[7]

Cumpre-nos dar destaque à definição de SAN aprovada na II Conferência Nacional de SAN realizada em Olinda, em 2004. Tal definição contou com contribuições de movimentos sociais e de governos:

> Segurança alimentar e nutricional é a realização do direito de todos ao acesso regular e permanente a alimentos de qualidade, em quantidade suficiente, sem comprometer o acesso a outras necessidades essenciais, tendo como base práticas alimentares promotoras

---

[6] Disponível em: <http://habitat.igc.org/treaties/at-19.htm>. Acesso em: 20 jul. 2016.
[7] BURITY, Valéria et al., op. cit., 2010, p. 23.

de saúde, que respeitem a diversidade cultural e que *sejam social, econômica e ambientalmente sustentáveis* (grifo nosso[8]).

Renato Maluf destaca três peculiaridades na noção nacional de segurança alimentar. A primeira diz respeito ao acréscimo do adjetivo "nutricional", cujo propósito era integrar tanto o enfoque socioeconômico como o de saúde e nutrição. A segunda característica é a de englobar numa única noção – segurança alimentar e nutricional – duas dimensões inseparáveis, quais sejam, disponibilidade de alimentos (*food security* – segurança alimentar) e qualidade desses bens (*food safety* – segurança dos alimentos). Com isso, colocar-se-iam em questão os modelos de produção e as referências de qualidade que se tornaram predominantes. O autor destaca ainda a peculiaridade do uso do vocábulo "segurança", que entre nós possui um significado forte.[9]

Dessa forma, a SAN seria um objetivo de ações e políticas públicas como meio para a realização do direito humano à alimentação adequada. Mais recentemente, em virtude das demandas sociais, outros aspectos foram incorporados ao conceito de SAN, como sua interligação ao conceito de soberania alimentar:

> Soberania alimentar é o direito de os povos definirem suas próprias políticas *e estratégias sustentáveis de produção, distribuição e consumo de alimentos,* que garantam o direito à alimentação para toda a população, com base na pequena e média produção, respeitando suas próprias culturas e a diversidade dos modos camponeses, pesqueiros e indígenas de produção agropecuária, de comercialização e gestão dos espaços rurais, nos quais a mulher desempenha um

---

[8] Grifamos as passagens que remetem à sustentabilidade, pois o tema será trabalhado em detalhes nos capítulos seguintes.
[9] MALUF, Renato, op. cit., p. 19.

papel fundamental [...]. A soberania alimentar é a via para erradicar a fome e a desnutrição e garantir a *segurança alimentar duradoura e sustentável para todos os povos*[10] (grifo nosso[11]).

O respeito à soberania alimentar passa a ser pressuposto para a consecução da SAN e, por sua vez, para o direito humano à alimentação adequada. Esses três conceitos devem ser entendidos de forma integrada, pois, para se alcançar uma plena segurança alimentar e nutricional, não bastam a produção de quantidades e a ausência de sinais de desabastecimento (falta de bens); é necessário ter em conta também o modo como os alimentos são produzidos, comercializados e consumidos, se há uma consideração dos aspectos sociais, culturais e ambientais incidentes nesse processo. Deve, portanto, haver uma associação direta da condição social das populações e das relações que elas mantêm com a cultura e o ambiente.[12]

A afirmação da soberania alimentar como dimensão da SAN é fruto principalmente de uma reação da sociedade às ingerências de grandes corporações transnacionais que impõem certas formas de produção e consumo de alimentos de maneira totalmente dissociada das características locais e, ainda, provocam uma relação de dependência desses modos de produção.

Sobre isso, o Papa Francisco alerta sobre os direitos necessários para garantia da soberania alimentar, como o direito à terra em igualdade de gênero:

> Preocupa cada vez mais o monopólio das terras cultiváveis por parte de empresas transnacionais e de Estados, que não só priva

---

[10] Fórum Mundial sobre Soberania Alimentar. Havana (Cuba), 2001.
[11] Grifamos as passagens que remetem à sustentabilidade, pois o tema será trabalhado em detalhes nos capítulos seguintes.
[12] MALUF, Renato S., op. cit., p. 25.

os agricultores de um bem essencial, mas afeta diretamente a soberania dos países. Já são muitas as regiões nas quais os alimentos são encaminhados para o estrangeiro e a população local empobrece-se duplamente porque não tem nem alimentos, nem terra. E depois, que dizer das mulheres que em muitas zonas não podem possuir os terrenos que trabalham, com uma desigualdade de direitos que impede a serenidade da vida familiar porque se arrisca perder os campos de um momento para o outro? Contudo, sabemos que no mundo a produção mundial de alimentos é na máxima parte obra de empresas familiares. Por isso, é importante que a FAO reforce as parcerias e os projetos a favor das empresas familiares, e estimule os Estados a regular equitativamente o uso e a propriedade da terra. Isso poderá concorrer para eliminar as desigualdades, hoje no centro da atenção internacional.[13]

Por fim, salientamos que a realização da SAN como objetivo de uma ação política é tarefa que vai de encontro a muitos interesses econômicos vigentes. Renato Maluf esclarece que "a promoção da SAN requer o exercício soberano de políticas relacionadas aos alimentos e à alimentação que se sobreponham à lógica mercantil estrita – isto é, à regulação privada – e incorporem a perspectiva do direito humano à alimentação".[14] Não podemos perder de vista a complexidade e os conflitos de interesse gerados pelos ditames da SAN e do DHAA. Pretendemos enfrentar esse tema ao longo do livro.

---

[13] Discurso do Papa Francisco aos participantes na 39ª Sessão da Organização das Nações Unidas para Alimentação e Agricultura (FAO). Sala Clementina. Quinta-feira, 11 de junho de 2015. Disponível em: <http://docplayer.com.br/8942466-A-santa-se-discurso-do-papa-francisco-aos-participantes-na-39a-sessao-da-organizacao-das-nacoes-unidas-para-a-alimentacao-e-a-agricultura-f-a-o.html>. Acesso em: 26 jul. 2016.

[14] MALUF, Renato S., op. cit., p. 22.

# Capítulo 4
# Alimentação como direito no Brasil

Não se pode comentar o processo de consideração da alimentação como direito no Brasil sem citar o legado da obra de Josué de Castro, médico e sociólogo internacionalmente conhecido, que atuou entre os anos de 1933 e 1973. Seu trabalho possibilitou a mudança de viés sobre os determinantes da fome, passando da esfera exclusivamente biológica para as causas políticas, econômicas e sociais. Sobre isso, Josué de Castro esclarece:

> Querer justificar a fome do mundo como um fenômeno natural e inevitável não passa de uma técnica de mistificação para ocultar as suas verdadeiras causas, que foram, no passado, o tipo de exploração colonial imposto à maioria dos povos do mundo, e, no presente, o neocolonialismo econômico a que estão submetidos os países de economia primária, dependentes, subdesenvolvidos, que são também países de fome.[1]

A partir dos alertas trazidos pelo intelectual Josué de Castro, deu-se início a algumas políticas públicas essenciais para o campo da alimentação nos anos 1940-1950, como,

---

[1] CASTRO, Josué de. "Explosão demográfica e a fome no mundo. *Civillità delle Machine*, jul./ago. de 1968, Roma." In: Castro AMC (Org.). *Fome, um tema proibido*. São Paulo, Civilização Brasileira, 2003.

por exemplo, a criação dos primeiros serviços de alimentação coletiva, a "Campanha de Merenda Escolar" e a instituição do salário mínimo. Em 1964, instaurou-se a ditadura militar no Brasil, que durou vinte anos, período marcado pela supressão de direitos civis e políticos e pelo acirramento da desigualdade social. Apenas na década de 1980, com o aumento das pressões pela redemocratização, emergem as reivindicações sociais contra a fome e pela segurança alimentar e nutricional. Realizou-se em 1986 a I Conferência Nacional de Alimentação e Nutrição, cujo relatório final fazia menção à alimentação como um direito, assim como se esboçava o conceito de "segurança alimentar e nutricional".[2]

Durante a década de 1990 até o início dos anos 2000, algumas iniciativas[3] se destacaram para a consolidação do conceito de SAN e para seu reconhecimento como objetivo de ações e políticas públicas.

Em 2003, o Governo Federal recriou o Conselho Nacional de Segurança Alimentar e Nutricional (Consea), cuja composição é de 2/3 de representantes da sociedade civil e 1/3 de representantes governamentais, e que funciona como

---

[2] LEÃO, Marília; MALUF, Renato. *A construção social de um sistema público de segurança alimentar e nutricional: a experiência brasileira*. Brasília: Abrandh, 2012, p. 14.

[3] Uma proposta de Política Nacional de Segurança Alimentar e Nutricional foi apresentada pelo "Governo Paralelo" (grupo de militantes organizados após a derrota dos partidos de esquerda, coordenado por Luiz Inácio Lula da Silva, que veio a se tornar presidente do Brasil nas eleições de 2002). Tal documento, apresentado em 1991 à sociedade, mencionava a criação de um Conselho Nacional de Segurança Alimentar e Nutricional, base para a primeira e efêmera experiência de um Consea que funcionou entre 1993 e 1994. Posteriormente, a organização não governamental Instituto Cidadania apresentou uma nova proposta de política de segurança alimentar, agregando contribuições de diversos membros da sociedade civil. Tal documento fora chamado de "Projeto Fome Zero", inspirando posteriormente o programa de governo do então presidente Lula em 2003. LEÃO, Marília; MALUF, Renato, op. cit., p. 18.

um órgão de assessoramento imediato da Presidência da República. Com o Consea, retoma-se o debate acerca da alimentação como um direito humano, enfatizando a importância das articulações intersetoriais e da participação social para o alcance do DHAA. A partir de então, começa a se construir o arcabouço legal e institucional para a proteção e promoção desse direito. A legislação que trata do tema é a Lei n.11.236, de 15 de setembro de 2006, denominada Lei Orgânica de Segurança Alimentar e Nutricional (Losan),[4] que cria o Sistema Nacional de Segurança Alimentar e Nutricional (Sisan).

A Losan define os princípios do sistema, quais sejam: universalidade, equidade, autonomia, participação social e transparência. Tal lei recomenda a elaboração de uma Política (PNSAN) e um Plano Nacional de Segurança Alimentar e Nutricional (Plansan). A Política apresenta os procedimentos para colocar em prática as diretrizes da Losan (como as atribuições dos entes federativos, os procedimentos de gestão, financiamento, monitoramento e avaliação da ação do Estado). Por sua vez, o Plano é um instrumento de planejamento da ação do Estado, informando os programas e as ações a serem postos em prática, as metas e o tempo de seu cumprimento, tendo em vista a alocação de recursos do orçamento público.[5]

O Sisan é o sistema público que articula diversos setores do Governo para a coordenação das políticas de segurança alimentar e nutricional. São instâncias máximas da gestão do Sisan na esfera federal:[6]

---

[4] BRASIL. Lei Nacional de Segurança Alimentar e Nutricional (Losan). Lei n. 11.346, de 15 de setembro de 2006.
[5] LEÃO, Marília; MALUF, Renato, op. cit., p. 28-29.
[6] Ibid., p. 30.

- a Conferência Nacional de Segurança Alimentar e Nutricional:[7] 2/3 de seus participantes são da sociedade civil e 1/3 do governo; ocorre a cada quatro anos para indicar ao Consea as diretrizes e prioridades da Política e do Plano Nacional de SAN e para avaliar o Sisan;
- o Consea: 2/3 dos seus conselheiros são da sociedade civil e 1/3 do governo; é um órgão de assessoramento direto da Presidência da República, o qual propõe diretrizes, prioridades e indica o orçamento necessário à Política e ao Plano de SAN;
- a Câmara Interministerial de Segurança Alimentar e Nutricional (Caisan): integrada por Ministros de Estado e secretários especiais; elabora a Política e o Plano de SAN a partir das diretrizes do Consea.

No ano de 2010, o marco regulatório do DHAA é reforçado por um importante feito, fruto de uma ampla mobilização social: a aprovação da Emenda Constitucional n. 64, que inclui *a alimentação* entre os direitos sociais da nação, ao lado da educação, da saúde, do trabalho, da moradia, entre outros direitos positivados no artigo 6º da Constituição Federal.[8]

Destacamos que, além de disposição constitucional sobre o direito à alimentação, a Lei de Segurança Alimentar e Nutricional (Lei n. 11.346/2006) afirma o direito humano

---

[7] Aqui reiteramos a importância da definição de SAN, elaborada na II Conferência Nacional de SAN, realizada em Olinda, em 2004, conforme comentamos anteriormente.

[8] BRASIL. Constituição Federal. 1988. "Art. 6º São direitos sociais a educação, a saúde, a alimentação, o trabalho, a moradia, o lazer, a segurança, a previdência social, a proteção à maternidade e à infância, a assistência aos desamparados, na forma desta Constituição" (redação dada pela Emenda Constitucional, n. 64, de 2010).

à alimentação adequada e a obrigação do poder público em adotar políticas e ações para sua promoção:

Art. 2º A *alimentação adequada é direito fundamental do ser humano*, inerente à dignidade da pessoa humana e indispensável à realização dos direitos consagrados na Constituição Federal, devendo o poder público adotar as políticas e ações que se façam necessárias para promover e garantir a segurança alimentar e nutricional da população.

§ 1º A adoção dessas políticas e ações deverá levar em conta as dimensões ambientais, culturais, econômicas, regionais e sociais.

§ 2º É dever do poder público respeitar, proteger, promover, prover, informar, monitorar, fiscalizar e avaliar a *realização do direito humano à alimentação adequada*, bem como garantir os mecanismos para sua exigibilidade.

Uma vez exposto esse breve cenário da concepção do direito à alimentação no Brasil e no mundo, cumpre-nos dissertar sobre a natureza jurídica desse direito.

Capítulo 5
# A natureza jurídica do direito à alimentação

Os termos "direitos do homem", "direitos humanos" e "direitos fundamentais" são muitas vezes usados indistintamente. Paulo Bonavides comenta que o uso do termo "direitos humanos" e "direitos do homem" é mais frequente entre autores anglo-americanos e latinos, enquanto a expressão "direitos fundamentais" é mais comum entre os alemães. De acordo com uma concepção mais genérica, os direitos fundamentais teriam como objetivo a criação e a manutenção dos pressupostos elementares de uma vida na liberdade e na dignidade humana. Paulo Bonavides também traz a acepção mais restrita e mais normativa dos direitos fundamentais, qual seja, "aqueles direitos que o direito vigente qualifica como tais".[1]

Nesse sentido, Ingo Wolfgang Sarlet esclarece a distinção, de cunho predominantemente didático, entre as expressões "direitos do homem" (no sentido de direitos naturais não positivados); "direitos humanos" (positivados na esfera do direito internacional) e "direitos fundamentais" (direitos reconhecidos ou outorgados e protegidos pelo direito constitucional

---

[1] BONAVIDES, Paulo. *Curso de Direito Constitucional*. 22. ed. São Paulo: Malheiros, 2008, p. 578.

interno de cada Estado).² O autor salienta, entretanto, que essa diferença "não significa desconsiderar a íntima relação entre os direitos humanos e os direitos fundamentais", e acrescenta que "a maior parte das Constituições do segundo pós-guerra se inspirou tanto na Declaração Universal de 1948 quanto nos diversos documentos internacionais e regionais que as sucederam",³ resultando num processo de aproximação e harmonização em direção ao que vem sendo denominado "direito constitucional internacional".⁴

Tendo em conta as acepções expostas, caminhamos rumo às seguintes identificações da natureza jurídica do direito à alimentação.

## Natureza de direito humano

A natureza jurídica de direito humano atribuída à alimentação se dá não só por sua positivação na esfera internacional, através da Declaração Universal de 1948 e do Pacto Internacional dos Direitos Econômicos, Sociais e Culturais, mas também pelo seu reconhecimento enquanto tal, devido às pressões das demandas sociais. Frisamos a importância desse último aspecto seguindo a lição de Fábio Konder Comparato já anteriormente comentada,⁵ que destaca ser necessária, além do reconhecimento estatal, uma "consciência ética coletiva" de que a dignidade da condição humana

---

[2] SARLET, Ingo Wolfgang. *A eficácia dos direitos fundamentais*. 8. ed. Porto Alegre: Livraria do Advogado, 2007, p. 36.
[3] Ibid., p. 39.
[4] Sobre o direito constitucional internacional, Ingo Sarlet faz referência às obras de Flavia Piovensan, *Direitos Humanos e o Direito Constitucional Internacional*, de Max Limonad, Rio de Janeiro, 1996, e de A. A. Cançado Trindade, *Tratado do Direito Internacional dos Direitos Humanos*, Porto Alegre: Sérgio A. Fabris, 1997, v. I.
[5] COMPARATO, Fábio Konder, op. cit., 2008, p. 60.

exige respeito a certos valores e bens, no caso, o respeito a uma alimentação adequada e saudável e a garantia da segurança alimentar e nutricional.

Em outras palavras, todo esse processo de exigência por parte da sociedade quanto ao direito à alimentação (desde as exigências de detalhamento e ampliação do seu conceito à reivindicação de sua implementação) cumpre o papel de construir a consciência ética coletiva de que o direito à alimentação é um direito humano e deve ser tratado enquanto tal.

## Natureza de direito fundamental

Conforme as acepções inicialmente expostas, podemos afirmar o direito à alimentação como um direito fundamental, uma vez que ele é reconhecido pelo direito constitucional interno.

O direito à alimentação é afirmado na Constituição Federal brasileira no art. 6º, alocado dentro do Título II (Dos Direitos e Garantias Fundamentais), e do Capítulo II (Dos Direitos Sociais).

Tal reconhecimento ocorreu recentemente, no ano de 2010, através da inclusão da alimentação como direito social pela Emenda Constitucional n. 64. No entanto, isso não significa que antes dessa inclusão o direito à alimentação não fosse um direito fundamental.

Conforme esclarece Ingo Wolfgang Sarlet, além dos direitos fundamentais formalmente positivados na Constituição, "existem direitos que, por seu conteúdo, por sua substância, pertencem ao corpo fundamental da Constituição de um Estado, mesmo não constando no catálogo".[6] Esse conceito

---
[6] SARLET, Ingo Wolfgang, op. cit., p. 93.

**85**

materialmente aberto de direitos fundamentais é atestado pela regra do art. 5º, § 2º da CF de 1988, segundo o qual os direitos e as garantias expressos na Constituição não excluem outros decorrentes do regime e dos princípios por ela adotados, ou os dos tratados internacionais em que a República Federativa do Brasil seja parte. Tal disposição possibilita a identificação e construção jurisprudencial de direitos materialmente fundamentais não escritos (no sentido de não expressamente positivados), bem como de direitos constantes em outras partes do texto constitucional e nos tratados internacionais. Assim, seria possível extrair direitos fundamentais implícitos, ou seja, "posições fundamentais subentendidas nas normas definidoras de direitos e garantias fundamentais", e direitos fundamentais fora do catálogo, sejam escritos ("previstos na Constituição ou em tratados internacionais") ou não escritos ("decorrentes do regime e dos princípios").[7]

Ora, mesmo antes de ser incluído no rol de direitos sociais, pode-se dizer que o direito à alimentação era um direito implícito (subentendido) do direito à vida (art. 5º, *caput*), do princípio da dignidade humana (art. 1º, III) e do direito à saúde (art. 6º). Além disso, a Constituição já associava a alimentação com a satisfação das necessidades vitais básicas (art. 7º, IV).[8]

O direito à alimentação pode também ser considerado decorrente de outras previsões constitucionais. Em seu art. 193,

---

[7] Ibid., p. 108.
[8] BRASIL. Constituição Federal. 1988. Art. 7º São direitos dos trabalhadores urbanos e rurais, além de outros que visem à melhoria de sua condição social: IV salário-mínimo, fixado em lei, nacionalmente unificado, capaz de atender às suas necessidades vitais básicas e às de sua família com moradia, alimentação, educação, saúde, lazer, vestuário, higiene, transporte e previdência social, com reajustes periódicos que lhe preservem o poder aquisitivo, sendo vedada sua vinculação para qualquer fim.

a Constituição fixa como objetivos da ordem social o "bem-estar e a justiça sociais". Nesse título, elencam-se diversos direitos que pressupõem o direito a uma alimentação adequada, tais quais o direito à saúde e o dever correspondente do Estado de promover políticas públicas que visem à redução do risco de doença e de outros agravos (art. 196), o que se relaciona diretamente com as políticas de segurança alimentar e nutricional. A dimensão alimentar da saúde é reforçada pela previsão da atribuição do sistema único de saúde de "fiscalizar e inspecionar alimentos, compreendido o controle de seu teor nutricional, bem como de bebidas e águas para consumo humano" (art. 200, VI). Citamos, ainda, a relação com o direito à educação, tratado no art. 208, VII, segundo o qual é dever do Estado a garantia de "atendimento ao educando, em todas as etapas da educação básica, por meio de programas suplementares de material didático escolar, transporte, alimentação e assistência à saúde". O direito à alimentação também é extraído do art. 227, que reza ser "dever da família, da sociedade e do Estado assegurar à criança, ao adolescente e ao jovem, com absoluta prioridade, o direito à vida, à saúde, à alimentação, à educação", entre outros.

Observa-se não só uma relação com os direitos sociais, mas também com os princípios da ordem econômica e financeira (arts. 170, 184 e 186),[9] balizados pelos ditames da justiça

---

[9] BRASIL. Constituição Federal. 1988.
Art. 170. A ordem econômica, fundada na valorização do trabalho humano e na livre-iniciativa, tem por fim assegurar a todos existência digna, conforme os ditames da justiça social, observados os seguintes princípios:
I – soberania nacional;
II – propriedade privada;
III – função social da propriedade;
V – defesa do consumidor.
Art. 184 Compete à União desapropriar por interesse social, para fins de reforma agrária, o imóvel rural que não esteja cumprindo sua função social, mediante pré-

social, onde é prevista a proteção à função social da propriedade, possibilitando desapropriação para fins de reforma agrária. Também nesse sentido, ao fixar a competência comum dos entes federativos, a Constituição estabelece como atribuição deles o fomento à produção agropecuária e a organização do abastecimento alimentar, assim como o combate às causas da pobreza e os fatores de marginalização, promovendo a integração social dos setores desfavorecidos (art. 23, VIII e X).[10]

---

[10] via e justa indenização em títulos da dívida agrária, com cláusula de preservação do valor real, resgatáveis no prazo de até vinte anos, a partir do segundo ano de sua emissão, e cuja utilização será definida em lei.
Art. 186 A função social é cumprida quando a propriedade rural atende, simultaneamente, segundo critérios e graus de exigência estabelecidos em lei, aos seguintes requisitos:
I – aproveitamento racional e adequado;
II – utilização adequada dos recursos naturais disponíveis e preservação do meio ambiente;
III – observância das disposições que regulam as relações de trabalho;
IV – exploração que favoreça o bem-estar dos proprietários e dos trabalhadores.
Art. 187 A política agrícola será planejada e executada na forma da lei, com a participação efetiva do setor de produção, envolvendo produtores e trabalhadores rurais, bem como dos setores de comercialização, de armazenamento e de transportes, levando em conta, especialmente:
I – os instrumentos creditícios e fiscais;
II – os preços compatíveis com os custos de produção e a garantia de comercialização;
III – o incentivo à pesquisa e à tecnologia;
IV – a assistência técnica e extensão rural;
V – o seguro agrícola;
VI – o cooperativismo;
VII – a eletrificação rural e irrigação;
VIII – a habitação para o trabalhador rural.
§ 1º Incluem-se no planejamento agrícola as atividades agroindustriais, agropecuárias, pesqueiras e florestais.
§ 2º Serão compatibilizadas as ações de política agrícola e de reforma agrária.
[10] BRASIL. Constituição Federal, 1988.
Art. 23 É competência comum da União, dos Estados, do Distrito Federal e dos Municípios:

# Natureza de direito fundamental de segunda dimensão

Conforme já abordado, os direitos fundamentais de segunda dimensão têm como característica a exigência ao Estado de determinadas prestações, tendo em vista a garantia do princípio da igualdade. São eles os *direitos sociais, econômicos e culturais*, bem como os direitos coletivos e de coletividades. Paulo Bonavides rememora que inicialmente esses direitos tiveram sua juridicidade questionada, sendo remetidos à chamada "esfera programática", pelo fato de não contarem com os instrumentos processuais típicos de proteção aos direitos da liberdade. No entanto, o professor salienta que essa crise de observância tende a ser sanada pelo preceito da aplicabilidade imediata dos direitos fundamentais, segundo o qual os direitos fundamentais de segunda dimensão seriam tão justiciáveis quanto os da primeira.[11] No mesmo sentido, Antônio Augusto Cançado Trindade assevera ser necessário submeter à justiciabilidade decisões governamentais e de organismos financeiros internacionais que, sob o argumento de solucionar problemas econômicos, acabam por condenar ao empobrecimento, ao desemprego e à fome. O jurista acrescenta que, ainda que sejam direitos de "realização progressiva", exigem também medidas imediatas por parte dos Estados, como no caso dos direitos de subsistência, citando-se como exemplo o direito à alimentação.[12]

---

VIII – fomentar a produção agropecuária e organizar o abastecimento alimentar;
X – combater as causas da pobreza e os fatores de marginalização, promovendo a integração social dos setores desfavorecidos.

[11] BONAVIDES, Paulo, op. cit., p. 564-565.
[12] CANÇADO TRINDADE, Antônio Augusto. "Direitos econômicos e sociais." In: CANÇADO TRINDADE, Antônio Augusto (Ed.). *A incorporação das normas internacionais de proteção dos direitos humanos no direito brasileiro*. San Jose

O direito à alimentação é reconhecido na Constituição Federal brasileira como um *direito social*. Segundo Alexandre de Moraes, o legislador estabeleceu cinco espécies ao gênero "direitos e garantias fundamentais", dentre elas a espécie dos direitos sociais, que, conforme leciona o professor, "caracterizam-se como verdadeiras liberdades positivas, de observância obrigatória em um Estado Social de Direito, tendo por finalidade a melhoria das condições de vida aos hipossuficientes, visando à concretização da igualdade social".[13]

Observamos, também, que o direito à alimentação possui um forte caráter de *direito econômico*, pois requer políticas de desenvolvimento econômico pautadas pelo objetivo da segurança alimentar e nutricional; isto quer dizer que os "Estados deveriam colocar em prática políticas econômicas, agrícolas, pesqueiras, florestais, de uso da terra e, quando apropriado, de reforma agrária acertadas, que sejam inclusivas e não discriminatórias",[14] e também deveriam realizar "investimento em atividades e projetos produtivos para melhorar os meios de subsistência da população afetada pela pobreza, e a fome de maneira sustentável; o estabelecimento de instituições adequadas, mercados que funcionem, um marco jurídico e normativo favorável e o acesso ao emprego, aos recursos produtivos e aos serviços apropriados".[15]

Não podemos deixar de notar o forte caráter de *direito cultural* do direito à alimentação, uma vez que a sua plena

---

da Costa Rica/Brasília: Instituto Interamericano de Direitos Humanos, 1991, p. 710-711.

[13] MORAES, Alexandre de. *Direitos Humanos fundamentais: teoria geral, comentários aos arts. 1º a 5º da Constituição da República Federativa do Brasil, doutrina e jurisprudência*. 9. ed., São Paulo: Atlas, 2011, p. 23-24.

[14] Ponto 2.5 das Diretrizes Voluntárias.

[15] Ponto 2.4 das Diretrizes Voluntárias.

realização depende do respeito e da promoção da cultura alimentar e da diversidade dos modelos tradicionais de produção e consumo dos alimentos.

## Natureza de direito fundamental de primeira dimensão

Ousamos, ainda, sair da esfera convencional de conceber o direito à alimentação como direito fundamental de segunda dimensão, para identificar seus aspectos que transitam na órbita dos direitos de primeira dimensão.

Já comentamos que os direitos de primeira dimensão caracterizam-se principalmente por serem oponíveis ao Estado, imprimindo uma obrigação negativa dele (de não ingerência na esfera particular do indivíduo), primando pelos direitos de liberdade. Seriam os direitos civis e políticos.

Assim, no universo do direito humano à alimentação, trata-se da já comentada obrigação do Estado de *respeitar* esse direito, limitando as atividades estatais que comprometam os direitos dos indivíduos ou grupos de proverem sua própria alimentação. Trata-se também da proteção às liberdades fundamentais, como a liberdade de expressão, de informação, de associação, tendo em vista que sejam ouvidas e consideradas as diversas vozes da sociedade, em especial dos grupos mais vulneráveis.

## Natureza de direito fundamental de terceira dimensão

Os direitos fundamentais de terceira dimensão referem-se aos direitos de fraternidade e solidariedade, de titularidade difusa ou coletiva, sendo seus destinatários "o gênero humano"[16] ou "grupos humanos (família, povo nação)".[17]

De acordo com Fábio Konder Comparato, a solidariedade é o "fecho da abóboda do sistema de princípios éticos, pois complementa e aperfeiçoa a liberdade, a igualdade e a segurança". De acordo com o professor:

> Enquanto a liberdade e a igualdade põem as pessoas umas diante das outras, a solidariedade as reúne, todas, no seio de uma mesma comunidade. Na perspectiva da igualdade e da liberdade, cada qual reivindica o que lhe é próprio. No plano da solidariedade, todos são convocados a defender o que lhes é comum. Quanto à segurança, ela só pode realizar-se em sua plenitude quando cada qual zela pelo bem de todos e a sociedade pelo bem de cada um dos seus membros.[18]

O direito humano à alimentação apresenta esse forte caráter transindividual, uma vez que pressupõe a realização do direito ao desenvolvimento e da cooperação internacional em prol da superação de dificuldades econômicas no contexto dos Estados. Sobre isso, enfatiza-se o papel da comunidade internacional através da cooperação técnica e do próprio comércio internacional, tendo em vista a realização progressiva do direito à alimentação adequada.[19]

---

[16] BONAVIDES, Paulo, op. cit., p. 569.

[17] LAFER, Celso, op. cit., p. 131.

[18] COMPARATO, Fábio Konder. *Ética: direito, moral e religião no mundo moderno.* São Paulo: Companhia das Letras, 2006, p. 577.

[19] A título de exemplo, a Seção III das Diretrizes Voluntárias versa sobre medidas, ações e compromissos internacionais para a realização do direito à alimentação. O ponto 5, especificamente, fala sobre a cooperação técnica: 5. *Os países desenvolvidos e em desenvolvimento deveriam atuar conjuntamente para apoiar seus esforços destinados a lograr a realização progressiva do direito à alimentação adequada no contexto da segurança alimentar nacional, por meio da cooperação técnica, inclusive para o fortalecimento da capacitação institucional e da transferência de tecnologia em condições estabelecidas de comum acordo, conforme compromissos assumidos nas prin-*

O direito à alimentação também se relaciona diretamente com o direito ao meio ambiente, que deve ser protegido a fim de assegurar uma produção sustentável de alimentos para as gerações presentes e futuras.[20]

Não se pode olvidar do direito de autodeterminação dos povos, típico direito de terceira dimensão que caminha ao lado da conceituação de soberania alimentar, uma vez que ela não pode ser atingida se os povos não tiverem autonomia na produção agrícola local e independência de insumos estrangeiros.

## Natureza de direito fundamental de quarta dimensão

Recorremos à lição de Paulo Bonavides para identificar os direitos que emergem do contexto da quarta dimensão (ou geração) de direitos fundamentais. O jurista nos conduz à reflexão sobre a globalização dos direitos fundamentais, diferenciando esse processo dos nefastos impactos da globalização política neoliberal. "Globalizar direitos fundamentais equivale a universalizá-los no campo institucional", sendo esta "a derradeira fase de institucionalização do Estado social", afirma Paulo Bonavides.[21]

Estaríamos, portanto, na esfera do direito à democracia, à informação e ao pluralismo, todos eles, a nosso ver,

---

cipais conferências internacionais, em todas as esferas abarcadas por estas diretrizes, com especial atenção aos impedimentos para a segurança alimentar como o HIV/AIDS.

[20] Sobre isso, recorremos à Diretriz 8E das Diretrizes Voluntárias: 8.13 *Os Estados deveriam estudar políticas, instrumentos jurídicos e mecanismos de apoio nacionais concretos para proteger a sustentabilidade ecológica e a capacidade de carga dos ecossistemas, a fim de assegurar a possibilidade de maior produção sustentável de alimentos para as gerações presentes e futuras, impedir a contaminação da água, proteger a fertilidade do solo e promover o ordenamento sustentável da pesca e dos bosques.*

[21] BONAVIDES, Paulo, op. cit., p. 525-526.

intimamente inseridos na concepção do direito humano à alimentação. Promover a democracia faz parte da construção de um ambiente propício à salvaguarda de direitos. Diversos documentos relativos ao direito à alimentação citam a democracia[22] como pressuposto para sua realização, principalmente no que tange à democracia direta, participativa, na qual seja dada voz aos diversos setores da sociedade, contemplando aí o direito à pluralidade. Paulo Bonavides afirma que a democracia enquanto direito de quarta geração deve ser uma democracia direta, possibilitada graças aos avanços da tecnologia de comunicações, à informação fidedigna e às aberturas pluralistas do sistema. Um exemplo concreto desse fenômeno são os espaços de participação da sociedade civil na formulação, no monitoramento e na avaliação de políticas de alimentação e nutrição, como o Consea (Conselho Nacional de Segurança Alimentar e Nutricional). Nesse conselho, manifestam-se representantes de grupos quilombolas, comunidades indígenas, representantes de consumidores, de sociedades médicas e de saúde pública, da academia, entre outros. Ou seja, o sistema se estrutura institucionalmente para contemplar a pluralidade social e receber suas demandas dentro de suas especificidades.

---

[22] Vide Diretriz 1.2 das Diretrizes Voluntárias: 1.2 *Os Estados deveriam promover a democracia, o estado de direito, o desenvolvimento sustentável e a boa gestão dos assuntos públicos, promover e proteger os direitos humanos e as liberdades fundamentais, a fim de permitir aos indivíduos e à sociedade civil reivindicar a seus governantes, formular políticas que abordem suas necessidades específicas e garantir a prestação de contas e a transparência dos governos e dos processos de tomada de decisões dos Estados na implementação de tais políticas. Os Estados deveriam em particular promover a liberdade de opinião e de expressão, a liberdade de informação, a liberdade de imprensa e a liberdade de reunião e associação para favorecer a realização progressiva do direito à alimentação adequada no contexto da segurança alimentar nacional. Os alimentos não deveriam ser utilizados como instrumento de pressão política e econômica.*

Os avanços tecnológicos no campo das informações cumprem também um papel crucial para a viabilização da participação direta da sociedade na formulação e avaliação de políticas. Exemplo disso são as aberturas de consultas públicas que permitem aos indivíduos e grupos sociais manifestarem-se sobre as políticas concebidas no campo da alimentação. Há aí um forte caráter de *direito político*, comunicando-se diretamente com os direitos de primeira dimensão, pois pressupõe a participação dos cidadãos na concepção das regras e políticas a eles direcionadas. Em diversos documentos que se debruçam sobre o direito à alimentação, é frisada a importância da participação democrática dos indivíduos nas decisões sobre políticas relacionadas com a alimentação que possam afetá-los, e também que haja espaço para que contestem as decisões que ameacem seus direitos.[23]

---

[23] Conforme atesta a Diretriz 11.5 das Diretrizes Voluntárias: 11.5 *Os Estados deveriam proporcionar informação aos cidadãos com o objetivo de fortalecer a sua capacidade de participarem nas decisões sobre as políticas relacionadas com a alimentação que possam afetá-los e para contestar as decisões que ameacem os seus direitos.*

# Conclusão da Parte I

A Parte I dedicou-se a compreender o processo de positivação do direito à alimentação e sua abordagem enquanto direito humano e, com isso, buscou delinear os principais aspectos de seu conteúdo.

Ao analisar o histórico dos direitos humanos, acompanhamos o pensamento de Norberto Bobbio, segundo o qual esses direitos são fruto das lutas e dos movimentos fundados na realidade social de cada época e nas suas contradições.[1] Conforme explana Fábio Konder Comparato, a cada surto de violência os homens reagem, fazendo surgir novas exigências para uma vida mais digna para todos.[2] Nesse contexto, nascem os direitos humanos internacionais, e a "violência" experimentada no campo da alimentação (como os surtos de fome e subnutrição, entre outras) traz consigo a necessidade de positivação de um direito humano à alimentação.

Vimos que a concepção moderna da alimentação como direito parte da Declaração Universal dos Direitos Humanos em 1948, ao prever o direito de toda pessoa a "um padrão de vida capaz de assegurar a si e à sua família saúde e bem-estar, inclusive alimentação". Esse direito vai se detalhando

---

[1] BOBBIO, Norberto, op. cit., p. 68-69.
[2] COMPARATO, Fábio Konder, op. cit., 2008, p. 38.

através de outros instrumentos, como no Pacto Internacional de Direitos Econômicos, Sociais e Culturais, e nos relatórios independentes produzidos para a Organização das Nações Unidas. A partir de então, observa-se um esforço crescente por parte da sociedade civil e de especialistas em direitos humanos para a elucidação do escopo do direito à alimentação. A elaboração do General Comment 12 da ONU sobre o direito à alimentação adequada é um exemplo, assim como a elaboração das Diretrizes Voluntárias da FAO. O conceito que vai progressivamente se delineando leva em conta o direito não só a uma alimentação capaz de prevenir contra inanição e contra doenças, mas que seja adequada nos aspectos econômico, social e cultural, além de saudável, indo além do conceito negativo de saúde.

O direito à alimentação passa a incorporar o dever de cooperação entre os Estados para viabilização das políticas nacionais em prol de um sistema alimentar sustentável. Diversos aspectos compõem o conceito do direito humano à alimentação, como a *disponibilidade* (existência de alimento suficiente no mercado para suprir as demandas); *acessibilidade* (o alimento deve estar fisicamente acessível de forma permanente, regular e socialmente justa a todas as pessoas, e deve ser economicamente acessível, sem comprometer outras necessidades básicas); *adequação* (o alimento deve satisfazer as necessidades nutricionais de cada indivíduo, deve ser seguro para consumo humano, isento de substâncias adversas, culturalmente aceitável; deve permitir o gozo de outros direitos humanos; e respeitar o acesso à informação); e a alimentação deve ser *saudável* (acessível, saborosa, variada, colorida, harmônica, segura e culturalmente aceita).

No processo de definição desse direito, frisa-se que sua realização é inseparável da justiça social, requerendo a adoção de políticas econômicas, ambientais e sociais tanto em nível nacional como internacional, voltadas à erradicação da pobreza e à satisfação das necessidades básicas. A implementação do direito à alimentação deve necessariamente respeitar os princípios da igualdade e da não discriminação, da participação e inclusão, da prestação de contas pelo Estado, e da universalidade, indivisibilidade e interdependência dos direitos humanos.

Salientamos que a responsabilidade primária para a realização do direito humano à alimentação é atribuída aos Estados, sendo obrigado a respeitar, proteger, promover e prover tal direito. Ao atribuir-se uma abordagem de direitos humanos ao direito à alimentação, permite-se um contínuo processo de especificação desse direito, de forma a aprimorar constantemente a definição dos titulares de direitos; dos portadores de obrigações, e das obrigações em si, pautadas pelo princípio maior da dignidade humana.

A especificação do direito humano à alimentação vem em paralelo com a conceituação da segurança alimentar e nutricional (SAN). O estado de SAN abriga o direito de todos ao acesso regular e permanente a alimentos de qualidade, em quantidade suficiente, sem comprometer o acesso a outras necessidades essenciais, tendo como base práticas alimentares promotoras de saúde, que respeitem a diversidade cultural e sejam social, econômica e ambientalmente sustentáveis. Abarca também a soberania alimentar, fazendo com que não baste a produção de quantidades e a ausência de sinais de desabastecimento (falta de bens); é necessário ter em conta o respeito ao direito de os povos definirem suas próprias políticas e estratégias sustentáveis de produção, distribuição e consumo de alimentos, tendo em vista suas próprias culturas e a diversidade dos modos como os alimentos são produzidos, comercializados e consumidos. Deve, portanto, haver uma associação direta da condição social das populações e das relações que elas mantêm com a cultura e o ambiente.[3]

No Brasil, diante desse processo, o direito à alimentação ganha *status* de direito social, garantido no art. 6º da Constituição Federal, e o direito humano à alimentação adequada é explicitamente afirmado no art. 2º da Lei de Segurança Alimentar e Nutricional (Lei n. 11.346/2006). Ao investigar a natureza do direito à alimentação, pode-se dizer que se trata de um direito humano, fundamental e, além de um direito social, possui outros aspectos de direitos de primeira, segunda, terceira e quarta dimensão.

Tendo em vista as considerações trazidas nessa primeira parte desta obra, destacamos uma característica marcante observada nos documentos e nas legislações que afirmam o direito à alimentação: em diversos momentos é citada a "sustentabilidade" como premissa do direito à alimentação. Resta-nos, porém, compreender o significado da sustentabilidade aduzido nessa construção conceitual. O que vem a ser a "sustentabilidade" para o direito humano à alimentação?

Assim, concluímos esta primeira parte com uma análise teórica do direito humano à alimentação adequada e de seu processo de especificação, para então adentrarmos no mundo prático. De que forma o sistema alimentar (principalmente nos aspectos de produção e consumo) tem se estruturado na conjuntura atual? É possível identificar o aspecto da sustentabilidade no atual sistema alimentar? Que tipos de conflitos surgem quando confrontamos a teoria (o que é positivado e almejado) e a prática?

Essas são algumas das questões que pretendemos enfrentar a seguir.

---

[3] MALUF, Renato, op. cit., p. 25.

# Parte II
# Alimentação e sustentabilidade

Diversos documentos[1] reforçam a ideia de que a "sustentabilidade"[2] deve ser premissa da efetiva realização do direito humano à alimentação.[3] Esse termo, tão amplamente difundido nas últimas décadas, e muitas vezes utilizado de forma inconsequente, ainda gera dúvidas quanto ao seu real significado. Cumpre-nos investigar o que é a sustentabilidade para

---

[1] O ponto 8 do General Comment 12 sobre o direito humano à alimentação adequada elaborado pelo Comitê das Nações Unidas sobre os Direitos Econômicos, Sociais e Culturais em 1999 enuncia que: O Comitê considera que o conteúdo essencial do direito à alimentação adequada implica: (a) a disponibilidade de alimentos em quantidade e qualidade suficientes para satisfazer as necessidades dietéticas dos indivíduos, livre de substâncias adversas e de forma aceitável dentro de uma determinada cultura; (b) a acessibilidade aos alimentos, de forma que sejam sustentáveis e que não interfiram no gozo de outros direitos humanos.

[2] Definição de SAN aprovada na II Conferência Nacional de SAN, realizada em Olinda, em 2004: Segurança Alimentar e Nutricional é a realização do direito de todos ao acesso regular e permanente a alimentos de qualidade, em quantidade suficiente, sem comprometer o acesso a outras necessidades essenciais, tendo como base práticas alimentares promotoras de saúde, que respeitem a diversidade cultural e sejam social, econômica e ambientalmente sustentáveis.

[3] Definição de soberania alimentar do Fórum Mundial sobre Soberania Alimentar. Havana (Cuba), 2001: Soberania alimentar é o direito dos povos de definirem suas próprias políticas e estratégias sustentáveis de produção, distribuição e consumo de alimentos, que garantam o direito à alimentação para toda a população, com base na pequena e média produção, respeitando suas próprias culturas e a diversidade dos modos camponeses, pesqueiros e indígenas de produção agropecuária, de comercialização e gestão dos espaços rurais, nos quais a mulher desempenha um papel fundamental [...]. A soberania alimentar é a via para erradicar a fome e a desnutrição e garantir a segurança alimentar duradoura e sustentável para todos os povos.

o direito humano à alimentação. Trata-se de um aspecto inerente e inafastável para a efetiva realização desse direito? E mais, podemos dizer que a sustentabilidade está presente nos atuais sistemas de produção e consumo de alimentos?

Para responder a essas perguntas, partimos da busca pelo significado da sustentabilidade e sua relação com a segurança alimentar e nutricional.

# Capítulo 6
# Origens do conceito de sustentabilidade

A origem do conceito de sustentabilidade é frequentemente associada às reuniões organizadas pela ONU nos anos 1970, no entanto, conforme aponta Leonardo Boff, o conceito possui uma história de mais de quatrocentos anos conhecida por poucos.

Buscando-se a definição de sustentabilidade no *Novo Dicionário Aurélio* e no clássico *Dicionário de Verbos e Regimes* de Francisco Fernandez, de 1942, verifica-se que na raiz de "sustentabilidade" está a palavra latina *sustentare*. O significado passivo de "sustentar" refere-se a "segurar por baixo, suportar, servir de escora, impedir que caia, impedir a ruína, a queda", e o positivo "conservar, manter, proteger, nutrir, alimentar, fazer prosperar, subsistir, viver, conservar-se". Assim, pelo viés ecológico, sustentabilidade são as ações para que um ecossistema não decaia e não arruíne, e também as ações que permitam que um bioma se mantenha vivo, protegido, alimentado de nutrientes, a ponto de sempre se conservar bem e estar sempre à altura dos riscos que possam advir.[1]

---

[1] BOFF, Leonardo. *Sustentabilidade: o que é: o que não é*. Petrópolis: Vozes, 2012, p. 32.

Leonardo Boff atenta para a pré-história do conceito de sustentabilidade, qual seja, a silvicultura, o manejo das florestas. Num contexto do mundo antigo até a Idade Moderna, a madeira era a principal matéria-prima na construção de casas e móveis e como combustível. Em 1560, na província da Saxônia, na Alemanha, irrompeu-se pela primeira vez a preocupação com o uso racional das florestas, e nesse contexto surgiu a palavra alemã *Nachhaltig-keit* (que traduzida significa "sustentabilidade"). Em 1713, ainda na Saxônia, o Capitão Hans Carl Von Carlowitz escreveu um tratado em latim sobre a sustentabilidade das florestas, propondo o uso sustentável da madeira. A máxima contida nesse trabalho era "devemos tratar a madeira com cuidado" (*man muss mit dem Holz pfleglich umgehen*), caso contrário, acabar-se-á o negócio e cessará o lucro.

Mais tarde, em 1795, Carl George Ludwig Hartig escreveu outro livro (*Anweisung zur Taxation und Beschreibung der Forste*) afirmando ser uma medida sábia avaliar de forma mais exata possível o desflorestamento e usar as florestas de tal maneira que as futuras gerações tivessem as mesmas vantagens que a atual.[2] Desse ponto de vista desenvolveu-se a ciência da silvicultura, mantendo vivo esse conceito, trazido à tona quando se criou o Clube de Roma, em 1970, cujo primeiro relatório foi sobre *Os limites do crescimento*.[3]

A partir desse ponto, adentramos na história recente do conceito de sustentabilidade. Entre 5 e 16 de junho de 1972, realizou-se em Estocolmo a Primeira Conferência Mundial

---

[2] Ibid., p. 33.
[3] MEADOWS, Donella H.; Club of Rome. *The Limits to growth: a report for the Club of Rome's project on the predicament of mankind*. New York: Universe Books, 1972.

sobre o Homem e o Meio Ambiente, que colocou a dimensão do meio ambiente na agenda internacional.[4]

A expressão "desenvolvimento sustentável" aparece pela primeira vez na reunião da Comissão sobre Meio Ambiente e Desenvolvimento (UNCED), realizada em 1984 e organizada pela ONU. Nesse encontro foi produzido um documento denominado Nosso Futuro Comum ou Relatório Brundtland, em referência à presidente da Comissão, a então primeira-ministra da Noruega, Gro Harlem Brundtland. Esse relatório foi publicado em 1987 e definiu o desenvolvimento sustentável como "um novo caminho de progresso social, ambiental e econômico que procura atender às aspirações do presente sem comprometer a possibilidade de atendê-las no futuro".[5]

---

[4] "Durante a preparação da conferência de Estocolmo, duas posições diametralmente opostas foram assumidas pelos que previam abundância (*the cornucopians*) e pelos catastrofistas (*doomsayers*). Os primeiros consideravam que as preocupações com o meio ambiente eram descabidas, pois atrasariam e inibiriam os esforços dos países em desenvolvimento rumo à industrialização para alcançar os países desenvolvidos. [...]. Do lado oposto, os pessimistas anunciavam o apocalipse para o dia seguinte, caso o crescimento demográfico e econômico – ou pelo menos o crescimento do consumo – não fossem imediatamente estagnados. [...] No encontro de Founex, e, mais tarde, na Conferência de Estocolmo, ambas as posições foram descartadas. Uma alternativa média emergiu entre o economicismo arrogante e o fundamentalismo ecológico. O crescimento econômico ainda se fazia necessário. Mas ele deveria ser socialmente receptivo e implementado por métodos favoráveis ao meio ambiente, em vez de favorecer a incorporação predatória do capital da natureza ao PIB. [...] O paradigma do *caminho do meio*, que emergiu de Founex e do encontro de Estocolmo, inspirou a Declaração de Cocoyoc, em 1974, e o influente relatório What Now, em 1975. Este trata de um *outro desenvolvimento*, endógeno (em oposição à transparência mimética de paradigmas alienígenas), autossuficiente (em vez de dependente), orientado para as necessidades (em lugar de direcionado pelo mercado, em harmonia com a natureza e aberto às mudanças institucionais)" (SACHS, Ignacy. *Caminhos para o desenvolvimento sustentável*. Rio de Janeiro: Garamond, 2009, p. 52-54).

[5] COMISSÃO MUNDIAL SOBRE MEIO AMBIENTE E DESENVOLVIMENTO. *Relatório Brundtland: nosso futuro comum*. 2. ed. Rio de Janeiro: Editora da Fundação Getúlio Vargas, 1991.

O conceito de sustentabilidade é posteriormente discutido na Conferência das Nações Unidas para o Meio Ambiente e Desenvolvimento, a Rio-92, conhecida também como Cúpula da Terra. Nessa ocasião produziram-se vários documentos, com destaque à Agenda 21: programa de ação global e a Carta do Rio de Janeiro. Seguiu-se a Rio+5, realizada no Rio de Janeiro em 1997, e a Cúpula da Terra sobre Sustentabilidade e Desenvolvimento, realizada em Joanesburgo, em 2002.

O saldo dessas convenções foi o crescente uso da expressão "desenvolvimento sustentável" em documentos oficiais dos Governos, na mídia, por empresas ou em discursos ambientalistas. No entanto, os pressupostos da sustentabilidade não são de total clareza para todos aqueles que fazem uso desse termo. Na maioria das vezes, a palavra "sustentabilidade" é utilizada para expressar sustentabilidade ecológica, porém esse conceito possui diversas outras dimensões.

# Capítulo 7
# Dimensões do conceito de sustentabilidade

O *desenvolvimento sustentável* na acepção literal significaria tão somente o desenvolvimento que perdura, ideia esta consagrada no Relatório Brundtland, ao colocar que é sustentável o desenvolvimento que satisfaz as necessidades atuais sem comprometer a capacidade das gerações futuras para satisfazerem suas próprias necessidades.

No entanto, controvérsias residem nas diversas possibilidades de caracterização do conceito de sustentabilidade. Afora a acepção literal, Consuelo Moromizato Yoshida[1] nos traz as distinções entre as seguintes acepções: "sustentabilidade ecológica exclusiva", "sustentabilidade social limitada" e "coevolução sociedade-natureza".

A *sustentabilidade ecológica exclusiva* seria aquela em que os problemas ambientais estariam adstritos à depredação e contaminação do meio abiótico e do resto dos seres vivos. Comunica-se com o entendimento de que o desenvolvimento sustentável seria sinônimo de melhorar a qualidade de vida

---

[1] YOSHIDA, Consuelo Y. Moromizato. "Sustentabilidade urbano-ambiental: os conflitos sociais, as questões urbanístico-ambientais e os desafios à qualidade de vida nas cidades." In: MARQUES, José Roberto (Org.). *Sustentabilidade e temas fundamentais de Direito Ambiental.* Campinas: Millennium, 2009, p. 80.

sem sobrecarregar os ecossistemas, em outras palavras, os impactos ambientais decorrentes do uso dos recursos naturais devem ser mantidos dentro da capacidade de suporte do planeta Terra.

Paralelamente ao conceito de *sustentabilidade ecológica exclusiva*, teríamos a sustentabilidade social, ligada ao tema da pobreza, subdividindo-se em "sustentabilidade social limitada" e "coevolução sociedade-natureza".

A *sustentabilidade social limitada* seria o conceito mais difundido pelos organismos internacionais, como ONU e Banco Mundial. Nessa acepção, a sustentabilidade social seria um meio para atingir a sustentabilidade ecológica, propondo soluções técnicas para os problemas ambientais. A pobreza é levada em conta por esse conceito na medida em que causaria insustentabilidade ecológica, e não como um problema ambiental por si mesmo.

Pela *sustentabilidade social limitada*, o tema da pobreza é abordado apenas pelas consequências que são geradas no meio ambiente (por exemplo, no caso de agricultores pobres que adotam a prática da queimada – o problema da insustentabilidade não é que sejam pobres, mas que sua atividade através da queima gera impactos ambientais). Para sintetizar, Yoshida esclarece que nesse enfoque a concepção da problemática ambiental é técnica (relação entre o ser humano e as coisas – seres vivos ou matéria abiótica) e pode e deve ter soluções técnicas (adoção de técnicas sustentáveis): "tecnologias limpas, melhor aproveitamento dos resíduos, aumento da produtividade no uso dos recursos naturais, troca do uso de recursos não renováveis por renováveis".[2]

---

[2] Ibid., p. 81.

Já segundo a concepção *coevolução sociedade-natureza*, os problemas sociais, como a pobreza, são levados em conta não apenas por serem causas de problemas ambientais, mas por serem problemas ambientais por si próprios. O meio ambiente é, portanto, composto não apenas do entorno abiótico e das outras espécies abióticas, mas também dos próprios seres humanos. Assim, os problemas sociais em si poderiam gerar insustentabilidade, além de afetarem a sustentabilidade ecológica.

Nessa última concepção, "a problemática ambiental pode ser analisada sob uma perspectiva técnica e sob uma perspectiva das relações sociais". A centralidade da sustentabilidade reside no tema social "não só quanto aos resultados técnicos, como também quanto às causas profundas, que geram a pobreza, o desemprego, a fome, a exploração".[3] Temos, portanto, um conceito de desenvolvimento em favor das pessoas e do meio ambiente conjuntamente.

Essa linha evolutiva conceitual aponta para a necessidade de se reorientar o foco do desenvolvimento, de forma que sejam solucionados e prevenidos os problemas tanto de ordem ambiental como social, a fim de que se atinja a real sustentabilidade.

Na mesma linha de ampliar o entendimento sobre a sustentabilidade, Ignacy Sachs comenta sobre o engano frequente de associar a sustentabilidade única e exclusivamente ao seu aspecto ecológico. O professor esclarece que esse não é o único viés da sustentabilidade e defende haver outros critérios a serem levados em conta por uma visão holística.

---

[3] Ibid., p. 82.

O primeiro critério seria a sustentabilidade *social*. Para Ignacy Sachs, tal sustentabilidade implica: o alcance de um patamar razoável de homogeneidade social, a distribuição de renda justa, o emprego pleno e/ou autônomo com qualidade de vida decente, a igualdade no acesso aos recursos e serviços sociais. O professor destaca que a sustentabilidade social vem na frente por ser a própria finalidade do desenvolvimento ("sem contar com a probabilidade de que um colapso social ocorra antes da catástrofe ambiental").[4]

Um segundo critério seria a sustentabilidade *cultural*. Esse aspecto pressupõe mudanças no interior da comunidade (equilíbrio entre respeito à tradição e inovação), na capacidade de autonomia para elaboração de um projeto nacional integrado e endógeno (em oposição às cópias servis de modelos alienígenas), e também na autoconfiança combinada com abertura para o mundo.[5]

A sustentabilidade *ecológica*, por sua vez, requer uma preservação do potencial do capital natureza na sua produção de recursos renováveis, assim como limitação ao uso dos recursos não renováveis. O aspecto *ambiental* surge em seguida, frisando a necessidade de respeito e realce da capacidade de autodepuração dos ecossistemas naturais.[6]

O critério *territorial* listado por Ignacy Sachs dita as implicações de configurações urbanas e rurais balanceadas (eliminação das inclinações urbanas nas alocações do investimento público), melhoria do ambiente urbano, superação das disparidades inter-regionais, estratégias de desenvolvimento

---

[4] SACHS, Ignacy. *Caminhos para o desenvolvimento sustentável.* Rio de Janeiro: Garamond, 2009, p. 71.
[5] Ibid., p. 85-86.
[6] Ibid., p. 86.

ambientalmente seguras para áreas ecologicamente frágeis (conservação da biodiversidade pelo ecodesenvolvimento).[7]

Chamamos especial atenção ao aspecto *econômico* da sustentabilidade comentada por Ignacy Sachs. Segundo esse aspecto, é premente a necessidade de um desenvolvimento econômico intersetorial equilibrado, de segurança alimentar; capacidade de modernização contínua dos instrumentos de produção; e razoável nível de autonomia na pesquisa científica e tecnológica. Por fim, uma inserção soberana na economia internacional.[8]

Ignacy Sachs ainda amplia e detalha outras dimensões, como a sustentabilidade *política* (*nacional*). Nesse ponto prevê-se uma democracia definida em termos de apropriação universal dos direitos humanos, um desenvolvimento da capacidade do Estado para implementar o projeto nacional em parceria com todos os empreendedores, um nível razoável de coesão social.[9]

Ainda se enfatiza a sustentabilidade *política* (*internacional*). Cita-se para tanto: a eficácia do sistema de prevenção de guerras da ONU, na garantia da paz e na promoção da cooperação internacional; um pacote Norte-Sul de codesenvolvimento, baseado no princípio de igualdade (regras do jogo e compartilhamento da responsabilidade de favorecimento do parceiro mais fraco); controle institucional efetivo do sistema internacional financeiro e de negócios; controle institucional efetivo da aplicação do Princípio da Precaução na gestão do meio ambiente e dos recursos naturais; prevenção das mudanças globais negativas; proteção da diversidade biológica (e

---

[7] Ibid., p. 86.
[8] Ibid., p. 87.
[9] Ibid., p. 89.

cultural); e gestão do patrimônio global, como herança comum da humanidade. Por fim, a necessidade de um sistema efetivo de cooperação científica e tecnológica internacional e eliminação do caráter de *commodity* da ciência e tecnologia, também como propriedade da herança comum da humanidade. Ignacy Sachs esclarece que as guerras modernas não são apenas genocidas, mas também ecocidas. Conforme o autor, é necessário haver um sistema capaz de administrar o patrimônio comum da humanidade, o que justifica a importância dada a esse viés da sustentabilidade.[10]

Feitas essas considerações, extraímos a primeira premissa sobre a sustentabilidade com a qual trabalharemos ao longo do texto:

> *Premissa n. 1 da sustentabilidade*: a sustentabilidade depende necessariamente do enfrentamento dos problemas ambientais, bem como dos de ordem social, cultural, econômica, territorial e política.

Percebemos aqui o caráter multidimensional pelo qual podemos interpretar o conceito de sustentabilidade. Essa visão holística vem apoiada não só na palavra dos intelectuais que refletem sobre o tema, mas também na própria legislação brasileira, que prestigia não só a sustentabilidade ecológica como a sustentabilidade social e o desenvolvimento humano. Exemplo disso pode ser observado na Política Nacional de Educação Ambiental:

> Lei n. 9.795, de 27 de abril de 1999
> Art. 4º São princípios básicos da educação ambiental:
> I – o enfoque humanista, holístico, democrático e participativo;

---
[10] Ibid., p. 72.

II – a concepção do meio ambiente em sua totalidade, considerando a interdependência entre o meio natural, o socioeconômico e o cultural, sob o enfoque da sustentabilidade.

A referida lei ainda reforça o caráter transversal e holístico da dimensão ambiental, ao definir como objetivo fundamental da educação ambiental o "desenvolvimento de uma compreensão integrada do meio ambiente em suas múltiplas e complexas relações, envolvendo aspectos ecológicos, psicológicos, legais, políticos, sociais, econômicos, científicos, culturais e éticos" (art. 5º, I).

Enquanto a Constituição Federal utiliza-se da expressão "meio ambiente ecologicamente equilibrado" (art. 225), expressão voltada ao meio ambiente natural, nota-se na Política Nacional de Educação Ambiental o uso da expressão "sociedade ambientalmente equilibrada", que seria fundada nos princípios da "liberdade, igualdade, solidariedade, democracia, justiça social, responsabilidade e sustentabilidade" (conforme art. 5º, V), atribuindo-se, portanto, uma concepção ampla que compreende o meio ambiente em seus múltiplos aspectos.

Tendo isso em mente, acreditamos que a sustentabilidade de uma sociedade ambientalmente equilibrada deve necessariamente ser fundada nos objetivos do Estado brasileiro listados na Constituição Federal, quais sejam, a concretização da dignidade da pessoa humana, o desenvolvimento nacional, a erradicação da pobreza e da marginalização, a redução das desigualdades sociais e regionais, a promoção do bem de todos (arts. 1º e 3º da CF). Essa sustentabilidade deve também ser fundada na visão holística e transversal do meio ambiente, que leva em conta as questões advindas da interação entre meios físicos, bióticos e antrópicos.

Assim, destacamos a segunda premissa de nosso trabalho:

> *Premissa n. 2 da sustentabilidade*: a sustentabilidade deve ser fundada na concretização da dignidade da pessoa humana, no desenvolvimento nacional, na erradicação da pobreza e da marginalização, na redução das desigualdades sociais e regionais, na promoção do bem de todos e na visão holística e transversal do meio ambiente.

## A relação entre pobreza, insegurança alimentar e sustentabilidade

Tendo em vista os esclarecimentos introdutórios do conceito de "sustentabilidade", voltamos à questão inicial sobre o que é a sustentabilidade para o direito humano à alimentação e para a segurança alimentar e nutricional. Tendo isso em vista, voltemos a atenção às razões da insegurança alimentar.

O estado de insegurança alimentar pode decorrer de diversas causas imediatas, como a perda de fertilidade do solo, a degradação ambiental, a falta de insumos produtivos, de leis e políticas relacionadas ao acesso à terra, entre outras. Cumpre, porém, destacar uma das principais causas da insegurança alimentar, que muitas vezes movimenta o ciclo de problemas que obstam a plena consecução do direito à alimentação, qual seja, a pobreza.

O reconhecimento da pobreza como a maior causa da insegurança alimentar é observado em diversos documentos internacionais, como, por exemplo, no preâmbulo do Plano de Ação adotado na Conferência Internacional da FAO sobre

Alimentação (World Food Summit), realizado em Roma, em novembro de 1996:

> *A pobreza é a maior causa de insegurança alimentar.* Um desenvolvimento sustentável, capaz de erradicá-la, é crucial para melhorar o acesso aos alimentos. Conflitos, terrorismo, corrupção e degradação do meio ambiente também contribuem significativamente para a insegurança alimentar. Esforços para aumentar a produção de alimentos, incluindo os alimentos de base, devem ser feitos. Estes devem ser realizados dentro de um *quadro sustentável* de gestão dos recursos naturais, *eliminação de modelos de consumo e produção não sustentáveis*, particularmente nos países industrializados, e a estabilização imediata da população mundial. Nós reconhecemos a contribuição fundamental da mulher para a segurança alimentar, principalmente nas zonas rurais dos países em desenvolvimento, e *a necessidade de promover a igualdade entre homens e mulheres*. Para reforçar a estabilidade social e impedir o êxodo rural, que muitos países enfrentam, deve-se considerar prioritária também a revitalização das zonas rurais (grifos nossos).

Mencionamos essa passagem para destacar algumas peças-chave do cenário da insegurança alimentar: a pobreza, como principal causa, e o desenvolvimento sustentável, como solução. A passagem não avança no detalhamento do que seria o "desenvolvimento sustentável", mas aponta alguns esforços que deveriam ser tomados pelos Estados em ordem da sua concretização, como o aumento da produção de alimentos dentro de um quadro sustentável de gestão dos recursos naturais, a eliminação de modelos de consumo e produção não sustentáveis e a promoção da igualdade entre homens e mulheres.

A partir dessa passagem, restam-nos algumas questões: de que forma a pobreza influencia no estado de insegurança alimentar? O que vem a ser o desenvolvimento sustentável e como ele pode contribuir para a realização do direito humano à alimentação adequada e saudável?

Em busca dessas respostas, partiremos da fundamental lição do economista indiano Amartya Sen. O trabalho desse ilustre pensador nos conduz a outra compreensão sobre a pobreza, não mais restrita à mera carência de renda. Quando Amartya Sen aproxima a ética e a economia, quer-se proporcionar outro entendimento de pobreza, sendo essa identificada como privação de capacidades, dentre elas a capacidade de agir no meio social. Nesse sentido, o papel da renda e o da riqueza são repensados e redimensionados a fim de serem integrados a um contexto mais complexo, que leva em conta outros tipos de privações.[11]

Amartya Sen é claro ao colocar que a fome não se relaciona apenas com a produção de alimentos e a expansão agrícola, mas também com o funcionamento de toda a economia (sendo essa influenciada diretamente por políticas públicas e ações governamentais com outras instituições econômicas e sociais). Em sua análise sobre a questão de fomes coletivas, o economista julga essencial levar em conta a liberdade substantiva do indivíduo e da família para estabelecer a propriedade de uma quantidade adequada de alimento (tanto pelo cultivo da própria comida como pela aquisição no mercado). Está em jogo, portanto, a aquisição de um potencial para adquirir alimentos.[12]

De forma sucinta, para Amartya Sen, a fome ocorre quando pessoas não conseguem estabelecer seus *intitulamentos* sobre uma quantidade adequada de alimentos. Os fatores

---

[11] SEN, Amartya. *Desenvolvimento como liberdade*. Trad. Laura Teixeira Motta. São Paulo: Companhia das Letras, 2010, p. 35.
[12] Ibid., p. 211-121.

determinantes do intitulamento de uma família seriam: a dotação (propriedade de recursos produtivos e de riqueza que tem um preço no mercado. Ex.: trabalho, terra, outros), possibilidades de produção e seu uso (determinada pela tecnologia disponível e conhecimento das pessoas para dar-lhe um uso efetivo), condições de troca (potencial para vender e comprar bens e determinação dos preços relativos de diferentes produtos).[13]

A perspectiva da capacidade é uma das mais significativas contribuições de Amartya Sen. As capacidades humanas estão intimamente relacionadas aos direitos humanos, possuindo relevância prática para a concepção e avaliação de políticas. Os Relatórios de Desenvolvimento Humano elaborados anualmente pelo PNUD desde 1990 referem-se explicitamente à noção de capacidades para argumentar que o desenvolvimento humano não deve basear-se apenas em dados econômicos, mas sim abranger a vida das pessoas por dimensões diversas. Essa ideia básica é incorporada no Índice de Desenvolvimento Humano, obtido através da combinação de medidas de saúde, educação e renda.

Na análise do desenvolvimento apresentada por Amartya Sen atenta-se particularmente para a expansão das capacidades das pessoas de levar o tipo de vida que elas valorizam.[14] As condicionantes para o aumento dessas capacidades são políticas públicas, que, por sua vez, podem ser influenciadas pelo uso efetivo das capacidades participativas do povo. Em outras palavras, "ter mais liberdade melhora o potencial das pessoas para cuidar de si mesmas e para influenciar o mundo,

---

[13] Ibid., p. 214.
[14] Ibid., p. 33.

questões centrais para o processo de desenvolvimento".[15] O aspecto da condição de agente é levado em conta nesse processo por Amartya Sen. Importante esclarecer a acepção do termo, usado no sentido de alguém que age e ocasiona mudança e cujas realizações podem ser julgadas de acordo com seus próprios valores e objetivos. A condição de agente do indivíduo enquanto membro da coletividade capaz de participar de ações econômicas, sociais e políticas, seja no mercado ou no universo decisório político, acaba por influenciar questões estratégicas, de forma a atender ou não os interesses públicos.

Nesse aspecto, identifica-se um paralelo com Hannah Arendt, quando esclarece o conceito de "ação" sendo um elemento da "condição humana" ("*Vita activa*"). Nessa visão, a ação é uma manifestação da individualidade humana na vida política, ou seja, numa esfera plural, sendo o homem um ser essencialmente social.[16]

Gilberto Dupas reforça esse conceito trazido por Hannah Arendt:

> Três são as categorias que Hannah Arendt estabelece para as ações humanas: o trabalho, como atividade ligada às necessidades vitais de reprodução da vida social, que se caracteriza por sua natureza efêmera e pouco perene; a obra, como a fabricação dos artefatos humanos, o desenvolvimento do mundo físico, institucional e cultural criado pelo homem e distinto da natureza – o espaço do artista, do artesão, do arquiteto ou do legislador –, que possui mais permanência e durabilidade; e a ação, como esfera do espaço público onde os cidadãos se reúnem para exercer sua capacidade de operação, palavra e persuasão, constituindo um espaço de

---

[15] Ibid., p. 33.
[16] ARENDT, Hannah. *A condição humana*. Trad. Roberto Raposo. 10. ed. Rio de Janeiro: Forense Universitária, 2004, p. 15-16.

aparência onde o agente é visto e escutado por outros, toma a iniciativa, guia e eventualmente coordena ações comuns. Pela política o homem se revela como agente por meio da palavra com a qual apresenta suas realidades; e pela associação, constituída em torno de objetivos comuns. [...] A afirmação da esfera política e também da ação humana são os pressupostos para a liberdade.[17]

Segundo Amartya Sen, a expansão da liberdade é considerada fim e meio principal do desenvolvimento. Segundo o economista, no "papel constitutivo da liberdade", entram as liberdades substantivas que incluem as capacidades elementares, tais quais as possibilidades de evitar a fome, subnutrição, morte prematura e também as possibilidades de ter participação política, liberdade de expressão, alfabetização, entre outras.[18]

Por fim, voltamos à centralidade da condição de agente para evitar a privação de alimentos. Amartya Sen propõe a possibilidade de evitar a fome coletiva recriando rendas perdidas pelas vítimas potenciais, como, por exemplo, através da criação temporária de emprego assalariado em projetos públicos. Isso permitiria competir por alimentos no mercado, fazendo com que o estoque disponível seja dividido de forma mais igualitária.

Assim, no nosso entender, um desenvolvimento que seja sustentável ao longo do tempo, capaz de perdurar para as gerações futuras, deve ser embasado na perspectiva da ampliação das capacidades humanas, em outras palavras, da liberdade.

Dessa reflexão, extraímos a terceira premissa acerca da sustentabilidade:

---

[17] DUPAS, Gilberto. *Tensões contemporâneas entre o público e o privado*. São Paulo: Paz e Terra, 2003, p. 27.
[18] SEN, Amartya, op. cit., p. 55.

*Premissa n. 3 da sustentabilidade*: a garantia da sustentabilidade na segurança alimentar e nutricional depende da erradicação da pobreza por meio de um desenvolvimento não pautado no mero crescimento econômico, mas sim na ampliação das capacidades humanas.

## Sustentabilidade, solidariedade e o paradigma ambiental

A tomada de consciência quanto à limitação dos recursos naturais proporcionou a transição de um paradigma individualista para um paradigma da solidariedade, o qual prioriza os interesses da comunidade em relação aos interesses individuais.[19]

Dessa forma, exige-se uma nova hermenêutica jurídica:

> Os direitos individuais adquirem uma função ambiental, pois a natureza, como um *bem de uso comum*, impõe a aplicação do *interesse coletivo sobre o individual*. O paradigma ambiental com fundamento na *solidariedade* parte do coletivo para atingir o individual, de forma que a *propriedade é limitada por sua função social*. A hermenêutica jurídica depende do método holístico, que analisa a natureza, o direito e o ser humano na sua totalidade. Finalmente, a técnica deve ser direcionada por uma nova ética[20] (grifos nossos).

No mesmo sentido, Ignacy Sachs afirma:

> A ética imperativa da solidariedade sincrônica com a geração atual somou-se à solidariedade diacrônica com as gerações futuras e,

---

[19] BOITEUX, Elza Antonia Pereira Cunha. "Educação e valores ambientais." *Revista da Faculdade de Direito da Universidade de São Paulo*, São Paulo, v. 103, jan./dez., p. 504, 2008.

[20] Ibid., p. 522.

para alguns, o postulado ético de responsabilidade para com o futuro de todas as espécies vivas na terra.[21]

José Fernando de Castro Farias acrescenta que a solidariedade é uma prática que busca a conciliação entre o coletivo e o individual.[22]

Conforme esclarece Elza Boiteux, no século XXI a solidariedade não é mais uma ideia, mas uma norma positivada, tornando-se um princípio jurídico que tem como objetivo mobilizar os indivíduos e os grupos à ação e estimular o desenvolvimento das relações sociais.[23]

Os direitos vinculados ao meio ambiente são concebidos e aprimorados conforme são internalizados os valores ambientais pautados na solidariedade. Não se identificam com paradigma liberal, cujos valores apontam para o egoísmo e a negligência dos sentimentos.

Enquanto a *ciência do agir* (ética) aponta os caminhos para a existência de um dever de solidariedade, a *ciência do direito* elabora os instrumentos para incrementar o princípio da solidariedade e diminuir as desigualdades sociais.[24]

Outro aspecto que direciona o entendimento do Direito Ambiental sobre uma perspectiva da solidariedade é o da legitimidade dos destinatários. Em matéria ambiental, os destinatários não são apenas os seres humanos, mas também as gerações futuras. Essas gerações futuras não constituem um ente abstrato, mas adquirem expressamente a qualidade de

---

[21] SACHS, Ignacy, op. cit., p. 49.
[22] FARIAS, José Fernando de Castro. *A origem do direito de solidariedade*. Rio de Janeiro: Renovar, 1998. p. 187-220.
[23] BOITEUX, Elza Antonia Pereira Cunha, op. cit., p. 531.
[24] Ibid., p. 504-505.

sujeitos de direito. Nesse sentido, a consagração das gerações futuras e da natureza como sujeitos de direito põe em crise os postulados jurídicos clássicos. Isso repercute sobre a ideia de repartição individual, já que os destinatários são incontáveis, abarcando os não humanos, de cuja existência deve-se tomar plena consciência.[25]

José Rubens Morato Leite ressalta que a visão antropocêntrica do meio ambiente, na qual os seres humanos estão no centro das preocupações com o desenvolvimento sustentável,[26] pode ser aliada a outros elementos – um pouco menos centrada no homem –, admitindo-se uma reflexão de seus valores, visando à proteção ambiental globalizada. De acordo com o professor, alguns valores devem guiar a conduta antropocêntrica em relação ao meio ambiente, tais como o reconhecimento de que o ser humano pertence a um todo maior, que é complexo, articulado e interdependente; a conscientização de que a natureza é finita e pode ser degradada pela utilização perdulária de seus recursos naturais; a compreensão de que o ser humano não domina a natureza, mas tem de buscar caminhos para uma convivência pacífica entre ela e sua produção, sob pena de extermínio da espécie humana; a assimilação de que a convivência harmônica com o meio ambiente é uma missão política, ética e jurídica de todos os cidadãos.[27]

---

[25] NOVELLI, Mariano H., op. cit., p. 88.
[26] Princípio 1: "Os seres humanos estão no centro das preocupações com o desenvolvimento sustentável. Têm direito a uma vida saudável e produtiva, em harmonia com a natureza." NAÇÕES UNIDAS. Declaração de Estocolmo sobre meio ambiente (1972).
[27] LEITE, José Rubens Morato. *Dano ambiental: do individual ao coletivo extrapatrimonial*. São Paulo: Revista dos Tribunais, 2000, p. 75.

José Rubens Morato Leite aponta a tendência à superação das limitações do antropocentrismo clássico pelo pensamento jurídico, admitindo-se a proteção do patrimônio natural pelo seu valor intrínseco e não apenas pela utilidade que tenha para o ser humano. Outro fator determinante para a superação da visão antropocêntrica clássica diz respeito ao fato de que a defesa do meio ambiente passa a incorporar o interesse intergeracional, destinado a preservar os recursos para as gerações futuras. Tal incorporação implica restrições das atividades econômicas, tendo em vista as necessidades de preservação do ecossistema (distanciando-se da visão antropocêntrica radical). O professor afirma tratar-se de um alargamento da visão antropocêntrica, acentuando a responsabilidade do homem pela natureza, fazendo surgir a "solidariedade de interesses entre o homem e a comunidade biótica de que faz parte de maneira interdependente e integrante". Pela visão do antropocentrismo alargado, "a responsabilidade pela integridade da natureza é condição para assegurar o futuro do homem".[28] Rompe-se, assim, com a distinção dos universos do humano e do natural, avançando-se no sentido da interação entre eles.[29]

Em suma, o paradigma ambiental trata de uma mudança da concepção do direito de uma perspectiva antropocêntrica (em que o homem é o centro, e a preservação deve ocorrer quando o dano pode atingi-lo) ou biocêntrica (em que os elementos da natureza – ar, água, solo – são colocados no

---

[28] Ibid., p. 78.
[29] LEITE, José Rubens Morato; AYALA, Patryck de Araújo. "Novas tendências e possibilidades do Direito Ambiental no Brasil." In: WOLKMER, Antônio Carlos; LEITE, José Rubens Morato (Org.). *Os novos direitos no Brasil: natureza e perspectivas: uma visão básica das novas conflituosidades jurídicas*. São Paulo: Saraiva, 2003, p. 212.

centro)[30] para uma visão geocêntrica ou uma visão do "antropocentrismo alargado" (em que se estabelece um direito ao meio ambiente equilibrado como bem de interesse da coletividade, vinculado não a interesses imediatos e, sim, aos interesses intergeracionais[31]), havendo, portanto, a prevalência dos bens de esfera coletiva em relação aos individuais. Propõe, portanto, limites ao direito de propriedade em prol da sustentabilidade, prevendo, por exemplo, a adequação do consumo[32] e, a nosso ver, das formas de produção.

José Rubens Morato Leite recorda que no direito positivo brasileiro a proteção jurídica do meio ambiente é do tipo antropocêntrica alargada, verificando-se um direito ao meio ambiente equilibrado como bem de interesse da coletividade e essencial à sadia qualidade de vida, conforme atesta o art. 225, *caput*, da Constituição Federal brasileira.[33]

---

[30] LEMOS, Patrícia Faga Iglecias. "Responsabilidade civil e dano ao meio ambiente: novos rumos." *ACTA Científica – Ciências Humanas*, v. 2, n. 11, 2º semestre, p. 25, 2006.
[31] LEITE, José Rubens Morato; AYALA, Patryck de Araújo, op. cit., p. 213.
[32] LORENZETTI, Ricardo Luiz. *Teoria da decisão judicial: fundamentos do direito.* São Paulo: Revista dos Tribunais, 2009, p. 350.
[33] BRASIL. Constituição Federal. 1988. Art. 225. Todos têm direito ao meio ambiente ecologicamente equilibrado, bem de uso comum do povo e essencial à sadia qualidade de vida, impondo-se ao Poder Público e à coletividade o dever de defendê-lo e preservá-lo para as presentes e futuras gerações.
§ 1º Para assegurar a efetividade desse direito, incumbe ao poder público:
I – preservar e restaurar os processos ecológicos essenciais e prover o manejo ecológico das espécies e dos ecossistemas;
II – preservar a diversidade e a integridade do patrimônio genético do país e fiscalizar as entidades dedicadas à pesquisa e manipulação de material genético;
III – definir, em todas as unidades da Federação, espaços territoriais e seus componentes a serem especialmente protegidos, sendo a alteração e a supressão permitidas somente através de lei, vedada qualquer utilização que comprometa a integridade dos atributos que justifiquem sua proteção;
IV – exigir, na forma da lei, para instalação de obra ou atividade potencialmente causadora de significativa degradação do meio ambiente, estudo prévio de impacto ambiental, a que se dará publicidade;

Diante dessa contextualização, Patrícia Faga Iglecias Lemos aponta três formas de tutela do meio ambiente sobre as quais se estruturou o paradigma ambiental. A primeira delas seria a tutela preventiva, cujo objetivo é evitar a ocorrência do dano ao meio ambiente. Esse tipo de tutela pode ser identificada na adoção dos princípios da prevenção e precaução, e também em outros mecanismos, como a elaboração de estudo prévio de impacto ambiental e a educação ambiental sobre a função socioambiental da propriedade. Nesse último aspecto, Leonardo Boff defende o desenvolvimento de uma ética do cuidado, sendo necessária uma alfabetização ecológica dos seres humanos para revisão de nossos hábitos de consumo.[34] Tal reflexão dialoga com o pensamento de Elza Boiteux,[35] quan-

---

V – controlar a produção, a comercialização e o emprego de técnicas, métodos e substâncias que comportem risco para a vida, a qualidade de vida e o meio ambiente;
VI – promover a educação ambiental em todos os níveis de ensino e a conscientização pública para a preservação do meio ambiente;
VII – proteger a fauna e a flora, vedadas, na forma da lei, as práticas que coloquem em risco sua função ecológica, provoquem a extinção de espécies ou submetam os animais à crueldade.
§ 2º Aquele que explorar recursos minerais fica obrigado a recuperar o meio ambiente degradado, de acordo com solução técnica exigida pelo órgão público competente, na forma da lei.
§ 3º As condutas e atividades consideradas lesivas ao meio ambiente sujeitarão os infratores, pessoas físicas ou jurídicas, a sanções penais e administrativas, independentemente da obrigação de reparar os danos causados.
§ 4º A Floresta Amazônica brasileira, a Mata Atlântica, a Serra do Mar, o Pantanal Mato-Grossense e a Zona Costeira são patrimônio nacional, e sua utilização far-se-á, na forma da lei, dentro de condições que assegurem a preservação do meio ambiente, inclusive quanto ao uso dos recursos naturais.
§ 5º São indisponíveis as terras devolutas ou arrecadadas pelos Estados, por ações discriminatórias, necessárias à proteção dos ecossistemas naturais.
§ 6º As usinas que operem com reator nuclear deverão ter sua localização definida em lei federal, sem o que não poderão ser instaladas.

[34] BOFF, Leonardo. *Saber cuidar – ética do humano – compaixão pela Terra*. Petrópolis: Vozes, 1999.
[35] BOITEUX, Elza Antonia Pereira Cunha, op. cit., p. 504.

do afirma que "a solidariedade no sentido ético se obtém com a educação".[36]

Além da tutela preventiva, o Direito Ambiental atua repressivamente (tutela penal e infrações administrativas), e também por meio da tutela reparadora (como na responsabilidade civil por dano ao meio ambiente).

Neste livro, faremos o recorte apenas na tutela preventiva e sua relação com a sustentabilidade alimentar, a começar pela interação entre o princípio da precaução e as inovações tecnocientíficas na área da alimentação.

São diversas as definições do princípio da precaução. Em regra, segue-se a máxima de que "sempre que houver perigo da ocorrência de dano grave ou irreversível, a ausência de certeza científica absoluta não deverá ser utilizada como razão para se adiar a adoção de medidas eficazes, a fim de impedir a degradação ambiental".[37] Tal princípio é previsto no art. 15 da Declaração do Rio de 1992, da Conferência das Nações Unidas sobre Meio Ambiente e Desenvolvimento.

Daremos destaque à definição de trabalho sugerida pela Comissão Mundial de Ética da Ciência e da Tecnologia da Unesco (COMEST), conforme aponta o professor emérito de filosofia no Swarthmore College (Pensilvânia, EUA), Hugh Lacey, no artigo "O princípio da precaução e a autonomia da ciência":[38]

> Quando atividades podem conduzir a dano moralmente inaceitável, que seja cientificamente plausível, ainda que incerto, devem

---
[36] O tema da educação e sua interação com a sustentabilidade é detalhado na terceira parte desta obra.
[37] LEITE, José Rubens Morato, op. cit., p. 47.
[38] LACEY, Hugh. "O princípio da precaução e a autonomia da ciência." *Scientle studia*, São Paulo, v. 4, n. 3, p. 373-292, 2006.

ser empreendidas ações para evitar ou diminuir aquele dano. "Dano moralmente inaceitável" refere-se a *dano para os seres humanos ou para o ambiente*, que seja uma *ameaça à vida ou à saúde humanas*, ou que seja sério e efetivamente irreversível, *ou injusto com as gerações presentes e futuras, ou imposto sem a adequada consideração dos direitos humanos daqueles afetados*. O juízo de plausibilidade deve estar fundado em análise científica. As *análises devem ser contínuas*, de modo que as ações escolhidas sejam submetidas a revisão. "Incerteza" pode aplicar-se, mas não necessita limitar-se, à causalidade ou aos limites do dano possível. "Ações" são intervenções empreendidas antes que o dano ocorra, que buscam evitar ou diminuir esse dano. Deve-se escolher ações que sejam proporcionais à seriedade do dano potencial, com consideração de suas consequências positivas e negativas, e com uma avaliação tanto da ação como da inação. *A escolha da ação deve ser o resultado de um processo participativo*[39] (grifos nossos).

Observamos nessa definição a centralidade do valor ético da solidariedade e da equidade intergeracional. Os limites para o progresso técnico são justamente os riscos que a

---

[39] "Precautionary Principle, a working definition:
When human activities may lead to morally unacceptable harm that is scientifically plausible but uncertain, actions shall be taken to avoid or diminish that harm. Morally unacceptable harm refers to harm to humans or the environment that is:
• threatening to human life or health, or
• serious and effectively irreversible, or
• inequitable to present or future generations, or
• imposed without adequate consideration of the human rights of those affected.
The judgement of plausibility should be grounded in scientific analysis. Analysis should be ongoing so that chosen actions are subject to review. Uncertainty may apply to, but need not be limited to, causality or the bounds of the possible harm. Actions are interventions that are undertaken before harm occurs that seek to avoid or diminish the harm. Actions should be chosen that are proportional to the seriousness of the potential harm, with consideration of their positive and negative consequences, and with an assessment of the moral implications of both action and inaction. The choice of action should be the result of a participatory process."
COMEST – World Comission on the Ethics of Science and Technology. The precautionary principles" (SHS-2005/WS/21 cld/d 20151). Paris: Unesco, 2005, p. 14. Disponível em: <http://unesdoc.unesco.org/images/0013/001395/139578e.pdf>. Acesso em: 20 jul. 2016.

intervenção humana pode gerar para o presente e o futuro da sociedade.

A definição do princípio da precaução sugerida pelo COMEST tem em vista evitar a ocorrência de dano tanto ao ambiente como aos seres humanos. Esse dano pode ser uma ameaça à vida e à saúde humana, uma injustiça para com as gerações presentes e futuras, e um desacato aos direitos humanos daqueles afetados. A vida[40] e saúde humana e do ambiente, assim como o respeito aos direitos humanos, são os bens centrais a serem protegidos, de acordo com o princípio da precaução. Ou seja, uma conduta que implique ameaça ao direito humano à alimentação, ou que ofereça riscos de danos plausíveis, ainda que incertos, à vida e saúde humana e ao meio ambiente, deve contar com medidas de precaução.

Importante trazer a distinção traçada pelo COMEST sobre a "plausibilidade" *versus* a "probabilidade". Uma hipótese plausível não é mais provável ou improvável que outra. Uma hipótese plausível é, no entanto, uma possibilidade mais séria que outra. A probabilidade só pode ser avaliada quando temos provas suficientes. Na ausência de evidências suficientes, o julgamento da probabilidade deve ser suspenso, porém, não se deve suspender a ação prática em relação às hipóteses possíveis.[41] O COMEST ainda acrescenta que o princípio da

---

[40] Elza Boiteux enfatiza que a vida humana é um valor primário, pressuposto de exigência de todos os valores e demais direitos; para tanto, remete-se à lição de García Morente, quando afirma que o único ente absoluto e autêntico é a vida, ou, segundo a expressão de Heidegger, a própria existência. BOITEUX, Elza Antonia Pereira Cunha, op. cit., p. 511.

[41] "Plausibility versus probability – When we judge that one hypothesis is plausible but another is not, we are not saying that the plausible hypothesis is more probable than the implausible, although we are saying the plausible hypothesis is more of a serious possibility than the other. We can only judge the relative probability when we have sufficient evidence to make this determination. When we lack sufficient evidence about both hypotheses, we should suspend our judgement about which

precaução não é baseado no "risco zero", mas objetiva o menor dos riscos ou aqueles mais aceitáveis. As ações de precaução não devem ser tomadas com base na ansiedade ou na emoção. O princípio da precaução não é uma regra matemática que garante uma mesma decisão em diferentes casos, mas é uma regra de decisão racional que se deve basear na ética, utilizando-se de toda a complexidade da ciência.[42]

Cumpre também comentar sobre o princípio da prevenção, que visa minimizar os impactos que uma atividade possa causar ao meio ambiente. Trata-se de um princípio que se aproxima do anterior, porém, naquele se desconhece se haverá impacto ao ambiente ou não. Aqui, aplica-se a prevenção em situações já conhecidas, por meio de pesquisa que possa detectar uma alteração ambiental que venha a ocorrer. Para isso existem os processos de licenciamento e estudo de impacto ambiental.[43] Com esses estudos, poder público e sociedade podem analisar os prós e contras da execução da atividade, sendo possível aprová-la mediante a aplicação de medidas compensatórias ou negar a atividade com base na identificação de impacto desproporcional aos benefícios ao ser humano.

---

hypothesis is true because we are ignorant about that. But we should not suspend our practical judgement, because we still must decide how to act with respect to these possible hypotheses. Thus, if I spot a new growth on my skin and my two hypotheses are 'it's cancerous' and 'it's benign', I do not have to determine that the growth is probably cancerous in order to go to the doctor and have it tested. I can regard the cancer hypothesis as a serious possibility even though I do not regard it as true or even minimally probable." COMEST – World Comission on the Ethics of Science and Technology. The precautionary principles (SHS-2005/WS/21 cld/d 20151). Paris: Unesco, 2005, p. 15. Disponível em: <http://unesdoc.unesco.org/images/0013/001395/139578e.pdf>. Acesso em: 20 jul. 2016.

[42] Ibid., p. 16.
[43] ANTUNES, Paulo Bessa. *Direito ambiental*. 7. ed. Rio de Janeiro: Lumen Juris, 2004, p. 37.

Tendo em vista essas reflexões introdutórias sobre o princípio da solidariedade, o paradigma ambiental, e sua vinculação com os princípios da precaução e da prevenção, podemos extrair as seguintes premissas para o conceito de sustentabilidade:

*Premissa n. 4 da sustentabilidade*: o conceito de sustentabilidade extraído do paradigma ambiental incorpora o princípio da solidariedade, e com isso reforça a prevalência dos bens de esfera coletiva em relação aos individuais, de forma que a propriedade pode e deve ser limitada por sua função social e por seu impacto ambiental.

*Premissa n. 5 da sustentabilidade*: sustentabilidade pressupõe a aplicação dos princípios da precaução e prevenção, tendo em vista a proteção quanto aos danos possíveis e plausíveis aos seres humanos, ao ambiente, à vida e saúde e aos direitos humanos.

Pretendemos agora confrontar o universo conceitual do direito humano à alimentação, pautado na sustentabilidade, com as práticas de produção e consumo de alimentos observadas nos dias de hoje. Iniciaremos pela questão: podemos identificar as premissas aqui adotadas no atual modelo de produção de alimentos?

# Capítulo 8
# Produção de alimentos e sustentabilidade

As práticas agrícolas enfrentaram mudanças estruturais devido à influência da Revolução Industrial entre o final do século XVIII e início do século XIX, sendo incorporada a lógica do aumento da produção. Outros fenômenos são observados como o maciço êxodo rural e o processo crescente de urbanização; nesse contexto, é cada vez mais reforçado o papel de produção de alimentos do campo com fins de abastecimento das cidades em expansão.

A dinâmica do comércio também é alterada, havendo crescente fortalecimento das relações comerciais internacionais, num caminho rumo aos mercados globais. No campo da alimentação, aquele alimento que antes era produzido e comercializado localmente passa agora a transgredir barreiras geográficas e alcança outros territórios. Muitas vezes, aquele alimento local, próprio de determinado ambiente natural, acaba sendo exportado e adaptado pela tecnologia a um contexto ambiental e social distinto e gerando uma incorporação de novas culturas alimentares por diferentes povos.

A chamada "Revolução Verde" consolida a produção de alimentos em larga escala, com bases na utilização intensa de insumos agrícolas, tais quais sementes híbridas, fertilizantes sintéticos e agrotóxicos. Outras mudanças também podem ser citadas, tais quais uso de confinamento e de drogas veterinárias no manejo animal, mecanização das lavouras e desenvolvimento das agroindústrias. Importa notar as bases políticas de estímulo a essa forma de produção, como os subsídios agrícolas, para aumento de produção e subsídios à importação dessas tecnologias pelos países do Sul.[1]

Nesse "regime liberal-produtivista", denominação atribuída por Harriet Friedman e Philip McMichael,[2] a produção agrícola sofre um processo de verticalização, ou seja, integra as atividades de agricultura às atividades da indústria de alimentos, de acordo com a intensificação tecnológica e conforme a lógica do lucro às partes envolvidas.

Dá-se então a mercadorização do alimento, em que sua venda é agregada de valor conforme propriedades a ele atribuídos.[3] A indústria de alimentos ultraprocessados,[4] no contexto de globalização, invade os mais diversos mercados do mundo e estimula uma alimentação notadamente com alta densidade calórica e nutricionalmente desequilibrada, de baixo custo e acessível especialmente pela população de mais baixa renda, o que acaba repercutindo no aumento de obesidade e de doenças crônicas não transmissíveis relacionadas à má alimentação, como diabetes, hipertensão e câncer.

---

[1] AZEVEDO, Eliane de; RIGON, Silvia do Amaral. "Sistema agroalimentar com base no conceito de sustentabilidade." In: TADEI, José Augusto et al. *Nutrição em saúde pública*. Rio de Janeiro: Rubio, 2011, p. 544.

[2] FRIEDMAN, Harriet; McMICHAEL, Philip. "Agriculture and state system: The rise and decline of national agricultures, 1870 to the present." *Sociologia Ruralis*, 29(2):93-117, 1989.

[3] AZEVEDO, Eliane de; RIGON, Silvia do Amaral, op. cit., p. 544.

[4] Cf. Introdução, nota 5.

Nesse contexto, a tecnologia de produção de alimentos ganha corpo; porém, paradoxalmente, a fome e a prevalência de doenças crônicas não transmissíveis no mundo permanecem em níveis alarmantes.

Com frequência, os organismos geneticamente modificados são apresentados como um dos meios mais promissores para a resolução da fome e da subnutrição. Também são ressaltadas suas possíveis contribuições para o aumento e facilitação da produtividade. O Brasil é o segundo maior produtor de transgênicos do mundo, estando apenas atrás dos Estados Unidos, segundo dados fornecidos pelo Serviço Internacional para Aquisição de Aplicações em Agrobiotecnologia (Isaaa).[5]

Como recorte metodológico desta obra, examinaremos se estão presentes as premissas da sustentabilidade no modelo produtivo baseado nos organismos geneticamente modificados ou transgênicos. Começaremos pela análise desse modelo produtivo em face do princípio da precaução, tendo em vista os impactos à vida, saúde humana e ao meio ambiente.

## O caso dos alimentos transgênicos

Eis alguns esclarecimentos iniciais a respeito de organismos geneticamente modificados e transgênicos. Conforme explana Marcelo Dias Varella, "foi a partir da descoberta e dos estudos sobre o DNA[6] que o homem percebeu que poderia alterar

---

[5] JAMES, Clive. 2015. Global Status of Commercialized Biotech/GM Crops: 2015. ISAAA Brief No. 51. ISAAA: Ithaca, NY.

[6] "DNA é a sigla do ácido desoxirribonucleico e foi descoberto nos anos 1950, por Watson e Crick, sendo uma das maiores descobertas do século XX. Esses pesquisadores descobriram que todo ser vivo é formado por duas cadeias de bases hidrogenadas, organizadas em forma de hélice, conectadas entre si por pares, que são comuns a todos os seres vivos. Essas bases nitrogenadas podem ser adenina, timina, citosina e guanina, representadas respectivamente pelas letras A, T, C e G nas publicações científicas ou pedidos de patentes. O RNA é produzido a partir

geneticamente as sequências de bases nitrogenadas, inserindo, retirando ou modificando as características dos seres vivos".[7] Essa tecnologia permite também a retirada de genes de qualquer ser vivo para inserção em outro, ainda que de seres distintos, pois todos os seres vivos são formados das mesmas bases nitrogenadas. Os organismos resultantes são conhecidos por organismos geneticamente modificados (OGM). No caso da recepção de genes de outro organismo diferente, mas da mesma espécie, são chamados simplesmente de OGM, no entanto, quando recebem genes de organismos de outras espécies, são chamados de organismos transgênicos (sendo que todo transgênico é organismo geneticamente modificado)[8]. A técnica em que o cientista pode transferir a função associada ou característica de um gene para um novo organismo ficou conhecida como *engenharia genética*, sendo que essa transferência de genes entre espécies diferentes jamais ocorreria na natureza sem a intervenção humana.[9]

A biotecnologia engloba as atividades ligadas à manipulação genética, além de toda tecnologia empregada à vida (como até mesmo as atividades tradicionais de seleção de melhores

---

do DNA, sendo que nestes não existe a base nitrogenada timina, que é substituída pela uracila, representada pela letra U. Assim, tanto a timina quanto a uracila sempre se casam com a adenina, e a citosina sempre se casa com a guanina. Desse nascimento nascem enzimas que dão origem à vida. Cada ser vivo pode ter um número diferente de pares de cromossomos, com milhões de bases nitrogenadas. O homem, por exemplo, tem 23 pares de cromossomos. É o conjunto dessas bases nitrogenadas que forma o genótipo do indivíduo, que lhe dá sua identidade." VARELLA, Marcelo Dias. "O tratamento jurídico-político dos OGMs no Brasil." In: VARELLA, Marcelo Dias; BARROS-PLATIEU, Ana Flávia (Org.). *Organismos geneticamente modificados*. Belo Horizonte: Del Rey, 2005, p. 4.

[7] Ibid., p. 4.
[8] Ibid., p. 5.
[9] MAGALHÃES, Vladmir Garcia. "O princípio da precaução e os organismos transgênicos." In: VARELLA, Marcelo Dias; BARROS-PLATIEU, Ana Flávia (Org.). *Organismos geneticamente modificados*. Belo Horizonte: Del Rey, 2005, p. 67.

espécies feitas pelo homem para aprimoramento da produção agrícola ou pecuária). Assim, todas essas atividades são reguladas pelas normas de biossegurança.

O conceito de organismo geneticamente modificado ou transgênico vem definido na legislação brasileira (Lei n. 11.105/2005[10]) da seguinte forma:

> Art. 3º Para os efeitos desta lei, considera-se:
> V – organismo geneticamente modificado – OGM: organismo cujo material genético – ADN/ARN – tenha sido modificado por qualquer técnica de engenharia genética;
> IV – engenharia genética: atividade de produção e manipulação de moléculas de ADN/ARN recombinante;
> III – moléculas de ADN/ARN recombinante: as moléculas manipuladas fora das células vivas mediante a modificação de segmentos de ADN/ARN natural ou sintético e que possam multiplicar-se em uma célula viva, ou ainda as moléculas de ADN/ARN resultantes dessa multiplicação; consideram-se também os segmentos de ADN/ARN sintéticos equivalentes aos de ADN/ARN natural.

De acordo com a Diretiva 2001/18/CE da União Europeia (art. 2º, 2), o organismo geneticamente modificado é

> qualquer organismo, com exceção do ser humano, cujo material genético tenha sido modificado de uma forma que não ocorre naturalmente por meio de cruzamentos e/ou de recombinação natural.[11]

---

[10] BRASIL. Lei n. 11.105, de 24 de março de 2005. Regulamenta os incisos II, IV e V do parágrafo 1º do art. 225 da Constituição Federal e dá outras providências. *Diário Oficial da República Federativa do Brasil*, Brasília, DF, 28 de março de 2005. Disponível em: <http://www.planalto.gov.br/ccivil_03/_ato2004-2006/2005/lei/l11105.htm>. Acesso em: 22 jun. 2012.

[11] DIRETIVA 2001/18/CE DO PARLAMENTO EUROPEU E DO CONSELHO de 12 de março de 2001, relativa à libertação deliberada no ambiente de organismos geneticamente modificados e que revoga a Diretiva 90/220/CEE do Conselho. Disponível em: <http://ec.europa.eu/health/files/eudralex/vol-1/dir_2001_18/dir_2001_18_pt.pdf>. Acesso em: 20 jul. 2016.

Nesse sentido, temos que alimento transgênico é aquele:

> Oriundo de uma planta transgênica ou de frutos, cereais ou vegetais delas extraídos, que são consumidos diretamente pelos seres humanos ou indiretamente, através dos produtos alimentares produzidos ou elaborados a partir da mencionada matéria-prima.[12]

Para efeitos deste livro, utilizaremos as expressões "transgênicos" e "OGMs" como sinônimos, ainda que haja a diferença substancial supracitada.

*Os alimentos transgênicos e o princípio da precaução*

Feitos esses esclarecimentos conceituais, é importante abordar a relatividade dos dogmas científicos. A ciência está em constante evolução, os dogmas científicos mais antigos e incompletos são frequentemente substituídos ou aprimorados por outros mais modernos, por meio de novos métodos científicos. Com isso, Vladmir Garcia Magalhães conclui que não existe verdade ou certeza absoluta em ciência, que um paradigma tende sempre a ser substituído ou complementado por outro, e assim a ciência evolui. Se não houvesse questionamento aos dogmas científicos, a humanidade ainda acreditaria que a terra era plana. Isso faz com que a ciência apresente uma limitação intrínseca para prever, com absoluta certeza, os efeitos das criações tecnológicas.[13]

Dessa maneira, a análise científica traz sempre um risco de estar incompleta e prever ou explicar equivocadamente os fenômenos analisados. Esse entendimento é fundamental

---

[12] VIEIRA, Adriana Carvalho Pinto; VIEIRA JÚNIOR, Pedro Abel. *Direitos dos consumidores e produtos transgênicos: uma questão polêmica para a bioética e o biodireito.* Curitiba: Juruá, 2005. p. 33.

[13] MAGALHÃES, Vladmir Garcia. "O princípio da precaução e os organismos transgênicos." In: VARELLA, Marcelo Dias; BARROS-PLATIEU, Ana Flávia (Org.), op. cit., p. 65.

para a discussão do conceito da precaução e da exigência obrigatória dos estudos de impacto ambientais para liberação do uso comercial dos transgênicos.

Gilles Ferment nos explica que os primeiros usos comerciais das tecnologias de engenharia genética foram colocados no mercado na forma de "proteínas-medicamento", como produtos de síntese em OGMs. São proteínas usadas em vacinas ou em tratamentos terapêuticos, como a insulina. Tal produção em quantidade industrial representou importante avanço para a comunidade científica, permitindo a associação da noção de progresso às biotecnologias. Inicialmente, o uso comercial de OGMs na produção de proteínas terapêuticas não foi fortemente contestado pela sociedade, uma vez que os "consumidores" das novas tecnologias seriam pessoas em estado de necessidade, cuja sobrevivência muitas vezes dependia dessas proteínas. Essa parcela da população estaria submetida a um monitoramento médico estrito, no sentido de detectar efeitos secundários da tecnologia na saúde humana.[14]

Os transgênicos de uso terapêutico diferem significativamente do uso comercial das plantas transgênicas. No caso das vacinas e proteínas de valor medicinal, o consumo se restringe ao produto da expressão transgene (a proteína recombinante). Os OGMs em si (as bactérias e outros micro-organismos geneticamente modificados que produzem a proteína de interesse terapêutico) são descartados assim que isolados e purificados seus produtos de síntese. Gilles Ferment ainda destaca que esses OGMs são estritamente confinados em laboratórios, com uma produção em escala industrial feita em

---

[14] FERMENT, Gilles. "Análise de risco das plantas transgênicas: princípio da precaução ou da precipitação?" In: ZANONI, Magda; FERMENT, Gilles. *Transgênicos para quem? Agricultura, ciência e sociedade.* Brasília: MDA, 2011, p. 98 (Série Nead debate 24).

incubadoras, diferentemente das plantas transgênicas, que são liberadas no meio ambiente e podem transferir material genético para outros organismos. Ele frisa que tais considerações não querem dizer que os OGMs de uso terapêutico não apresentem riscos, mas que estes são diferentes em relação aos OGMs de domínio agrícola.[15]

No entanto, no início da década de 1990, a Monsanto – gigante do setor agroquímico – passou a investir sua atuação no domínio da agricultura, através da indústria sementeira, e nas biotecnologias. Conforme frisa Gilles Ferment, "pela primeira vez na história da engenharia genética, os OGMs inteiros e com capacidade de reprodução saem dos laboratórios para serem liberados no meio ambiente e consumidos *in natura* pela população".[16] Tal fato teria ocorrido com ausência de consulta ou debate com a sociedade civil, beneficiando-se até da imagem positiva dos transgênicos para uso terapêutico. Somou-se também o intenso *lobby* e propaganda pró-biotecnologia com promessas de diminuição da fome no mundo, de disponibilização de plantas biofortificadas (a beneficiar populações com deficiências nutritivas), bem como a possibilidade de se cultivar qualquer planta em ambientes salinos ou de forte estresse hídrico. As promessas ainda giravam em torno de um avanço no desenvolvimento sustentável, uma vez que haveria maior produtividade de alimentos e ausência de impactos para organismos não alvo.

Nos dias de hoje, a maioria dessas promessas foi contraditada, e pode-se dizer que 99% das plantas transgênicas fazem parte de apenas três categorias:

---

[15] Ibid., p. 99.
[16] Ibid., p. 100.

1) produzem proteína(s) inseticida(s) nas suas células (plantas Bt); 2) toleram herbicida(s) totais (plantas HT); 3) ambas as características. Nenhuma planta biofortificada ou tolerante aos ambientes salinos ou de estresse hídrico foi liberada em escala comercial.[17]

## Riscos para a biodiversidade

Marc Dufumier destaca dois motivos básicos de riscos para a biodiversidade, advindos do cultivo de plantas transgênicas, quais sejam: a simplificação extrema dos sistemas de cultivo, que permite e favorece sua utilização, e aqueles relativos aos eventuais efeitos diretos das toxinas incorporadas nas PGMs (ou nos herbicidas de amplo espectro) sobre as abelhas, larvas, joaninhas e um grande número de insetos auxiliares dos cultivos.[18]

A simplificação dos sistemas de plantação diz respeito ao fato de que as novas variedades são testadas em condições ecológicas e técnicas perfeitamente controladas (terrenos planos, solos profundos e férteis, emprego de adubos químicos, implantação das variedades em "cultivo puro", sem associação com outras espécies etc.). Assim, as novas variedades não podem ser disseminadas independentemente de grandes investimentos em irrigação, drenagem, luta química contra plantas adventícias e insetos predadores. Nessa lógica, os agricultores são incitados a especializar seus sistemas de produção (tendo como consequência a simplificação e fragilização exagerada de seus agroecossistemas, com desaparecimento de

---

[17] Ibid., p. 100.
[18] DUFUMIER, Marc. "Os organismos geneticamente modificados (OGMS) poderiam alimentar o terceiro mundo?" In: ZANONI, Magda; FERMENT, Gilles (Org.). *Transgênicos para quem? Agricultura, Ciência e Sociedade*. Brasília: MDA, 2011, p. 381, p. 244.

numerosas espécies espontâneas e proliferação de algumas espécies invasivas).[19]

Marc Dufumier ainda afirma que as plantas resistentes aos herbicidas (como glifosato ou glufosinate) estimulam os agricultores à prática da monocultura, sem rotação de espécies, causando o risco de acelerar o desaparecimento de espécies concorrentes e proliferar aquelas favorecidas pela resistência ao herbicida. Gilles Ferment também reforça o perigo advindo do aumento do uso de agrotóxicos, e afirma que "de 1996 a 2008, nos EUA, a adoção da soja, do milho e do algodão transgênicos resultou no uso de 144 milhões de quilos de pesticidas a mais do que se essas plantas transgênicas não tivessem sido adotadas".[20] Há também evidências não só do aumento do uso do herbicida total para o qual a lavoura é tolerante (como o glifosato para as lavouras *roundup ready*) como o fomento ao uso de outros herbicidas em complemento, extremamente tóxicos.

No Brasil, são alarmantes os dados quanto ao aumento do uso de agrotóxicos associado ao cultivo de plantas transgênicas. Estudos de campo já constataram[21,22] o aumento do uso de glifosato nas lavouras de soja *roundup ready* (RR) devido ao desenvolvimento de plantas ruderais resistentes. Em análise nacional, e em algumas localidades, das quantidades de

---

[19] Ibid., p. 246.
[20] FERMENT, Gilles, op. cit., p. 98.
[21] NODARI, Rubens Onofre; DESTRO, Deonísio. *Relatório sobre a situação de lavouras de soja da região de Palmeiras das Missões (RS): safra 2001/2002.* Disponível em: <http://www.greenpeace.org.br/transgenicos/pdf/soja-produtiva.pdf>. Acesso em: 27 jul. 2016.
[22] FERMENT, Gilles; NODARI, Rubens Onofre; ZANONI, Magda. *Estudo de caso: sojas convencionais e transgênicas no Planalto do Rio Grande do Sul. Propostas de sistematização de dados e elaboração de estudos de biossegurança.* Brasília: Ministério do Desenvolvimento Agrário, 2010.

herbicidas usadas na soja nestes últimos anos, revela-se que o aumento do uso do glifosato (fomentado pelo desenvolvimento da soja RR) está sendo acompanhado pelos aumentos de 2,4D e de Paraquat.[23,24]

Gilles Ferment destaca que

> os 16 milhões de hectares plantados com transgênicos no Brasil não impediram o país de ultrapassar os Estados Unidos e se tornar o maior consumidor de agrotóxicos do mundo (1,06 milhão de toneladas de princípio ativo), com um "consumo" assustador de 5,5 quilos por habitante em 2009/2010.[25]

O outro ponto de possível impacto negativo do uso de plantas transgênicas à biodiversidade diz respeito às consequências à alimentação e à manutenção das populações de abelhas e insetos polinizadores, aumentado o risco de impedir a reprodução de 30 mil espécies vegetais cultivadas ou selvagens. Também é levantado o risco quanto à contaminação direta dos néctares, dos pólens e dos melatos pelas toxinas de que são portadoras as plantas geneticamente modificadas (PGMs), somado aos riscos para a alimentação, reprodução e comportamento de numerosos insetos polinizadores e auxiliares dos cultivos (borboletas, joaninhas etc.).

Marc Dufumier menciona a escassez de publicações científicas que avaliam essa questão e os resultados contraditórios

---

[23] PORTO, Sílvio Isoppo. CONAB. "Visões institucionais sobre a dinâmica atual e futura da difusão da soja transgênica no Brasil." In: SEMINÁRIO GICOGM, Brasília, 3 de agosto de 2009. Disponível em: <portal.mda.gov.br/o/3050680>. Acesso em: 20 jul. 2016.

[24] FERMENT, Gilles, op. cit., p. 102.

[25] AS-PTA (Assessoria e Serviços a Projetos em Agricultura Alternativa). "Com mais transgênicos, Brasil supera recorde de consumo de agrotóxicos". Em pratos limpos, 13 de maio de 2010. Disponível em: <http://pratoslimpos.org.br/?p=1052>. Acesso em: 20 jul. 2016.

apresentados pelas que existem. Por isso, o agrônomo e professor-pesquisador francês aponta a necessidade de que, antes de qualquer homologação da liberação das PGMs, deveriam ser conduzidos testes de avaliação desses efeitos de forma criteriosa e a longo prazo. Há um fundado temor de que a diminuição da biodiversidade dos insetos polinizadores leve a uma perda ainda mais grave da biodiversidade vegetal.[26]

Os membros do Grupo de Ciência Independente (Independent Science Panel, ISP) sobre organismos transgênicos elaboraram um relatório[27] com base na análise de numerosas evidências científicas, enumerando a problemática em torno dos cultivos transgênicos. De forma sucinta, selecionamos os principais riscos à biodiversidade levantados por esse grupo:

- A inevitável contaminação transgênica extensiva: as pesquisas analisadas revelam que o pólen transgênico, caído diretamente no solo ou espalhado pelo vento e depositado em outros lugares, é uma fonte importante de contaminação transgênica; reconhece-se em geral a contaminação como algo inevitável, por isso não seria possível haver coexistência de cultivos transgênicos e não transgênicos.[28]

---

[26] DUFUMIER, Marc, op. cit., p. 247-248.

[27] GRUPO DE CIÊNCIA INDEPENDENTE. HO, Mae-Wan et al. *Em defesa de um mundo sustentável sem transgênicos*. São Paulo: Expressão Popular, 2004.

[28] Conclusões com base nos seguintes estudos:
– Quist D and Chapela IH. Transgenic DNA introgressed into traditional maize landraces in Oaxaca, Mexico (*Nature*, 2001, 414, 541-543).
– Ho MW and Cummins J. Who's afraid of horizontal gene transfer? ISIS Report, 4 March 2002, www.i-sis.org.uk; also The GM maize wor in three episodes (*Science in Society*, 2002, 15, 12-14).
– Ho MW. Worst ever contamination of Mexican landraces. ISIS Report. 29 April 2002, www.i-sis.org.uk; also The GM maize wor in three episodes (*Science in Society*, 2002, 15, 12-14).
– Ho MW. Canadian Farmers against corporate serfdom (*Science in Society*, 2002, 16 5-6).

- Produtos genéticos perigosos são incorporados aos cultivos: as proteínas Bt, incorporadas em grande parte dos cultivos transgênicos do mundo, foram consideradas nocivas para uma grande quantidade de insetos benéficos, e algumas dessas proteínas são, também, imunógenos e alérgenos potentes. Uma equipe de cientistas advertiu sobre a liberação de cultivos Bt para uso humano.[29]

- Os cultivos *terminator*[30] propagam a esterilidade masculina: os cultivos manipulados com genes "suicidas",

---

Kietke L. Research shows: herbicide tolerance everywhere (*Manitoba Co-operator*, August 1, 2002).

– Friesen LF, Nelson AF and Van Acker RC. Evidence of contamination of pedigreed canola (Brassica napus) seedlots in Western Canada with genetically engineered herbicide resistance traits. *Agronomy Journal* (in press).

– GM Crops: What you should know, A guide to both the science and implications of commercialistion of genetically modified crops, GM Free Cymru, June 2002, www.gm-news.co.uk.

[29] Conclusões com base em:
– Lim LC. Environmental and Health Impacts of Bt crops (*ISIS Report*, April, 2003; containing 63 references).

– Vázquez-Padrón RI, Moreno-Fierros L, Neri-Bazán L, de la Riva G. and López-Revilla R. Intragastric and intraperitoneal administration of Cry1Ac protoxin from Bacillus thuringiensis induce systemic and mucosal antibody responses in mice (*Life Sciences*, 1999, 64, 1897-1912).

– Hernandez E., Ramisse F., Cruel T., le Vagueresse R. and Cavallo JD. Bacillus thuringiensis serotype H34 isolated from human and insecticidal strains serotypes 3a3b and H14can lead to death of immunocompetent mice after pulmonary infection (*FEMS Immunology and Medical Microbiology*, 1999, 24, 43-7).

– Cummins J. Biopesticide and bioweapons (*ISIS Report*, 23 October 2001, www.i-sis.org.uk).

– Fares NH and El-Sayed AK. Fine structural changes in the ileum of mice fed ondendotoxin-treated potatotes and transgenic potatoes. (*Natural Toxins*, 1998, 6, 219-33; also "Bt is toxic" by Joe Cummins and Mae-Wan Ho, *ISIS News* 7/8, February 2001, ISSN: 1474-1547 (print), ISSN: 1474-1814 (*on-line*), www.i-sis.org.uk.

[30] "Por cultivos *terminator* designamos qualquer cultivo transgênico manipulado com um gene 'suicida' para provocar esterilidade masculina, feminina ou da semente, para impedir que os agricultores guardem e replantem as sementes, ou para proteger características patenteadas." GRUPO DE CIÊNCIA INDEPENDENTE. HO,

para obter a esterilidade masculina nas plantas, têm sido promovidos como uma forma de "conter", ou seja, de impedir a propagação de transgenes. Na realidade, os cultivos híbridos vendidos aos agricultores propagam, através do pólen, tanto os genes suicidas da esterilidade masculina quanto os genes da tolerância a herbicida. Não é possível aqui esgotar as aduções aos riscos oferecidos ao meio ambiente devido ao uso das plantas transgênicas. Em apertada síntese, os riscos à biodiversidade mais largamente comentados seriam:[31]

- contaminação genética das espécies advinda do uso de organismos geneticamente modificados na agricultura;
- contaminação do solo pela toxina de *Bacillus Thurigiensis*;
- tendência à homogeneidade ambiental, desestimulando a biodiversidade;
- incremento do uso de agrotóxicos e de outros efeitos adversos decorrentes da acumulação de agrotóxicos nos seres vivos;
- consequências desconhecidas dos transgenes sobre as plantas silvestres;
- perda total de todo banco de germoplasma nativo ao se cultivar organismos geneticamente modificados em áreas de grande importância ambiental, bem como o risco de se perder o banco de germoplasma nativo para o uso em outros fins;

---

Mae-Wan et al. *Em defesa de um mundo sustentável sem transgênicos.* São Paulo: Expressão Popular, 2004, p. 67.

[31] CHOMENKO, Luiza. *Texto básico 3: biodiversidade e biotecnologia – Curso de Especialização em Direito Ambiental.* Porto Alegre: Pontifícia Universidade Católica do Rio Grande do Sul, 2005, p. 12.

- possível aumento do consumo de água devido à necessidade de implantação de sistemas adicionais de manejo causado pela maior dependência dos organismos geneticamente modificados em relação aos aspectos climáticos de calor e seca.

*Riscos para a saúde humana*

Rubens Onofre Nodari aponta inicialmente que, do ponto de vista da saúde humana, em razão da falta de estudos de avaliação de risco e da pouca familiaridade com os alimentos transgênicos, o principal risco refere-se aos efeitos não esperados, porque desconhecidos, existindo uma omissão contínua das pesquisas com relação à saúde humana.[32]

Alguns cientistas enumeram os riscos à saúde humana causados pelos alimentos transgênicos em relação a dois tipos de incertezas: a primeira relaciona-se aos tipos e circunstâncias que promovam a absorção e a instalação do ácido desoxirribonucleico (DNA) exógeno no trato gastrintestinal dos mamíferos.[33] Já que os estudos demonstram que o DNA e as proteínas dos organismos geneticamente modificados persistem no trato gastrintestinal, os cientistas trabalham com a hipótese de que sua absorção nos mamíferos pode levar ao desenvolvimento de doenças crônicas.[34]

Os riscos alergênicos experimentados por consumidores que utilizaram o suplemento alimentar transgênico L-triptofano e o milho starLink com o gene portados da

---

[32] NODARI, Rubens Onofre. "Ciência precaucionária como alternativa ao reducionismo científico aplicado à biologia molecular." In: ZANONI, Magda; FERMENT, Gilles (Org.). *Transgênicos para quem? Agricultura, Ciência e Sociedade*. Brasília: MDA, 2011, p. 53.
[33] AZEVEDO, Eliane de; RIGON, Silvia do Amaral, op. cit., p. 549.
[34] Ibid., p. 549.

toxina Bt estariam dentro de uma segunda categoria de incertezas. No Brasil a CTNBio (Comissão Técnica Nacional de Biossegurança) liberou o plantio e a comercialização de alimentos transgênicos sem o consenso científico (como a Soja Bt), além de outros cultivares não comprovadamente seguros, como os três tipos de milho transgênico: o Lyberty Link, o Guardian e o Bt1.[35]

O Grupo de Ciência Independente também confirma e levanta outros riscos relacionados à saúde humana:

- *Herbicidas de amplo espectro são altamente tóxicos para seres humanos e outras espécies.*[36] O glufosinato de amônio e o glifosato são utilizados em cultivos transgênicos tolerantes a herbicidas, e são venenos metabólicos sistêmicos com uma ampla gama de efeitos nocivos previstos. O glufosinato de amônio está associado às toxicidades neurológica, respiratória, gastrointestinal e hematológica, bem como a defeitos congênitos em seres humanos e mamíferos. Em relação ao glifosato, foram registrados numerosos transtornos fisiológicos após exposições a níveis normais de uso, tais quais alterações no equilíbrio, vertigens, diminuição da capacidade cognitiva, convulsões, lesões na visão, olfato, audição e paladar, dores de cabeça, pressão sanguínea baixa, crispação e tiques em todo o corpo, paralisia muscular, neuropatia periférica, perda da coordenação motora, sudorese excessiva e fadiga severa. Outros estudos revelam que a exposição ao glifosato praticamente duplicou o risco de abortos espontâneos, e os filhos nascidos de pessoas que utilizam o glifosato com frequência apresentaram

---

[35] Ibid., p. 549.
[36] GRUPO DE CIÊNCIA INDEPENDENTE, op. cit., p. 19-20.

elevado índice de transtornos de neurocomportamento. O glifosato provocou atraso no desenvolvimento do esqueleto fetal em ratos de laboratório, inibiu a síntese de esteroides e é um agente genotóxico em mamíferos. O *Roundup* provocou alterações no processo de divisão celular, as quais podem estar associadas com alguns tipos de câncer em seres humanos.[37] Conforme assevera o Grupo de Ciência Independente, os efeitos conhecidos tanto do glufosinato quanto do glifosato são suficientemente graves para que seja suspensa a utilização desses herbicidas.

- *A engenharia genética cria supervírus.*[38] Os cientistas do Grupo de Ciência Independente citam que os perigos mais graves da engenharia genética relacionam-se à "probabilidade de transferência horizontal de genes e a recombinação, que é a via principal para a criação de vírus e bactérias que provocam enfermidades epidêmicas". Técnicas como as que envolvem transferências de sequências de DNA de um local para outro ("DNA *shuffling*"), estão permitindo, aos geneticistas, criar no laboratório, em questão de minutos, milhões de vírus recombinantes que nunca existiram ao longo de milhares de milhões de anos de evolução.[39] Importante notar,

---

[37] Conclusões com base no seguinte estudo:
– Mark EJ., Lorrilon O., Boulben S., Hureau D., Durrand G. and Belle R. Pesticideroundup provokes cell cycle dysfunction at the level of CDK1/Cyclin B activation. *Chem. Res. Toxicol*, 2002, 15, 326-31.
[38] GRUPO DE CIÊNCIA INDEPENDENTE, op. cit., p. 20-21.
[39] Conclusões com base no seguinte estudo:
– Stemmer WPC. Molecular breeding of gene, pathways and genomes by DNA shuffling. *Journal of Molecular Catalysis B: Enzymatic*, 2002, 19-20, 2-12. Ho MW. Death by DNA shuffling. *ISIS Report*, April 2003; also *Science in Society*, 2003, 18, 9, www.isis.org.uk.

conforme atesta o Grupo de Ciência Independente, que há uma instabilidade inerente ao DNA transgênico, tornando-o mais provável a romper e recombinar.[40]

- *O DNA transgênico em alimentos absorvidos por bactérias no intestino humano.*[41] Existem evidências experimentais de que o DNA transgênico de plantas tenha sido absorvido por bactérias no solo e no intestino de voluntários humanos. Os genes marcadores de resistência a antibiótico podem se espalhar dos alimentos transgênicos para bactérias patogênicas, tornando as infecções muito difíceis de tratar.[42]
- *Ligação entre o DNA transgênico e o câncer.* O Grupo de Ciência Independente assinala que o DNA transgênico pode sobreviver à digestão no intestino e que é capaz de saltar para o genoma de células de mamíferos, aumentando a possibilidade do desencadeamento de câncer.[43] Assim, não se poderia excluir a possibilidade de que alimentar animais com produtos transgênicos, como o milho, acarrete riscos não apenas para os animais, mas também para os seres humanos que consomem os produtos animais.

Confirmando muitas dessas conclusões, Gilles Ferment, Magda Zanoni e Rubens Onofre Nodari elaboraram estudo[44] sobre sojas convencionais e transgênicas no Planalto do Rio

---

[40] GRUPO DE CIÊNCIA INDEPENDENTE, op. cit., p. 79.
[41] Ibid., p. 21.
[42] Ibid., p. 101.
[43] Ibid., p. 101.
[44] FERMENT, Gilles; NODARI, Rubens Onofre; ZANONI, Magda. *Estudo de caso: sojas convencionais e transgênicas no Planalto do Rio Grande do Sul. Propostas de sistematização de dados e elaboração de estudos de biossegurança.* Brasília: Ministério do Desenvolvimento Agrário, 2010.

Grande do Sul. Esse estudo relaciona os diversos riscos para a saúde dos consumidores e dos agricultores, a começar pela toxicidade dos agrotóxicos e suas consequências variáveis no tempo para o organismo humano, devido à penetrabilidade e capacidade de bioacumulação nos tecidos, assim como à taxa de exposição dos organismos aos produtos (ligada ao número de aplicações). Os efeitos dos agrotóxicos impactam diretamente na saúde pública brasileira, uma vez que o Brasil é o maior consumidor mundial de agrotóxicos e as regras de proteção quanto ao uso são pouco obedecidas. Os renomados pesquisadores apontam como conclusão que

> uma revisão exaustiva da literatura sobre a questão foi realizada e a análise documental indica a existência de uma quantidade razoável de evidências reforçando a hipótese de uma possível associação entre a exposição aos pesticidas e a presença de quadros de ansiedade e de depressão que levam a comportamentos/atos suicidas, especialmente no contexto da agricultura familiar no sul do País.

Gilles Ferment, Magda Zanoni e Rubens Onofre Nodari ainda apontam que, no que se refere aos agrotóxicos à base de glifosato, entre eles o *Roundup Ready* (RR), a bibliografia especializada evidencia numerosos efeitos tóxicos para o sistema neurológico humano, ainda que em pequenas concentrações, com exposição crônica.[45] Tais constatações são apontadas como particularmente preocupantes, uma vez que os herbicidas à base de glifosato são encontrados nos cereais que consumimos. Os cientistas ainda observam que os agricultores, assim como os moradores das zonas rurais vizinhas dos campos de soja RR, estão muito mais expostos ao *Roundup Ready* do que um simples consumidor – além de inalar regularmente os

---

[45] FERMENT, Gilles; NODARI, Rubens Onofre; ZANONI, Magda, op. cit., p. 34-35.

vapores do herbicida, este também passaria seus efeitos tóxicos sobre o organismo através da pele. Constatou-se também, dentre as famílias de agricultores estudadas, que os casos de câncer se multiplicaram desde que foram intensificadas as lavouras de soja RR. Em razão disso, os cientistas apontam a necessidade de um estudo epidemiológico rigoroso sobre os agricultores que utilizam regularmente os herbicidas à base de glifosato, para verificar a existência de uma relação de causa e efeito.[46]

*Cultivo transgênico, combate à fome e riscos sociais*

O cultivo de organismos geneticamente modificados é frequentemente apresentado como um mecanismo de resolução dos problemas da fome e da subnutrição no mundo. Publiciza-se a ideia de eficiência na produção, uma vez que os genes de resistência a herbicidas ou de toxinas que destroem diretamente os predadores facilitariam a vida do agricultor através da limpeza mais rápida e eficiente da lavoura ou do fácil combate a pragas. Outras promessas relacionam-se ao enriquecimento das plantas transgênicas com nutrientes escassos em certas regiões do mundo, como, por exemplo, o caso do arroz dourado, no qual foi introduzido um gene de narciso amarelo que enriquece os grãos com betacaroteno – precursor da vitamina A –, sendo assim uma solução ao problema de avitaminose A em diversos países da África e da Ásia. Sobre essas considerações, Marc Dufumier enfrenta a questão: poderiam os OGMs alimentarem o terceiro mundo?[47]

Antes de tecer qualquer consideração, vamos aos dados da fome e subnutrição hoje no mundo. De acordo com os dados

---

[46] Ibid., p. 35.
[47] DUFUMIER, Marc, op. cit., p. 380.

da FAO, estima-se que, no período 2014-2016, 795 milhões de pessoas (ou uma em cada nove pessoas) sofriam de fome no mundo. A grande maioria das pessoas que sofrem de fome crônica, ou seja, que não têm alimentos suficientes para uma vida saudável e ativa, está nos países em desenvolvimento: 780 milhões delas. A organização assevera que não basta apenas crescimento econômico para o combate à fome, o fator chave é o "crescimento inclusivo", isto é, o crescimento que promova acesso a alimentos, bens e recursos produtivos a todos, especialmente para mulheres e pessoas mais pobres, de forma que possam desenvolver o seu potencial.[48] E um elemento essencial para o crescimento inclusivo é a priorização dos pequenos agricultores e agricultores familiares.

Em contrapartida, a fome não existe por falta de alimento, Marc Dufumier coloca que as produções alimentares não fazem falta na escala do planeta: elas atingem, em média, 300 quilos de equivalentes-cereais anuais por habitante (sendo que as necessidades não excedem 200 quilogramas por pessoa e por ano). Aponta-se, porém, que essa disponibilidade alimentar é partilhada de forma extremamente desigual. Por exemplo: grandes quantidades de grãos provenientes de países com excedentes de cereais (EUA, União Europeia, Argentina, Austrália etc.) destinam-se a alimentar animais domésticos, ao passo que certas populações do mundo não conseguem mais produzir cereais ou se abastecer. Marc Dufumier conclui que "a fome e a subnutrição decorrem, de fato, essencialmente, da insuficiência de renda da qual são vítimas os habitantes

---

[48] FAO, IFAD AND WFP. 2015. The State of Food Insecurity in the World 2015. Meeting the 2015 international hunger targets: taking stock of uneven progress. ROME, FAO. Disponível em: <http://www.fao.org/3/a-i4671e.pdf>. Último acesso em: 20 jul. 2016.

mais pobres do nosso planeta".⁴⁹ Tal conclusão se coaduna perfeitamente com a lição de Amartya Sen, anteriormente comentada. No mesmo sentido, Olivier de Schutter aponta em seu relatório especial sobre o direito à alimentação que

> as causas da fome são associadas, principalmente, não à insuficiência de estoques ou à oferta global incapaz de atender a demanda, mas à pobreza; aumentar a renda dos mais pobres é a melhor maneira de combatê-la.⁵⁰

Cumpre destacar que, paradoxalmente, dois terços da população que passa fome no mundo é de camponeses. Trata-se de pessoas que possuem meios escassos para produzir sua própria alimentação ou para dispor de renda suficiente para adquirir alimentos no mercado. Em regra, a fome e a subnutrição entre a população urbana também se relacionam com a pobreza no campo, que acaba estimulando a migração para as cidades. Assim, o desafio central consiste em "criar condições que permitam aos camponeses superar a pobreza e alimentar corretamente o planeta, sem, para isso, colocar o meio ambiente em perigo".⁵¹

Reconhece-se o aumento na produtividade ocasionado pelos recursos da "Revolução Verde", no entanto, priorizou-se certos cultivares (capazes de se desenvolver em todas as estações e latitudes), tendo em vista a economia de escala, de modo a rentabilizar rapidamente os investimentos realizados

---

[49] DUFUMIER, Marc, op. cit., p. 381.
[50] CAISAN (Câmara Interministerial de Segurança Alimentar e Nutricional). Conselho de Direitos Humanos. Décima sexta sessão. Item 3 da agenda Promoção e proteção de todos os direitos humanos, direitos civis, políticos, econômicos, sociais e culturais, inclusive o direito ao desenvolvimento. Relatório apresentado pelo relator especial sobre direito à alimentação, Olivier de Schutter. Brasília, DF: MDS, 2012, p. 15.
[51] DUFUMIER, Marc, op. cit., p. 371.

com a pesquisa. Tais cultivos obrigam a uma homogeinização do meio, demandando grandes investimentos em irrigações, drenagem, fertilização, uso de adubos químicos, inseticidas, fungicidas, herbicidas etc., o que inevitavelmente acarreta em risco de endividamento dos camponeses em questão e dependência em relação às empresas de sementes e às transnacionais da agroquímica. Marc Dufumier assevera que os camponeses que sofrem hoje de fome, e as famílias que migraram para as favelas urbanas, são na realidade os excluídos dessa "Revolução Verde".[52]

Outra questão a enfatizar a dependência dos agricultores em relação às multinacionais são os cultivos *terminator*, ou seja, qualquer cultivo transgênico manipulado com um gene "suicida" para provocar a esterelidade masculina, feminina ou da semente, de forma a impedir que os agricultores guardem e replantem as sementes, sendo assim obrigados a readquirir, todos os anos, novas sementes da companhia multinacional. Com a mobilização de diversas organizações da sociedade civil, a Monsanto precisou renunciar ao desenvolvimento de OGMs munidos do gene esterelizante (*Late embryogenesis* ou *terminator*). No entanto, Mae-Wan Ho et al. apontam que há muitas formas de construir a esterelidade e cada uma delas é objeto de uma patente específica.[53]

O aprofundamento de um sistema que privilegia a dependência dos camponeses em relação às transnacionais ao invés de emancipá-los é também agravado pelo alto grau de concentração das empresas de agroquímicos vinculadas à dominação do mercado mundial de sementes. No cenário mundial observou-se o movimento de fusões entre empresas do ramo

---

[52] Ibid., p. 385.
[53] GRUPO DE CIÊNCIA INDEPENDENTE, op. cit., p. 67.

farmacêutico e aquisições de empresas de sementes. As seis empresas que até o final da década de 1990 atuavam predominantemente no ramo agroquímico passaram a dominar mais da metade do mercado mundial de sementes: Monsanto (EUA), Dupont (EUA), Syngenta (Suíça), Bayer (Alemanha), Dow (EUA) e Basf (Alemanha).[54]

A estratégia comercial dessas empresas consiste em prioritariamente inserir no mercado variedades de plantas geneticamente modificadas que possuam, também, a resistência a um herbicida; somando-se ao fenômeno biológico de resistência das plantas adventícias aos herbicidas, as novas variedades permitem utilizar doses mais fortes de herbicidas, tolerando um espectro mais amplo.[55] Assim, por exemplo, a companhia Monsanto vende o glifosato e sementes de variedades transgênicas resistentes a esse mesmo herbicida. Assevera-se, assim, o estado de dependência dos camponeses, e o ciclo vicioso da lucratividade das empresas transnacionais agroquímicas e produtoras de sementes.

Em relação aos OGMs de "segunda geração" (com transferência de genes que confiram às plantas maiores qualidades nutricionais e organolépticas, ou uma resistência maior aos agentes patogênicos, ao estresse hídrico, à salinidade dos solos etc.), Marc Dufumier aponta as dificuldades em desenvolvê-los,[56] podendo impactar em diminuição sensível dos

---

[54] PIESSE J.; THIRTLE C. "Agricultural R & D, technology and productivity." In: *Philosophical Transactions of The Royal Society B.*, v. 365, n. 1554, p. 3035-3047, 2010. Disponível em: <http://rstb.royalsocietypublishing.org/content/365/1554/3035.full.pdf+html>. Acesso em: 27 jul. 2016.

[55] NOISETTE, Christophe. "OGM: as empresas colhem os dividendos da fome." In: ZANONI, Magda; FERMENT, Gilles (Org.). *Transgênicos para quem? Agricultura, Ciência e Sociedade*. Brasília: MDA, 2011, p. 408.

[56] Pois as proteínas expressas pelos transgenes devem interferir com um grande número de regulações metabólicas das plantas afetadas. No caso do betacaroteno no

rendimentos agrícolas, sendo necessários ainda muitos anos de estudo do conjunto dessas regulações (o que passa a ser desinteressante para as companhias privadas, uma vez que o período de validade das patentes é de vinte anos, e corre-se o risco de esse período ser ultrapassado quando estes OGMs puderem ser liberados comercialmente).[57]

A grande crítica sobre as propostas de "melhorias" genéticas aos camponeses e consumidores do terceiro mundo reside no fato de focarem unicamente na "rentabilidade" dos sistemas de produção, com propostas de soluções padronizadas aos campesinatos, a despeito do *savoir-faire* contido em suas tradições, assim como das condições econômicas e sociais em que operam as diferentes categorias de agricultores (maior ou menor precariedade da posse da terra, dependência em relação a comerciantes usurários, maior ou menor solidariedade nos clãs ou vilarejos etc.).

Marc Dufumier fala na priorização do *savoir-faire* do camponês, levando em conta as condiçõe agroecológicas e socieconômicas locais, abrindo-se mão das soluções do tipo panaceia (cura de todos os males), e tratando de reconhecer que, na maioria dos casos, os camponeses é que devem ser os verdadeiros inovadores. Trata-se de operar no fortalecimento das capacidades humanas e da condição de agente, já identificada por Amartya Sen. Por fim, conclui que

> os obstáculos ao desenvolvimento agrícola sustentável provêm, portanto, no essencial, de estruturas agrárias injustas, legislações

---

arroz dourado, essa síntese pode ocorrer à custa de outras funções, como a diminuição do rendimento calórico/hectare. DUFUMIER, Marc, op. cit., p. 390.

[57] Ibid., p. 390.

fundiárias inadequadas e condições desiguais de concorrência entre agricultores nos mercados agrícolas e alimentares.[58]

E sobre essa questão, a atual lógica produtivista definitivamente não apresentará solução.

## Princípio da precaução, riscos e as premissas da sustentabilidade

Observamos até o momento que o sistema de produção de alimentos baseado na tecnologia de transgênicos está associado a inúmeros riscos, seja de ordem biológica (à vida e saúde do ser humano e segurança do meio ambiente), seja de ordem social (manutenção e agravamento da desigualdade social). Levantamos então a questão: qual o papel do princípio da precaução nesse cenário? Ele tem sido utilizado pautado nas premissas da sustentabilidade enumerados aqui?

Retomando a lição de Hugh Lacey, o princípio da precaução apresenta duas propostas inter-relacionadas: uma que recomenda a cautela ante a aplicação tecnológica de resultados científicos bem confirmados e outra que enfatiza a importância de empreender investigação em áreas comumente pouco pesquisadas.[59]

Sendo assim, no caso específico dos transgênicos, deveriam ser empreendidas avaliações dos impactos ambientais potenciais, de modo a permitir uma decisão balanceada entre os possíveis benefícios, extensão e irreversibilidade dos danos, e riscos. Rubens Onofre Nodari salienta que, particularmente nesse caso, é importante que

---

[58] DUFUMIER, Marc, op. cit., p. 401.
[59] LACEY, Hugh. "O princípio da precaução e a autonomia da ciência." *Scientle studia*, São Paulo, v. 4, n. 3, p. 375, 2006.

a toxicidade ambiental relativa dessas tecnologias seja incorporada na análise das mudanças de padrões de uso e quantidade de agrotóxicos, e que os impactos das culturas tolerantes a herbicidas na conservação do solo sejam quantificados, por exemplo.[60]

Outro apontamento do renomado professor é a necessidade de serem tomadas medidas que possam prevenir a transferência de genes para populações selvagens, bem como reduzir a evolução da resistência aos transgenes, entre outras medidas.

No entanto, diante do princípio da precaução, em regra, estruturam-se as seguintes críticas: (i) ele impede os interesses comerciais e a política de desenvolvimento, ocasionando diminuição no progresso; (ii) ele minaria o potencial da tecnociência de resolver problemas humanitários; (iii) ele envolve uma intrusão ilegítima da ética na pesquisa.

As duas primeiras argumentações tratam da dispensa do princípio da precaução, considerando-o "irrealista". Por sua vez, a última argumentação considera que o princípio da precaução é uma anticiência, incorporando uma agenda política que impediria a pesquisa científica. Em primeiro lugar, cumpre-se fazer o esclarecimento:

> O objeto do princípio da precaução concerne à implementação de aplicações potenciais e não à pesquisa que investiga sua possibilidade; pode-se recomendar o adiamento na implementação, mas não impedir a pesquisa.[61]

Hugh Lacey também contra-argumenta essas críticas no sentido de que o princípio da precaução serve efetivamente para se opor às intrusões de interesses especiais que afetam a

---

[60] NODARI, Rubens Onofre. "Ciência precaucionária como alternativa ao reducionismo científico aplicado à biologia molecular." In: ZANONI, Magda; FERMENT, Gilles (Org.), op. cit., p. 58-59.
[61] LACEY, Hugh, op. cit., 2006.

pesquisa científica corrente e produzem sua subordinação às corporações e governos.[62]

O professor coloca que, ao contrário de impedir a pesquisa científica, a função do princípio da precaução é reinterpretar, e, assim, reforçar alguns dos valores muito prezados da comunidade científica, quais sejam: imparcialidade (objetividade), neutralidade e autonomia.[63]

A tecnologia de transgenia é produto de pesquisa, que Hugh Lacey denomina "pesquisa conduzida segundo a abordagem descontextualizada", ou seja, que dissocia – descontextualiza – os contextos social e ecológico dos fenômenos, e quaisquer das possibilidades que eles possam ter por estar nesses contextos e sua relação com a experiência humana e com os valores. A abordagem descontextualizada é frequentemente denominada como "ciência reducionista".[64] No

---

[62] Ibid., p. 376.

[63] "O – *Objetividade (ou imparcialidade):* uma hipótese só deve ser aceita como conhecimento científico após ser testada no curso de um rigoroso programa de pesquisa empírica (muitas vezes experimental) apropriado, e é considerada bem apoiada por evidências empíricas disponíveis baseadas em critérios cognitivos estritos (por exemplo, adequação empírica, poder explicativo e preditivo) que não refletem valores éticos ou sociais particulares.
N – *Neutralidade:* (1) resultados científicos não têm nenhum juízo de valor ético ou social entre suas consequências lógicas; e (2), em princípio, considerados como um todo, em sua aplicação eles podem auxiliar igualmente interesses fomentados por qualquer uma das perspectivas de valores éticos e sociais viáveis mantidas no mundo de hoje, em vez de privilegiar algumas à custa de outras.
A – *Autonomia:* (1) questões de metodologia científica e os critérios para avaliar conhecimento científico estão fora da esfera de ação de qualquer perspectiva ética (religiosa, política, social, econômica) ou de preferências pessoais; (2) as prioridades da pesquisa, para a atividade científica como um todo, não devem ser moldadas por uma perspectiva de valores particulares; e (3) as instituições científicas de forma a poder resistir a interferências externas (não científicas)." LACEY, Hugh. "Crescimento econômico, meio ambiente e sustentabilidade". *Mercado ético*, [*on-line*], 23 jul. 2009. Disponível em: <http://mercadoetico.terra.com.br/?p=11512&preview=true>. Acesso em: 05 set. 2013.

[64] Nessa abordagem, "procura-se a descrição usando conceitos quantitativos, como são as generalizações empíricas que expressam relações entre quantidades encon-

entanto, o professor chama atenção ao fato de que a falta de implicações valorativas na pesquisa descontextualizada não significa que os resultados concordem com a proposta da neutralidade. No caso da pesquisa em transgênicos, ela

> é rapidamente desenvolvida para satisfazer os interesses do agronegócio e da agricultura intensiva de grande capital, de modo que é altamente valorizada onde os valores do capital e do mercado são superiores. Assim, os resultados da pesquisa sobre transgênicos não são aplicáveis equitativamente por todas as perspectivas éticas conflitantes.[65]

O reducionismo, como método científico, para Rubens Onofre Nodari

> consiste em decompor o todo em suas partes constituintes, até suas últimas e menores partes possíveis [...] isola do ambiente exterior estas menores partes, que compõem um todo, além de lhes atribuir propriedades e poderes, tais como explicar fenômenos complexos ou ser solução para problemas globais centenários.[66]

Rubens Onofre Nodari esclarece que desde que as técnicas do DNA recombinante foram desenvolvidas nos anos 1970, dois grupos principais de cientistas biologistas se formaram: (i) o dos cientistas biológicos tradicionais, caracterizados por terem uma visão holística e realizarem investigações em estrutura, fisiologia, evolução, comportamento, adaptação e ecologia, entre outros, de diversas formas de vida, onde a

---

tradas nos fenômenos naturais e experimentais. A predição pode estar baseada nessas generalizações empíricas ou, com maior segurança, em explicações mais profundas que assentam em hipóteses acerca da lei, estrutura (e seus componentes moleculares), interação e processo subjacentes". LACEY, Hugh. "O princípio da precaução e a autonomia da ciência", cit., 2006.

[65] LACEY, Hugh. "O princípio da precaução e a autonomia da ciência", cit., p. 379.
[66] NODARI, Rubens Onofre, op. cit., p. 40.

pesquisa científica pode ser conduzida sob um pluralismo de estratégias, que permitem investigação empírica levando em conta as dimensões ecológicas, experimentais, sociais e culturais de fenômenos e práticas (como a agroecologia); e (ii) o dos biólogos moleculares, que conduzem pesquisas na natureza química da genética e síntese de proteínas, e utilizam-se de metodologias que descontextualizam os fenômenos, ignorando os seus contextos ecológicos, sociais e humanos, e (no caso dos fenômenos biológicos e humanos) os reduzem às suas estruturas e aos seus mecanismos físico-químicos subjacentes. Os seguidores dessa lógica imprimem a redução das ciências sociais à biologia e esta à química, que por sua vez será reduzida à física, que, por sua vez, poderia prever precisamente, com simples modelos determinísticos, todos os níveis da vida e sua organização.[67]

Rubens Onofre Nodari aponta que a promessa feita pelos reducionistas de que a tecnologia da transgenia seria capaz de erradicar o problema da fome não teria outro resultado que não o fracasso, por transformar um problema complexo caracterizado por muitos fatores – como acesso, distribuição, custo ou mesmo preferência de alimentos – em um ou dois genes inseridos em plantas.[68]

O professor critica as avaliações de risco dos pedidos de liberação comercial de plantas transgênicas no Brasil, as quais possuem marcas de simplificação, baixa qualidade científica, amplitude reduzida e não publicação de resultados, em resumo – de pouca ciência.[69] É evidente a quem interessa o reforço

---

[67] Ibid., p. 42.
[68] Ibid., p. 45.
[69] NODARI, Rubens Onofre. "Calidad de los análisis de riesgo e inseguridad de los transgénicos para la salud ambiental y humana." *Revista Peruana de Medicina Experimental y Salud Pública*, v. 26, p. 74-82, 2009. Disponível em:

desse modelo: empresas transnacionais, que têm pressa na aprovação de seus produtos e disponibilização no mercado.

Para Rubens Onofre Nodari, as empresas que desenvolvem plantas transgênicas para fins comerciais realizam de fato estudos cuja qualidade científica é discutível. Um exemplo emblemático, dos muitos casos enumerados pelo professor, são os estudos aportados à CTNBio[70] para a liberação do milho transgênico Mon 810 (Processo 01200.002925/99-54).[71]

---

<http://www.ins.gob.pe/insvirtual/images/artrevista/pdf/rpmesp2009.v26.n1.a15.pdf>. Acesso em: 21 jul. 2016.

[70] "A CTNBio Comissão Técnica Nacional de Biossegurança é a instância decisória no tema dos organismos transgênicos. O órgão é ligado ao Ministério da Ciência e Tecnologia e composto por 27 integrantes, todos necessariamente doutores. Desses 27 membros, 12 representam o campo acadêmico e são indicados pela SBPC e Academia Brasileira de Ciências, 9 são representantes de ministérios e os 6 demais são representantes da sociedade civil. Apenas 14 votos são necessários para a liberação comercial de qualquer produto transgênico. Esse quórum é facilmente atingido, tendo em vista que o histórico das decisões da comissão indica que os 12 especialistas da academia tendem a votar favoravelmente às liberações, assim como os representantes dos Ministérios da Agricultura e da Ciência e Tecnologia. Essa composição que assegura os 14 votos isola, por exemplo, as posições não só dos representantes da sociedade civil como também de ministérios como os do Meio Ambiente, Saúde e do Desenvolvimento Agrário.
Além da CTNBio como instância decisória sobre biossegurança, a Lei n. 11.105/2005 criou também o CNBS-Conselho Nacional de Biossegurança, órgão composto por 11 ministros de Estado e presidido pela Casa Civil da Presidência da República. Sua atribuição seria a de avaliar aspectos socioeconômicos e de oportunidade e conveniência das liberações de transgênicos para o país. Na prática, este espaço não tem operado, fazendo com que a CTNBio delibere autônoma e isoladamente sobre temas relativos à saúde, meio ambiente e agricultura. A ausência de uma instância superior de cunho político fragiliza o processo de tomada de decisão e transfere esse poder para técnicos da área da biotecnologia." Fonte: AS-PTA, 28 de agosto de 2013. Disponível em: <http://pratoslimpos.org.br/?p=6197>. Acesso em: 27 jul. 2016.

[71] "Dois dos estudos, um com a vespa Brachymeria intermédia (Himenóptero) e outro com a joaninha (Hippodamia convergens), foram feitos com apenas duas repetições de 25 insetos. O primeiro com sete dias e o segundo com nove dias de duração de exposição à toxina produzida pelo gene Cry1Ab. Este caso exibe um duplo reducionismo. De um lado, o reducionismo científico e descontextualizado, por meio de um ensaio com apenas duas repetições de 25 insetos expostos a um perigo por 7 ou 9 dias, de modo isolado e não no âmbito de uma cadeia trófica.

161

Tratou-se de um ensaio com apenas duas repetições à exposição de curtíssimo prazo de insetos de modo isolado e não no âmbito de uma cadeia trófica, somado a isso, o caráter sigiloso dos estudos que "impossibilita que a comunidade científica tome conhecimento dos resultados ou mesmo os valide ou rejeite, por meio da realização de novos ensaios". É a tradução pragmática do reducionismo científico e descontextualizado somado a um perigoso desrespeito ao direito à informação e participação (princípios esses tão reforçados no direito humano à alimentação adequada).

Em artigo escrito coletivamente, diversos cientistas e professores de renome no Brasil denunciam o descaso ao princípio da precaução ocorrido no interior da CTNBio. Segundo as referências nacionais no tema de transgenia:

> A correlação de forças ali estabelecida transmuta aquela comissão, de instância governamental responsável pela análise de biorriscos, em unidade operativa a serviço dos proponentes da tecnologia. Na medida em que repercute argumentos produzidos pelas equipes de *marketing* das empresas e aprova todas suas solicitações, desprezando estudos que apontam no sentido contrário, a CTNBio não apenas valida os argumentos de inocuidade "no limite do conhecimento atual" professado pelo grupo majoritário como transfere ao poder público e, assim sendo, para toda a sociedade a responsabilidade pelas consequências e pelos problemas eventualmente advindos das liberações comerciais mal avaliadas. Ao não exigir informações complementares, ao tolerar o descumprimento das normas legais, ao aceitar estudos frágeis, incompletos, insuficientes

---

Isto impede que qualquer resultado seja considerado conclusivo do ponto de vista científico. De outro lado, a não publicação dos resultados impossibilita que a comunidade científica tome conhecimento dos resultados ou mesmo os valide ou rejeite, por meio da realização de novos ensaios. Contudo, órgãos governamentais (ex.: CTNBio) têm aceito como científicos tais tipos de estudos que dificilmente estudantes de iniciação científica teriam coragem de realizar." NODARI, Rubens Onofre, op. cit., 2011, p. 54.

ou mesmo claramente comprometidos com os interesses em pauta, e gerados pelas próprias empresas, a CTNBio tem colocado em risco sua própria idoneidade, desrespeitando normas legais e as recomendações da boa ciência.[72]

Conforme denuncia o grupo de especialistas, com fortes argumentos probatórios, a CTNBio tem utilizado o *princípio da equivalência substancial* como argumento final e absoluto em suas decisões de autorização do uso comercial de OGMs. Tal princípio dita que, se um alimento geneticamente modificado for quimicamente similar ao seu equivalente natural, não haveria riscos à saúde, sendo aceitável para uso comercial. Trata-se novamente de um reducionismo científico, pois a segurança dos OGMs deveria ser comprovada por análises de diversas lógicas, como testes biológicos, toxicológicos, imunológicos, entre outros. Entretanto, os pesquisadores ainda apontam que, além da CTNBio restringir-se à comprovação de equivalência, esta se apoia na aceitação de testes insuficientes, inadequados e por vezes descabidos – e quando os próprios testes apontam contradições, estes são desconsiderados ou interpretados como irrelevantes.[73]

Importante notar que a "ausência de evidência não pode ser tomada como evidência da ausência".[74] Uma vez que a visão reducionista não busca conhecer as ameaças, a observância

---

[72] ZANONI, Magda; MELGAREJO, Leonardo; NODARI, Rubens; DAL'SOGLIO, Fabio Kessler; KAGEYAMA, Paulo; FERRAZ, José Maria; BRACK, Paulo; SILVA, Solange Teles da; CHOMENKO, Luiza; DEFFUNE, Geraldo. "O biorrisco e a Comissão Técnica de Biossegurança: lições de uma experiência." In: ZANONI, Magda; FERMENT, Gilles (Org.), op. cit., p. 278.

[73] ZANONI, Magda; MELGAREJO, Leonardo; NODARI, Rubens; DAL'SOGLIO, Fabio Kessler; KAGEYAMA, Paulo; FERRAZ, José Maria; BRACK, Paulo; SILVA, Solange Teles da; CHOMENKO, Luiza; DEFFUNE, Geraldo, op. cit., 2011, p. 280.

[74] NODARI, Rubens Onofre, op. cit., 2011, p. 56.

ao princípio da precaução fica prejudicada na tomada de decisão, mesmo diante das incertezas. Assim, Rubens Onofre Nodari reforça a indispensabilidade de uma análise criteriosa de risco para a liberação do plantio e consumo em larga escala de plantas transgênicas, respaldada em estudos de impacto ambiental, situações de riscos à saúde humana, bem como em implicações socioeconômicas e culturais, com a utilização da estratégia holística e não reducionista/descontextualizada.[75]

Hugh Lacey enfatiza a importância da análise de riscos socioeconômicos do cultivo de plantas transgênicas, o que no atual contexto não ocorre.

> Os transgênicos não são apenas objetos biológicos, mas também socioeconômicos: são, na maior parte, mercadorias ou detentores de direitos de propriedade intelectual. Não levar em consideração o contexto socioeconômico impede que os benefícios, os riscos e as alternativas sejam investigados de forma apropriada. Embora as pesquisas moleculares e biotecnológicas subjacentes ao desenvolvimento e à implementação da tecnologia de transgênicos sejam indispensáveis à investigação, não são suficientes, pois estão alienadas dos seus contextos.[76]

O processo agrícola atual encontra-se majoritariamente subordinado ao agronegócio, tornando a fonte mundial de alimento submissa aos interesses do lucro e acúmulo do capital. Como consequências disso, efeitos adversos impactam nos agroecossistemas sustentáveis, quais sejam, o

> desestímulo à pesquisa e ao desenvolvimento de outras formas de agricultura (por exemplo, agroecologia) que são particularmente

---

[75] Ibid., p. 60.
[76] LACEY, Hugh. "Há alternativas ao uso de transgênicos?" *Novos estudos, Cebrap*, n. 78, São Paulo, jul. 2007, p. 32.

apropriados para atender às necessidades de fazendeiros pobres de pequena escala e de suas comunidades.[77]

A visão reducionista desconsidera a existência de formas alternativas de agricultura, com alto potencial produtivo e socialmente desejáveis, que, se analisadas de forma comparativa com a lógica de produção vigente, envolveriam menos efeitos colaterais à saúde, ao ambiente e à sustentabilidade.

Hugh Lacey também chama atenção para a influência dos valores na discussão acerca dos OGMs. Para o filósofo, os valores são integrais à controvérsia sobre OGMs, envolvendo argumentos pró e contra ligados a visões morais radicalmente diferentes e incompatíveis:

> O argumento pró é ligado com valores que integram as instituições e práticas atuais do mercado global (assim como concepções do desenvolvimento econômico como "modernização"). Por exemplo: individualismo, propriedade privada e lucros, o mercado e as iniciativas privadas, a crescente "comoditificação", liberdade individual e eficiência econômica, leis que favorecem a riqueza e o privilégio do rico com relação a desenvolver inovações socioeconômicas, democracia eleitoral formal, a primazia de direitos civil/político. O argumento contra é ligado a valores de sustentabilidade ambiental, manutenção da biodiversidade, cuidado ao enfrentar riscos à saúde, e, especial, aqueles valores expressos (por exemplo) no Fórum Mundial Social, prestigiando a "participação popular" em contraste (item por item) com a lista acima: a solidariedade em equilíbrio com a autonomia individual, bens sociais, o bem-estar de todos, liberação humana e fortalecimento da pluralidade e diversidade dos valores, prioridade elevada aos direitos dos pobres e à importância de suas iniciativas, democracia enriquecida com

---

[77] Id. "OGMs: A estrutura da controvérsia." *ComCiência, Revista Eletrônica de Jornalismo Científica* [*on-line*], 10 maio 2002. Disponível em: <http://comciencia.br/reportagens/transgenicos/trans12.htm>. Acesso em: 21 jul. 2016.

mecanismos participativos, um equilíbrio apropriado de direitos civil/político com direitos econômico/social/cultural.[78]

No entanto, Hugh Lacey alerta que "a visão moral não basta para legitimar uma ou outra posição no uso de OGMs", sendo que a pesquisa que pode levar ao consenso deve ser a chave para resolver a controvérsia. E qual o modo apropriado de conduzir essa pesquisa? Para o filósofo, a ética e a filosofia da ciência estão profundamente atreladas; por exemplo, aqueles que adotam os valores de "participação popular" têm interesse em desenvolver pesquisas conduzidas sob estratégias agroecológicas (mas não são apenas tais valores morais que causam interesse à tal pesquisa):

> a própria ciência tem um interesse, que é fundamental para os mesmos objetivos da ciência, de que nenhum dizer sobre o mundo, incluindo aqueles da forma *Não há...* seja aceito sob a autoridade da ciência, a menos que passe no rigor de testes empíricos.

A ciência teria este interesse, mesmo se as circunstâncias necessárias para o satisfazer (por exemplo, apoiar a agroecologia em desenvolvimento) estejam em tensão com a pressão de políticas e projetos neoliberais e mesmo que essa pressão seja considerada efetivamente irresistível.[79]

Observamos, portanto, uma dicotomia na lógica de produção que se reflete no modo como a ciência é exercida. Hugh Lacey delineia essa dicotomia com destreza explicativa no quadro[80] que reproduzimos a seguir:

---

[78] Ibid.
[79] Ibid.
[80] LACEY, Hugh. "Crescimento econômico, meio ambiente e sustentabilidade." *Mercado ético* [*on-line*], 23 de julho de 2009. Disponível em: <http://mercado etico.terra.com.br/?p=11512&preview=true>. Acesso em: 05 set. 2013.

| | Crescimento econômico priorizado em relação à sustentabilidade social e ambiental | Novo equilíbrio buscado entre atividade econômica e sustentabilidade |
|---|---|---|
| Valores da ciência: Objetividade (O), Neutralidade (N), Autonomia (A) | Subordinado a interesses comerciais. N enfraquecida, A não é uma opção, O ameaçada. | O fortalecida; possivelmente aproxima-se mais de N; A reinterpretada de forma a se tornar uma opção. |
| Metodologia | Abordagem descontextualizada usada quase exclusivamente. | Pluralismo metodológico; estratégias escolhidas para se "encaixar" ao objeto de investigação, e não por causa da possibilidade de redução àquelas incluídas na abordagem descontextualizada. |
| Prioridades de pesquisa | Inovações tecnocientíficas, sua multiplicação e implementação – assim como pesquisa "fundamental" realizada na abordagem descontextualizada. | Causas da devastação social e ecológica e barreiras a práticas sustentáveis; obter conhecimento que possa ajudar em práticas sustentáveis – sem rejeitar um lugar para a pesquisa "fundamental" conduzida dentro da abordagem descontextualizada. |
| Valores sociais | Valores do progresso tecnológico, interpretados tendo em vista os valores do capital e do mercado. | Valores de sustentabilidade social e ecológica, que podem ser interpretados tendo em vista os valores de movimentos sociais que desafiam concepções de desenvolvimento que enfatizam o crescimento per se, e as várias perspectivas de valores que interpretam o objetivo de participação popular. |
| Perspectiva/ Modo de vida | Buscar soluções tecnocientíficas, inclusive para os aspectos da crise ambiental atual como o aquecimento gobal. Não há alternativas – à tecnociência, àquilo que é permitido dentro da trajetória do capital e do mercado. O "crescimento sustentável" é necessário. | A ênfase em soluções tecnocientíficas não é científica. Que alternativas pode haver é uma questão aberta à investigação empírica, cujas estratégias estão ligadas aos valores da sustentabilidade e participação. Substituir o foco em "crescimento sustentável" por arranjos onde um equilíbrio "melhor" é possível entre a sustentabilidade e a atividade econômica. |
| Ética | Princípio da pressuposição da legitimidade das inovações tecnocientíficas. | Princípio da precaução. |
| Espaço de alternativas | Limitado àquelas possibilidades que poderiam ser realizadas na trajetória de sistemas econômicos que enfatizam o crescimento econômico. | Identificado com uma visão que permita uma incorporação mais completa de O, N, A. |

Podemos concluir que o caminho pelo qual a ciência está sendo conduzida – e por consequência o sistema produtivo alimentar – obedece mais aos valores do capital e do mercado, em detrimento aos da sustentabilidade. Após todas as considerações tecidas acerca do sistema produtivo alimentar baseado na transgenia, cumpre-nos revisitar as premissas da sustentabilidade inicialmente listadas:

- *Premissa n. 1*: A sustentabilidade depende necessariamente do enfrentamento aos problemas ambientais, bem como aos de ordem social, cultural, econômica, territorial e política.

- *Premissa n. 2*: A sustentabilidade deve ser fundada na concretização da dignidade da pessoa humana, no desenvolvimento nacional, na erradicação da pobreza e da marginalização, na redução das desigualdades sociais e regionais, na promoção do bem de todos e na visão holística e transversal do meio ambiente.

- *Premissa n. 3*: A garantia da sustentabilidade na segurança alimentar e nutricional depende da erradicação da pobreza por meio de um desenvolvimento não pautado no mero crescimento econômico, mas sim na ampliação das capacidades humanas.

- *Premissa n. 4*: O conceito de sustentabilidade extraído do paradigma ambiental incorpora o princípio da solidariedade e, com isso, reforça a prevalência dos bens de esfera coletiva em relação aos individuais, de forma que a propriedade pode e deve ser limitada por sua função social e por seu impacto ambiental.

- *Premissa n. 5*: Sustentabilidade pressupõe a aplicação dos princípios da precaução e prevenção, tendo em vista a proteção quanto aos danos possíveis e plausíveis aos seres humanos, ao ambiente, à vida e saúde e aos direitos humanos.

Ao revisar as premissas da sustentabilidade por nós listada, não identificamos no atual modelo produtivo pautado na tecnologia transgênica os critérios essenciais que entendemos compor o conceito de sustentabilidade. Verificamos, em contrapartida, um modelo pautado em abordagem descontextualizada, centrado na concentração de riquezas e na lucratividade das grandes corporações, sem levar em consideração o princípio da solidariedade. Observa-se o império dos bens individuais em detrimento dos bens de esfera coletiva (uma vez que os transgênicos em sua maioria são *commodities* patenteadas, envolvidas em reivindicações de direitos de propriedade intelectual) e a desconsideração do princípio da precaução. Podemos concluir que a produção de alimentos pautada no atual sistema de transgenia não é um modelo sustentável, ferindo, portanto, os ditames do direito humano à alimentação adequada construídos e requeridos pela sociedade.

Resta-nos investigar qual modelo produtivo alimentar, com base em pesquisa científica conduzida sob um pluralismo de estratégias que permitem investigação empírica das dimensões ecológicas, experienciais, sociais e culturais de fenômenos e práticas, podemos apresentar como alternativa propriamente alinhada aos ditames da sustentabilidade.

Diante do questionamento sobre quais métodos agrícolas poderiam ser sustentáveis e suficientemente produtivos (quando acompanhados por métodos viáveis de distribuição) para responder às necessidades de alimentação e nutrição de toda a população mundial no futuro próximo, Hugh Lacey nos indica, como alternativa concreta, a agroecologia.[81]

## Agroecologia e a concretização do DHAA

Tendo como base uma minuciosa revisão da literatura científica recente, o relator especial sobre o direito à alimentação, Olivier de Schutter, identifica a agroecologia como meio de desenvolvimento agrícola capaz de contribuir para a concretização do direito humano à alimentação adequada. No relatório anual[82] apresentado ao Conselho dos Direitos Humanos, o relator especial defende a necessidade da reorientação da agricultura, de forma que os meios de produção sejam ambientalmente mais sustentáveis e socialmente justos.

Um dos primeiros pontos frisados no relatório é que "o aumento na produção de alimentos é condição necessária, mas não suficiente para satisfazer as necessidades futuras". Olivier de Schutter esclarece a premência de medidas de garantia de maior renda e melhores condições de vida para os mais pobres – particularmente agricultores que praticam agricultura de pequena escala em países em desenvolvimento, para que haja avanço significativo no combate à fome e à desnutrição.

A agroecologia traz uma mudança de paradigmas: onde antes se concentrava em "aperfeiçoar" sementes pela tecnologia da transgenia e insumos para o aumento da produtividade – replicando o modelo de processos industriais nos

---

[81] Ibid.
[82] CAISAN (Câmara Interministerial de Segurança Alimentar e Nutricional). Conselho de Direitos Humanos. Décima sexta sessão. Item 3 da agenda Promoção e proteção de todos os direitos humanos, direitos civis, políticos, econômicos, sociais e culturais, inclusive o direito ao desenvolvimento. Relatório apresentado pelo relator especial sobre direito à alimentação, Olivier de Schutter. Brasília, DF: MDS, 2012.

quais insumos externos servem para produzir os resultados em um modelo de produção linear –, agora, com a proposta da agroecologia, se quebra essa lógica, concentrando-se em aperfeiçoar a sustentabilidade dos agroecossistemas imitando a natureza e não a indústria.[83] Vejamos a definição que Olivier de Schutter nos traz sobre a agroecologia:

> 12. A agroecologia é tanto uma ciência quanto um conjunto de práticas. Ela foi criada pela convergência de duas disciplinas científicas: agronomia e ecologia. Como uma ciência, a agroecologia é a "aplicação da ciência ecológica ao estudo, projeto e gestão de agroecossistemas sustentáveis". Como um conjunto de práticas agrícolas, a agroecologia busca maneiras de aperfeiçoar os sistemas agrícolas imitando os processos naturais, criando, portanto, interações biológicas benéficas e sinergias entre os componentes do agroecossistema. Ela apresenta as condições de solo mais favoráveis para o crescimento das plantas, particularmente pela gestão de matéria orgânica e pelo aumento na atividade biótica do solo. Dentre os princípios básicos da agroecologia destacam-se: a reciclagem de nutrientes e energia nas propriedades agrícolas, em vez da introdução de insumos externos; integrar cultivos agrícolas e a pecuária; diversificar as espécies e os recursos genéticos dos agroecossistemas no tempo e espaço; e concentrar-se em interações e produtividade em todo o sistema agrícola e não se concentrar em espécies individuais. A agroecologia faz um uso altamente intensivo do conhecimento, baseado em técnicas que não são transmitidas a partir dos níveis superiores, mas desenvolvidas com base no conhecimento e na experimentação dos agricultores.

De acordo com o *Marco referencial em agroecologia* da Embrapa, o termo agroecologia demarca um "novo foco de necessidades humanas, qual seja, o de orientar a agricultura

---

[83] Ibid., p. 16.

à sustentabilidade, no seu sentido multidimensional", e acrescenta que a agroecologia se concretiza quando, simultaneamente, cumpre com os ditames da sustentabilidade econômica (potencial de renda e trabalho, acesso ao mercado), ecológica (manutenção ou melhoria da qualidade dos recursos naturais e das relações ecológicas de cada ecossistema), social (inclusão das populações mais pobres e segurança alimentar), cultural (respeito às culturas tradicionais), política (organização para a mudança e participação nas decisões) e ética (valores morais transcendentes).[84]

A agroecologia caminha lado a lado com os conceitos de agricultura orgânica e agricultura familiar. O Banco Mundial já apresentou estudos demonstrando que a agricultura familiar é pelo menos duas vezes mais eficaz para reduzir a pobreza do que o crescimento de qualquer outro setor, principalmente em países com uma distribuição mais justa da terra.[85] Considera-se agricultor familiar aquele que pratica atividades no meio rural de acordo com determinado limite de área, utiliza mão de obra da própria família, a renda familiar é originada de atividades econômicas do estabelecimento, a direção do estabelecimento ocorre com sua família (Lei Federal n. 11.947/2009).[86]

Por sua vez, a agricultura orgânica[87] é um conjunto de sistemas de produção agrícola que, entre outras coisas, não

---

[84] Embrapa (Empresa Brasileira de Pesquisa Agropecuária). *Marco referencial em agroecologia*. Brasília: Embrapa Informação Tecnológica, 2006, p. 22-23.
[85] AZEVEDO, Eliane de; RIGON, Silvia do Amaral, op. cit., p. 552.
[86] BORGES, Ana Flávia. GOMES, Fernanda Freire Ferreira. *Parceria entre consumidores e produtores na organização de feiras*. São Paulo: Instituto Kairós, 2011, p. 6.
[87] A agricultura orgânica vem definida da seguinte forma na Lei n. 10.831, de 23 de dezembro de 2003: "art. 1º Considera-se sistema orgânico de produção agropecuária todo aquele em que se adotam técnicas específicas, mediante a otimização do uso dos recursos naturais e socioeconômicos disponíveis e o respeito à integridade

permite o uso de substâncias que coloquem em risco a saúde de consumidores, trabalhadores e o meio ambiente. Além disso, partem do respeito às leis ambientais e às boas relações com os trabalhadores e não utilizam substâncias proibidas pela legislação de orgânicos (Decreto n. 6.323 que regulamenta a Lei dos Orgânicos n. 10.831/2003), como agrotóxicos, fertilizantes minerais solúveis, hormônios, antibióticos e outros medicamentos, além dos produtos geneticamente modificados.[88]

A agroecologia, por ser uma ciência holística e interdisciplinar que objetiva o desenvolvimento sustentável da agricultura, segue as normas de produção orgânica e leva em conta os seguintes aspectos:

- *ambiental*: os produtores realizam o manejo ecológico da produção de acordo com os recursos naturais disponíveis com o mínimo de impacto na natureza e em sua biodiversidade; busca-se diversificar e integrar a produção de espécies vegetais e animais com o objetivo de criar ecossistemas mais equilibrados;

---

cultural das comunidades rurais, tendo por objetivo a sustentabilidade econômica e ecológica, a maximização dos benefícios sociais, a minimização da dependência de energia não renovável, empregando, sempre que possível, métodos culturais, biológicos e mecânicos, em contraposição ao uso de materiais sintéticos, a eliminação do uso de organismos geneticamente modificados e radiações ionizantes, em qualquer fase do processo de produção, processamento, armazenamento, distribuição e comercialização, e a proteção do meio ambiente".

[88] "A agricultura familiar é responsável pelos principais produtos que chegam à mesa dos brasileiros (cerca de 90% da mandioca e 2/3 do feijão, do leite e dos suínos). Além disso, no mínimo 30% dos gastos com gêneros alimentícios para alimentação escolar devem ser gastos com produtos da agricultura familiar (Lei Federal n. 11.947/2009)." BORGES, Ana Flávia. GOMES, Fernanda Freire Ferreira, op. cit., p. 6.

- *social*: promove a valorização da agricultura familiar e da qualidade de vida de todos os atores da cadeia (do produtor ao consumidor), no campo e na cidade;
- *econômico*: tem como base estimular uma comercialização justa e solidária;
- *cultural*: valoriza o conhecimento e a experiência de cada agricultor e a cultura local.[89]

Na agroecologia, a agricultura familiar está no centro dos processos produtivos. Essa ciência dá grande ênfase à noção de desenvolvimento na perspectiva local e na sua repercussão ambiental (menor custo energético e menor uso de insumos), cultural (territorialidade dos hábitos alimentares) e para a saúde (baixa toxicidade para trabalhadores e consumidores e maior qualidade nutricional dos alimentos orgânicos).[90]

Importante notar, no entanto, a distinção conceitual entre agroecologia e agriculturas ecológicas (variedade de manifestações do que vinha sendo tratado como agriculturas alternativas, por exemplo, a agricultura natural, a agricultura orgânica, a agricultura biológica, a agricultura biodinâmica, a permacultura, entre outras). A distinção reside no fato de que nem sempre essas vertentes aplicam plenamente os princípios da agroecologia, podendo estar orientadas quase que exclusivamente aos nichos de mercado, relegando a um segundo plano as dimensões ecológicas e sociais, onde se observam: simplificação dos manejos, baixa diversificação dos elementos dos sistemas produtivos, baixa integração entre tais elementos, especialização da produção sobre poucos produtos, simples substituição de insumos químicos e biológicos e exígua

---

[89] Ibid., p. 6.
[90] AZEVEDO, Eliane de; RIGON, Silvia do Amaral, op. cit., p. 553.

preocupação com a inclusão social e criação de alternativas de renda para os agricultores mais pobres.[91]

Olivier de Schutter analisa certas dimensões pelas quais a agroecologia contribui para a realização progressiva do direito humano à alimentação, quais sejam:[92]

a) *Dimensão da disponibilidade:* "A agroecologia aumenta a produtividade no nível do campo". Para embasar essa afirmação, Olivier de Schutter nos traz diversos exemplos constatados em Tanzânia, Malawi, Moçambique, Zâmbia e Quênia, que, em suma, são experiências que envolvem ampla gama de técnicas baseadas na perspectiva agroecológica, cujas "abordagens envolvem a manutenção ou introdução de biodiversidade agrícola (diversidade de culturas, pecuária, agrofloresta, pesca, polinizadores, insetos, biota do solo e outros componentes que ocorrem nos e em relação aos sistemas de produção) para atingir os resultados desejados na produção e sustentabilidade".

b) *Dimensão da acessibilidade:* "A agroecologia reduz a pobreza rural". Para sustentar essa afirmação, Olivier de Schutter exemplifica com casos nos quais a agroecologia reduziu a dependência dos agricultores a insumos externos, fazendo com que os pequenos proprietários dependam menos dos varejistas e atravessadores locais. O autor aponta como uma das principais razões da manutenção da renda nas áreas rurais a promoção da fertilização nas áreas agrícolas, sem a necessidade de adição de fertilizantes minerais (através de técnicas

---

[91] Embrapa, op. cit., p. 24.
[92] CAISAN, op. cit., p. 18-26.

como aplicação de esterco de gado ou adubação verde, cultivo de árvores fixadoras de nitrogênio no solo, entre outras).

c) *Dimensão da adequação:* "A agroecologia contribui para melhorar a nutrição". A melhoria da nutrição dá-se principalmente pelo estímulo à diversificação ocasionado pela agroecologia. O modelo da "Revolução Verde" concentra-se nas monoculturas de cereais, tais como arroz, trigo e milho, que contêm relativamente pouca proteína e poucos dos outros nutrientes essenciais para dietas adequadas. Essa simplificação dos sistemas de cultivo baseados em cereais contribuiu para uma das formas de desnutrição: a de micronutrientes.[93] Por esse motivo, nutricionistas apontam a necessidade de agroecossistemas mais diversificados.

d) *Dimensão da sustentabilidade:* "A agroecologia contribui para a adaptação à mudança climática". O relator especial sobre o direito à alimentação traz diversos exemplos nos quais o uso de técnicas agroecológicas gerou um amortecimento significativo dos impactos negativos causados pelos fenômenos meteorológicos provenientes das mudanças climáticas. Conclui-se que a resiliência é fortalecida pelo uso e promoção da biodiversidade agrícola no ecossistema. Além disso, destaca-se que, ao se diversificarem os cultivos, há uma diversidade genética nos campos capaz de melhorar a resistência de culturas a doenças, bem como à invasão de novas pragas e ervas daninhas. Por fim, o relator conclui que a agroecologia estimula a desvinculação da produção de alimentos da dependência da energia fóssil (petróleo e gás),

---

[93] Ibid., p. 16.

sendo, por isso, um importante atenuante às mudanças climáticas.

e) *Dimensão da participação dos agricultores*: conforme aponta o relator, a agroecologia tem sido principalmente desenvolvida por organizações de base e ONGs, e tem se espalhado através das escolas rurais de agricultores e de movimentos de agricultores,[94] em que eles participam do sistema e não são meros receptores de treinamentos.

O Grupo de Ciência Independente ainda lista uma série de contribuições da agricultura sustentável em comparação com as técnicas de uso de transgenia e agrotóxicos, quais sejam:

- *Maior produtividade e rendimento, especialmente no Terceiro Mundo:* diante da comum crítica de que a agricultura orgânica apresentaria baixos rendimentos se comparada à monocultura convencional, o Grupo de Ciência Independente contra-argumenta que tal consideração é equivocada, pois não considera os custos da monocultura convencional em relação à degradação da terra, da água, e da biodiversidade. O Grupo ainda cita pesquisas em diversos lugares do mundo que demonstram que as pequenas propriedades são de duas a dez vezes mais produtivas por hectare do que as grandes propriedades rurais.[95] Além disso, são citados estudos

---

[94] Alguns exemplos são: movimento Campesino a Campesino na América Central; A Via Campesina e a AgriCultures Network (anteriormente denominada LEISA) globalmente; Réseu des Organisations Paysannes et des Producteurs Agricoles de l'Afrique de l'Ouest (ROPPA), Eastern & Southern Africa Farmer's Forum (ESAFF) e rede PELUM (Participatory Ecological Land Use Management) na África, rede MASIPAG nas Filipinas (Magsasaka at Siyentista Tung sa Pag-unlad ng Agrikultura) ou Assessoria e Serviços a Projetos em Agricultura Alternativa (AS-PTA) e Movimento dos Trabalhadores Sem-Terra (MST) no Brasil.
[95] GRUPO DE CIÊNCIA INDEPENDENTE, op. cit., p. 115.

de longo prazo em países industrializados cujos rendimentos de colheitas de lavouras orgânicas foram equivalentes aos rendimentos de lavouras da agricultura convencional, e em certos casos, superiores.[96, 97]

- *Melhores solos:* constata-se que as práticas agrícolas sustentáveis reduzem a erosão e podem manter ou aumentar a fertilidade do solo (estudos que demonstram níveis mais elevados de matéria orgânica e de nitrogênio nas lavouras orgânicas em relação às convencionais, e maior atividade biológica).

- *Melhor segurança alimentar e benefícios para as comunidades locais:* além da constatação em diversos estudos do aumento da produção média de alimentos por núcleo familiar, observa-se a ampliação na disponibilidade de alimentos e o aumento da renda, com consequente diminuição da pobreza, redução da desnutrição e melhora da saúde e das condições de vida dos agricultores. Na agricultura sustentável há uma valorização do

---

[96] "Cerca de 8,98 milhões de agricultores em 28,92 milhões de hectares da Ásia, América Latina e África adotaram práticas agrícolas sustentáveis. Dados confiáveis de 89 projetos mostram maior produtividade e rendimentos: aumento de 50% a 100% nas colheitas de cultivos pluviais e de 5% a 10% nos cultivos irrigados. Entre as experiências mais bem sucedidas estão: Burkina Faso, que passou de um déficit na produção de cereais de 644 kg por ano para um superávit anual de 153 kg; Etiópia, em que 12.500 domicílios se beneficiaram de um aumento de 60% nas colheitas; e Honduras e Guatemala, onde 45.000 famílias aumentaram o rendimento de suas colheitas de 400-600 kg/ha para 2.000-2.500 kg/ha." GRUPO DE CIÊNCIA INDEPENDENTE, op. cit., p. 22-23.

[97] No mesmo sentido Hugh Lacey nos traz estudos que documentam como, em determinadas condições, a capacidade produtiva da agroecologia não é inferior às técnicas agrícolas convencionais ou baseadas em transgênicos. LACEY, Hugh. *A controvérsia sobre os transgênicos: questões científicas e éticas.* São Paulo: Ideias e Letras, 2006, p. 151-7.

conhecimento local e tradicional, enfatizando a capacidade de inovação dos agricultores.[98]

Vemos que essas constatações coadunam-se perfeitamente com as conclusões do relator especial sobre o direito à alimentação, o qual sugere em seu relatório que "a propagação das práticas agroecológicas pode aumentar simultaneamente a produtividade agrícola e a segurança alimentar, melhorar a renda e os meios de vida rural e reverter e conter a tendência de perda de espécies e erosão genética"[99] – fatores esses determinantes para a garantia da sustentabilidade, conforme viemos defendendo no decorrer da obra.[100]

A agroecologia é, portanto, a consubstanciação do pluralismo metodológico tão veementemente defendido pelo filósofo Hugh Lacey. Nessa ciência, os agroecossistemas são investigados tendo em vista o equilíbrio das seguintes aspirações: produtividade, integridade ecológica e preservação da biodiversidade, saúde social e fortalecimento das ações de populações locais,[101] e seus métodos são apropriados para a investigação de benefícios, riscos e alternativas – rompendo-se, portanto, com a ciência reducionista.

Notamos, no entanto, que a transição do modelo produtivo convencional para o modelo com bases agroecológicas depende fortemente de decisão e amparos políticos. O *Marco referencial para a agroecologia* bem ressalta esse aspecto:

---

[98] GRUPO DE CIÊNCIA INDEPENDENTE, op. cit., p. 27.
[99] CAISAN, op. cit.
[100] Ver "premissas da sustentabilidade".
[101] LACEY, Hugh. "Crescimento econômico, meio ambiente e sustentabilidade." *Mercado ético* [*on-line*], 23 jul. 2009. Disponível em: <http://mercadoetico.terra.com.br/?p=11512&preview=true>. Acesso em: 05 set. 2013.

Assim, há um conjunto de condições mais amplas a ser construído pela sociedade e pelo Estado para que a transição agroecológica possa se tornar realidade, tais como a expansão da consciência pública, a organização dos mercados e infraestruturas, as mudanças institucionais na pesquisa, ensino e extensão, a formulação de políticas públicas com enfoque agroecológico e as inovações referentes à legislação ambiental.[102]

Enfatizamos aqui o fator "expansão da consciência pública" entendendo o público não só como a sociedade, mas também como representantes da sociedade nos governos. O ponto fundamental para a consolidação de uma transição ao modelo agroecológico com base na sustentabilidade depende inicialmente de uma tomada de consciência pública para a priorização de políticas viabilizadoras. Somente assim mercados e infraestruturas serão organizados, pesquisa, ensino e extensão serão reorientados, políticas públicas serão definidas e legislações alteradas. Apontamos, portanto, como ponto de partida, a necessidade de uma "alfabetização ecológica" para o "desenvolvimento da ética do cuidado", como diria Leonardo Boff, ou da "educação" para a obtenção da solidariedade no sentido ético, conforme lição de Elza Boiteux.

Mercados, governos e sociedade necessitam educar-se sobre a lógica da sustentabilidade para promover ações que a concretizem. Digo "educar-se", pois o ato de educar não vem de fora, parte dos próprios setores da sociedade, mercado e governos, em um processo educativo constante que tende a se expandir, até tornar-se um valor prioritário a ser defendido.

Nessa dinâmica, os consumidores-cidadãos apresentam função de extrema importância, por sua capacidade de reorientação das lógicas de mercado e das lógicas de Governo.

---

[102] Embrapa, op. cit., p. 29.

Sobre isso, trazemos reflexão do ilustre professor Paulo Freire sobre direitos humanos e educação libertadora em Conferência realizada em 1988 na Faculdade de Direito da USP, no Largo São Francisco:

Enquanto eu falava disso aqui, deste direito de mudar o mundo, que passa pelo direito de mudar a produção, o ato produtivo, o direito de ingerir no processo da produção, o direito de dizer não, não é isso que se tem que produzir, o direito de negar a certas minorias gananciosas que produzam o que a elas lhes parece bom produzir, por isso é que a educação ligada aos direitos humanos, nesta perspectiva que passa pela compreensão das classes sociais, tem que ver com educação e libertação e não com liberdade apenas.[103]

Passaremos a analisar, portanto, de que forma a sustentabilidade pode existir no ato do consumo e como pode ser influenciada pelos consumidores.

---

[103] FREIRE, Paulo. "Direitos humanos e educação libertadora." In: FREIRE, Paulo; FREIRE, Ana Maria Araújo (Org.). *Pedagogia dos sonhos possíveis*. São Paulo: Unesp, 2001, p. 100.

Capítulo 9
# Consumo e sustentabilidade

Resta-nos a questão: como conciliar o consumo com o conceito de sustentabilidade, tendo em vista seus elementos constitutivos, tais como a solidariedade e os valores ambientais? As últimas décadas têm sido marcantes no sentido de propor uma nova lógica de consumo. Resultado da Rio-92, a Agenda 21 explicita a problemática dos padrões insustentáveis de produção e consumo e sua relação com o agravamento da pobreza:

> Enquanto a pobreza tem como resultado determinados tipos de pressão ambiental, as principais causas da deterioração ininterrupta do meio ambiente mundial são os padrões insustentáveis de consumo e produção, especialmente nos países industrializados. Motivo de séria preocupação, tais padrões de consumo e produção provocam o agravamento da pobreza e dos desequilíbrios (Capítulo 4 da Agenda 21).

As Diretrizes das Nações Unidas para a Proteção do Consumidor,[1] ampliadas em 1999, conclamam os Estados a protegerem os consumidores contra perigos para sua saúde e

---

[1] Nações Unidas. United Nations Guidelines for Consumer Protection (as expanded in 1999). New York: Department of Economic and Social Affairs, 2003. Disponível em: <http://www.un.org/esa/sustdev/publications/consumption_en.pdf>. Acesso em: 27 jul. 2016.

segurança e a promoverem padrões de consumo sustentável, entre outros objetivos. O consumo sustentável, conforme as diretrizes, seria aquele que atendesse plenamente as necessidades humanas, sem diminuir a capacidade do meio ambiente de responder às necessidades das futuras gerações. Nesse sentido, os governos deveriam adotar ou encorajar a adoção de políticas que atendam às necessidades de todos os cidadãos, ao mesmo tempo em que minimizassem a poluição e o uso inconsequente dos recursos naturais. Isso pode ser feito através de uma mistura de políticas como regulação, instrumentos sociais e econômicos, políticas setoriais e remoção de subsídios que promovam padrões insustentáveis de consumo e de produção.[2]

No relatório da Secretaria Geral das Nações Unidas "Consumer protection: guidelines for sustainable consumption",[3] define-se o consumo sustentável da seguinte forma:

> FF. Promoção do consumo sustentável
> FF1. Consumo sustentável significa satisfazer as necessidades de bens e serviços das gerações presentes e futuras de forma que sejam economicamente, socialmente e ambientalmente sustentáveis. Como o consumo sustentável depende da disponibilidade de bens do meio ambiente e serviços, está intimamente ligado à produção sustentável.
> FF2. Responsabilidade para o consumo sustentável é *compartilhada por todos os membros e organizações da sociedade*, com o governo, as empresas, organizações trabalhistas e de consumidores e

---

[2] Tradução livre da proposta da Consumers International para o *Background paper for the United Nations Inter-Regional Expert Group Meeting on Consumer Protection and Sustainable Consumption: New Guidelines for the Global Consumer*. Sao Paulo, Brazil. 28-30 January 1998. Disponível em: <http://www.un.org/documents/ecosoc/cn17/1998/background/ecn171998-consumer.htm>. Acesso em: 27 jul. 2016.
[3] Nações Unidas. E/CN.17/1998/5.

organizações ambientais que desempenham um papel particularmente importante [...].[4] (tradução e grifo nossos).

Percebe-se aí, mais uma vez, o aspecto da solidariedade em que a responsabilidade deve ser compartilhada por todos.

É importante esclarecer que o termo "consumo sustentável" é mais do que uma estratégia de ação individual ou coletiva a ser implementada pelos próprios consumidores. O termo "consumo sustentável" é determinado por um viés político, enfatizando as mudanças políticas, econômicas e institucionais para fazer com que os padrões e os níveis de consumo se tornem efetivamente mais sustentáveis.

A realização da sustentabilidade no consumo depende, assim, de vontade política, cooperação entre os diversos agentes sociais, setores privados, governamentais, bem como dos consumidores.

No aspecto mais particular do nível de ação individual ou coletiva dos consumidores, desenvolveram-se alguns termos como "consumo responsável", "consumo consciente" ou "consumo verde". Seriam como espécies do gênero maior que é o consumo sustentável.

O termo "consumo verde" seria

> aquele em que o consumidor, além de buscar melhor qualidade e preço, inclui em seu poder de escolha a variável ambiental, dando preferência a produtos e serviços que não agridam o meio

---

[4] *FF. Promotion of sustainable consumption.*
*FF1. Sustainable consumption means meeting the needs of present and future generations for goods and services in ways that are economically, socially and environmentally sustainable. Since sustainable consumption depends on the availability of environmentally sound goods and services, it is closely tied to sustainable production.*
*FF2. Responsibility for sustainable consumption is shared by all members and organizations of society, with Government, business, labour organizations, and consumer and environmental organizations playing particularly important roles [...].*

185

ambiente, tanto na produção quanto na distribuição, no consumo e no descarte final.[5]

Inegável a importância do consumidor de determinar mudanças nos padrões de produção através de suas escolhas e preferências; no entanto, a estratégia de consumo verde recebe algumas críticas, como o fato de não adentrar propriamente numa postura de não consumismo. Os pontos limitantes residem no fato de o mercado perceber um novo nicho de consumidores com poder aquisitivo para custear um estilo de vida de baixo impacto ambiental, enquanto a parcela da população com menor poder aquisitivo restaria apartada desse processo.[6]

Por sua vez, os termos "consumo responsável", "ético" ou "consciente" surgem como forma de inclusão das preocupações sociais (não se restringindo às preocupações ecológicas). Pablo Guerra, sociólogo e professor uruguaio, traz a definição de consumo responsável da seguinte forma:

> Es la incorporación de parámetros *éticos, solidarios y ecológicos* en los actos de consumo. Un consumidor responsable se pregunta por las condiciones sociales y ecológicas con que se producen los bienes expuestos en el mercado y se inclina por alguno de ellos justamente luego de discernir en estos términos. El consumo responsable también se identifica con cierta cuota de austeridad, intentando reducir los niveles de consumo sobre todo de aquellos productos o servicios que incorporan fuentes energéticas no renovables o que no agregan demasiado a nuestra calidad de vida[7] (grifos nossos).

---

[5] Consumers International/MMA/MEC/IDEC. "Consumo sustentável: manual de educação." Brasília, 2005. p. 18. Disponível em: <http://portal.mec.gov.br/dmdocuments/publicacao8.pdf>. Acesso em: 22 jul. 2016.
[6] Ibid., p. 18.
[7] GUERRA, Pablo. *Qué es el consumo responsable?* Cartilha n. 3, 2011 (Serie Kolping – Economía Solidaria).

A prática do consumo responsável pode ocorrer em diferentes esferas, começando pela esfera individual, por exemplo: repensar os hábitos de consumo com vistas a promover a sua saúde e a do meio ambiente; refletir sobre a real necessidade de um produto ou de um serviço antes de comprá-los; evitar a compra por impulso; buscar informações antes de adquirir um bem sobre a forma de produção – mão de obra, matéria-prima, tecnologia utilizada e seus impactos; ler rótulos e manuais de orientação de uso, buscando certificados e selos de origem dos produtos e formas de produção; analisar a qualidade, durabilidade e possibilidade de conserto do produto; opção por produtos que utilizem o mínimo de embalagem e que esta seja feita com material menos danoso possível ao meio ambiente; opção por produtos que apresentem preço justo ao produtor etc.[8] Esses e outros cuidados requerem uma consciência do bem comum que está em jogo quando é feita a escolha de consumo.

Fora a esfera individual, há ainda a possibilidade de atuação coletiva, através das cooperativas e grupos de compras coletiva, ecológica e solidária. A proposta de coletivizar as relações de consumo em grupos dessa natureza tem sido difundida, desde a década de 1980, pela criação de cooperativas de consumo cujo objetivo era reduzir o preço e aumentar o poder de negociação. Hoje a proposta expandiu-se de modo a incluir a busca por produtos ecológicos e solidários, de forma a proporcionar o exercício coletivo do consumo responsável em uma perspectiva de aproximação entre produtores e consumidores.

---

[8] BADUE, Ana Flavia Borges et al. *Manual pedagógico: entender para intervir. Por uma educação para o consumo responsável e o comércio justo*. São Paulo/Paris: Instituto Kairós/Artisans du Monde, 2005, p. 95.

## Ação política por meio do consumo

A cidadania, enquanto ação política, pode ser entendida genericamente como a possibilidade de colaborar, direta ou indiretamente, nos destinos da sociedade através da participação cívica. O conceito clássico da cidadania é extraído da antiguidade grega, quando os cidadãos debatiam seu destino coletivo na Ágora. Na modernidade, um exemplo mais imediato do exercício da ação política é o sufrágio de voto.

No entanto, Gilberto Dupas traça um diagnóstico da sociedade contemporânea (ou pós-moderna) apontando para um cenário de crise da civilidade e aversão do indivíduo à esfera pública:

> A crise da civilidade e a intensificação do narcisismo levam, assim, a uma emancipação do indivíduo de todo o enquadramento normativo, aversão à esfera pública e sua consequente degradação. A liberdade passa a ser percebida como possível unicamente na esfera privada e gera progressiva privatização da cidadania.[9]

Em contraposição ao cenário de descrença nas instituições políticas tradicionais, nasce um movimento não institucional do político. Enquanto na modernidade clássica o conceito de política era sinônimo de abandono da esfera privada para dedicação à esfera pública, atualmente, com a invasão do político na esfera privada, aponta-se para novas formas do exercício da ação política. Na medida em que há uma redução da participação pública nas esferas tradicionais, o conceito de política é ampliado, permitindo a incorporação de novas formas de participação cidadã, agora centradas também na

---

[9] DUPAS, Gilberto. *Tensões contemporâneas entre o público e o privado*. São Paulo: Paz e Terra, 2003, p. 15.

esfera privada.[10] É o que Ulrich Beck chama de "subpolítica da sociedade mundial",[11] ou seja, a cidadania exercida fora das esferas classificadas oficialmente como políticas, como na economia, na ciência, nos laboratórios técnicos e na própria vida privada. Seriam as novas formas de exercer a política em "lugares" sociais que antes se consideravam apolíticos.[12]

Paralelamente a esse diagnóstico, Ulrich Beck também atenta para o fato de que a questão ambiental enfrentada nos tempos modernos, com a conscientização da finitude dos recursos naturais, submete o mundo empresarial à escolha entre dois papéis antagônicos: o de herói ou colaborador da natureza; e o de vilão, destruidor da perspectiva de vida às futuras gerações.[13] Nesse universo maniqueísta, a opinião pública desempenha papel de juiz, e assim ganha força de intervenção nas fortalezas empresariais ao lado de governos e da administração.[14]

> La invasion de la economia por la ecologia abre la primera a la política. La industria y el mundo de los negocios se convierten en una empresa política en el sentido de que la configuración de la propia empresa – su política organizativa y de personal, el espectro de productos y el desarrollo de la producción, las inversiones tecnicas a gran escala y las estructuras organizativas – ya no puede desarrollarse a puerta cerrada so capa de limitaciones objetivas y del sistema. En vez de esto, todas estas actividades están rodeadas

---

[10] PORTILHO, Fátima; CASTAÑEDA, Marcelo; CASTRO, Inês Rugani Ribeiro de. "A alimentação no contexto contemporâneo: consumo, ação política e sustentabilidade." *Ciência & Saúde Coletiva*, Rio de Janeiro, v. 16, n. 1, janeiro de 2011. Disponível em: <http://www.scielo.br/scielo.php?script=sci_arttext&pid=S1413-81232011000100014>. Acesso em: 22 jul. 2016.
[11] BECK, Ulrich. *La sociedad del riesgo global*. Madrid: Siglo Ventiuno de España Editores, 2002, p. 64.
[12] Ibid., p. 146.
[13] BECK, Ulrich, op. cit., p. 163.
[14] Ibid., p. 160.

por otras alternativas, lo que quiere decir que otras expectativas, agentes y consideraciones, así como consultas a los consumidores, tienen un efecto sobre grupos de gestores que anteriormente gobernaban en solitario, y, por tanto "apolíticamente".[15]

Ulrich Beck enfatiza que uma sociedade que desperta do pessimismo acerca da confrontação e concebe a questão ambiental como um dom para a reforma da modernidade industrial, previamente fadada aos desastres ecológicos, pode explorar o potencial dos papéis de ajuda e heroísmo e cobrar ações a partir deles, não para estimular uma "cosmética" ecológica baseada na construção de imagens, mas sim para garantir realmente a viabilidade de um novo *modus operandi*, a nosso ver, baseado na ética da sustentabilidade.[16]

Tendo em vista essas considerações, diversos cientistas sociais observam o nascimento de uma nova forma de exercício político, baseado nas escolhas de consumo como fomentadores da ética da sustentabilidade. Essa nova forma de interferência no público, a partir do privado, tem sido denominada "consumo político". É o que entendemos aqui como "ação política por meio do consumo", onde as escolhas cotidianas ligadas ao consumo são percebidas pelo indivíduo (ou grupos de indivíduos) como um poder de influência nos rumos do mercado e da sociedade como um todo – as condutas pessoais são diretamente relacionadas aos seus impactos globais.

---

[15] Ibid., p. 159.
[16] "Sólo una sociedad que despierta del pesimismo de la constelación de confrontación y concibe la cuestión medioambiental como un don providencial para la autorreforma universal de una modernidad industrial previamente fatalista puede explotar el potencial de los papeles de ayuda y heroísmo y cobrar ímpetu a partir de ellos, no para llevar a cabo una cosmética ecologista a gran escala, sino para garantizar realmente su viabilidad futura." Ibid., p. 164.

Entendemos como consumo político a percepção e o uso das práticas e escolhas de consumo como uma forma de participação na esfera pública (Gabriel et al.; Halkier; Goodman et al.; Micheletti; Portilho; Stolle et al.; Halkier et al.). Trata-se de uma tentativa de dar concretude à adesão a valores em prol de melhorias sociais e ambientais, materializando-os e tornando-os públicos. Neste contexto, as ações e escolhas mais triviais e cotidianas são percebidas como podendo influenciar rumos globais, ao mesmo tempo que se tornam globalmente determinadas (Giddens). Desta forma, a vida privada torna-se o *lócus* de um novo tipo de ação política em que o aspecto politizador se constitui no fato de que o microcosmo das condutas pessoais se inter-relaciona ao macrocosmo dos problemas globais (Beck).[17]

Uma nova noção de cidadania extrapola a estrutura formal da sociedade e territorial do Estado, e passa a incorporar também as práticas sociais e culturais que dão sentido de pertencimento e identidade social. O exercício da cidadania através do consumo político possibilitaria a percepção por parte do consumidor do significado de suas próprias ações em relação aos seus efeitos no meio ambiente e em outros grupos sociais, conectando as esferas local e global.[18] E, conforme aponta Fátima Portilho, "isso poderia produzir sentimentos de cidadania mais fortes, uma vez que os consumidores passariam a ver suas próprias práticas como pertencendo a uma comunidade política mais ampla".[19]

No contexto de desregulamentação, globalização dos mercados, transnacionalização dos atores sociais e de centralidade

---

[17] PORTILHO, Fátima; CASTAÑEDA, Marcelo; CASTRO, Inês Rugani Ribeiro de, op. cit., s/p.
[18] GIDDENS, Antony. *As consequências da modernidade*. São Paulo: Unesp, 1991.
[19] PORTILHO, Fátima. "Novos atores no mercado: movimentos sociais econômicos e consumidores politizados". Revista Política e Sociedade. *Dossiê sociologia econômica*, V. 8, n. 15, p. 219, 2009.

do consumo, observamos também uma mudança de foco dos movimentos sociais, tendo em vista a busca por formas inovadoras de ação política, com destaque para o uso de mecanismos econômicos para cumprir objetivos sociais. Pode-se dizer que o mercado passa a ser cenário de atuação dos chamados novos movimentos sociais econômicos.[20]

Fátima Portilho observa que, diante de um movimento de incorporação de valores como solidariedade, responsabilidade nos discursos, escolhas e práticas de consumo, que acabam consolidando uma nova forma de ação política e participação na esfera pública, ganham força novas propostas de movimentos sociais. Economia solidária, comércio justo, produtos orgânicos, indicação geográfica e *slow food* seriam exemplos de movimentos sociais econômicos que inserem novos valores e redefinem o mercado.[21] Incluem-se nesse conceito os movimentos de consumidores.

Conforme explica Fátima Portilho, os movimentos de consumidores podem distinguir-se em, pelo menos, três categorias distintas, quais sejam, os movimentos de defesa dos direitos dos consumidores, os movimentos anticonsumo e os movimentos pró-consumo responsável. O primeiro, também chamado de movimento consumerista, busca essencialmente a correção das assimetrias entre fornecedores e consumidores na relação de consumo, atuando com foco na esfera jurídica e considerando os direitos dos consumidores como direitos dos cidadãos em suas relações com o mercado.[22] Já os movimentos anticonsumo nascem do discurso contra o luxo, a opulência,

---

[20] Ibid., p. 202.
[21] Ibid., p. 203.
[22] RIOS, Josué de Oliveira; LAZZARINI, Marilena; NUNES Jr., Vidal Serrano (Org.). *Código de Defesa do Consumidor Comentado*. São Paulo: Idec/Globo, 2001 (Série Cidadania).

o desperdício, e foram atualizados pelos movimentos ambientalistas e sua crítica aos impactos ambientais dos padrões e níveis de consumo das sociedades contemporâneas. Por sua vez, os movimentos pró-consumo responsável surgem na esteira dos movimentos de ampliação da cidadania, percebendo os consumidores não como vítimas, mas como importantes e decisivos atores do mercado e enfatizando a autoatribuição de responsabilidades por parte dos consumidores individuais.[23]

Saindo da esfera dos movimentos de consumidores organizados, observa-se também o consumidor individual, orientando suas escolhas conforme preocupações e valores em prol do meio ambiente e da justiça social, de forma a incidir em uma ação política.

Alguns exemplos do "consumo político" podem ser observados nas práticas de boicotes (negação do consumo de produtos e serviços por considerações sociais e/ou ambientais), *buycotts* ou compras responsáveis (opção intencional por produtos e serviços percebidos como social e/ou ambientalmente "amigos"), petições *on-line* e no uso consciente de recursos naturais na esfera doméstica (água, energia, automóvel, separação de lixo, compostagem etc.). Essas práticas, consideradas mais autônomas, menos hierárquicas e não institucionalizadas de participação, seriam as referidas "novas possibilidades de participação política" tendo em vista os meios tradicionais, tais quais sindicatos, partidos, eleições e movimentos sociais institucionalizados.

Essas novas interferências fazem com que o conceito de consumo e de sociedade de consumo sejam repensados pelas ciências sociais, uma vez que características tradicionalmente

---

[23] PORTILHO, Fátima, op. cit., 2009, p. 205.

ligadas a esses termos, como individualismo, insaciabilidade, superficialidade e alienação, são contrapostas às novas práticas de consumo diretamente relacionadas a valores como solidariedade, responsabilidade, participação social e cidadania.[24]

## A ação política por meio do consumo alimentar

O ato de "comer" também pode se transformar em uma ação política. Hoje, diversos fatores inserem mudanças determinantes no campo da alimentação, como os escândalos alimentares, as controvérsias científicas, a percepção e publicização de riscos, as ideologias alimentares e os discursos e as práticas de consumo consciente. Todos esses fatores acabam colocando a alimentação no centro de debates políticos. As escolhas alimentares são percebidas pelo "consumidor político" como possibilidade de interferência nas práticas de mercado, capazes de estimular ou desestimular formas de produção mais ou menos sustentáveis.

Diante dessas interferências, sobressai o "caráter histórico" de cada alimento, ou seja, todo o processo de sua fabricação ou cultivo até a chegada ao consumidor, assim como a repercussão daquela escolha no meio social e ambiental.[25] A história por detrás dos alimentos é elemento imprescindível para fundamentar as escolhas conscientes e o exercício da ação política por meio do consumo alimentar.

Conforme esclarecem Fátima Portilho, Marcelo Castañeda e Inês Rugani:

---

[24] PORTILHO, Fátima; CASTAÑEDA, Marcelo; CASTRO, Inês Rugani Ribeiro de, op. cit., s/p.
[25] Ibid., s/p.

[...] o campo da alimentação se torna político na medida em que muitas relações de poder se constituem nele e por meio dele. A alimentação passa a configurar um campo de disputas específicas que conectam o corpo individual a comunidades abstratas, ao meio ambiente, a inovações tecnocientíficas e a conceitos morais, evidenciando dilemas acerca dos riscos e do controle que caracterizam a produção de alimentos nas sociedades contemporâneas.[26]

Como ilustração, vejamos o caso dos alimentos transgênicos. Com o uso da tecnologia da transgenia na alimentação e a difusão da percepção dos riscos associados a esse modelo produtivo, amplia-se o debate público e o entendimento do uso político das escolhas de consumo alimentar. Os alimentos transgênicos são, sobretudo, associados a incertezas, não se sabe com segurança as consequências em seu consumo e produção em longo prazo, além disso, são aduzidos riscos ao meio ambiente e impactos sociais negativos.[27]

Tendo isso em vista, chama atenção a postura predominante do consumidor europeu em se mostrar reticente quanto ao consumo de alimentos transgênicos. Em média 70% a 80% dos consumidores europeus não querem OGMs nos seus pratos.[28] Jean-Yves Griot explica que as plantas geneticamente modificadas chegaram à Europa após diversas crises

---

[26] Ibid., s/p.
[27] BECK, Ulrich, op. cit., p. 166.
[28] Diversas pesquisas apontam esses números, como a pesquisa do CSA/Greenpeace ocorrida de 30 a 31 de janeiro de 2008, que apurou que 72% dos franceses julgam "importante" poder consumir produtos sem OGM. Similarmente, 71% exigem que um produto "sem OGM" não contenha absolutamente nenhum elemento geneticamente modificado (embora a rotulagem obrigatória só exista para produtos que contenham mais de 0,9% de OGM). Sessenta por cento dos franceses estimam que a França tem mais interesse em desenvolver sua produção sem OGM do que em desenvolver cultivos comerciais de OGM, contra somente 12% que pensam o contrário. GRIOT, Jean-Yves. "OGMs e o poder do consumidor: o desafio da rotulagem." In: ZANONI, Magda; FERMENT, Gilles (Org.). *Transgênicos para quem? Agricultura, ciência e sociedade*. Brasília: MDA, 2011, p. 311.

de confiança dos consumidores nos processos de produção agroindustrial, marcados pela utilização de hormônios para acelerar a produção de carnes, presença de dioxinas nos frangos e a "doença da vaca louca" originada de rações com farinha de carne. Esses escândalos alimentares despertaram a atenção do consumidor europeu, já conscientizado dos perigos dos resíduos de antibióticos e pesticidas nos alimentos, fazendo com que a chegada dos OGMs – e dos riscos e incertezas a eles associados – fossem rejeitados por grande parte daquela população.

Jean-Yves Griot também destaca a oposição dos grupos "anti-OGM", invocando, dentre outros argumentos, a falta de estudos independentes sobre os efeitos à saúde e ao meio ambiente, e denunciando práticas irresponsáveis de algumas empresas multinacionais. Os ativistas alimentares[29] promovem ações judiciais e mantêm em alerta a opinião pública, o que estimula procedimentos mais rigorosos para liberação do plantio e comércio das plantas geneticamente modificadas.[30]

Conforme já comentado, no processo de politização do consumo, o ato de consumir deixa de ser apenas uma forma de reprodução das estruturas sociais reinantes para tornar-se também um instrumento e uma estratégia de ação política que incorpora valores como solidariedade e responsabilidade socioambiental.[31] No entanto, há que se ressaltar um aspecto fundamental no jogo de forças entre a ação política do consumidor e as práticas de mercado: o consumidor é por natureza

---

[29] Como exemplo, Jean-Yves Griot cita a rede Coherence, que engloba mais de 115 associações no Oeste da França, reunindo produtores agrícolas, consumidores, ambientalistas, profissionais da saúde, da construção ecologicamente correta.

[30] GRIOT, Jean-Yves, op. cit., p. 310.

[31] PORTILHO, Fátima; CASTAÑEDA, Marcelo; CASTRO, Inês Rugani Ribeiro de, op. cit., s/p.

uma parte vulnerável na relação de consumo, principalmente no que diz respeito ao acesso à informação relativa aos produtos e seus processos produtivos (o caráter histórico de cada alimento).

Esse reconhecimento da vulnerabilidade ocorre dentro do movimento consumerista, que reivindica uma intervenção estatal na regulação das relações de consumo, de forma que seja restabelecido o equilíbrio entre as partes (consumidores e fornecedores). Sobre isso, discorrem Antônio Augusto Camargo Ferraz, Édis Milaré e Nelson Nery Junior:

> O surgimento dos grandes conglomerados urbanos, das metrópoles, a explosão demográfica, a revolução industrial, o desmesurado desenvolvimento das relações econômicas, com a produção e o consumo de massa, o nascimento dos cartéis, *holdings*, multinacionais de atividades monopolísticas, a hipertrofia da intervenção do Estado na esfera social e econômica, o aparecimento dos meios de comunicação de massa, e, com eles, o fenômeno da propaganda maciça, entre outras coisas, por terem escapado do controle do homem, muitas vezes voltam-se contra ele próprio, repercutindo de forma negativa sobre a qualidade de vida e atingindo inevitavelmente os interesses difusos. Todos esses fenômenos, que se precipitaram, num espaço de tempo relativamente pequeno, trouxeram a lume a própria realidade dos interesses coletivos, até então existentes de forma latente, despercebidos.[32]

A primazia do fornecedor em relação ao consumidor trouxe consigo uma demanda social pela imposição do reequilíbrio no mercado. Nesse sentido, a primeira justificativa para o surgimento da tutela do consumidor baseou-se no

---

[32] FERRAZ, Antônio Augusto Camargo; MILARÉ, Édis; NERY JUNIOR, Nelson. *A ação civil pública e a tutela dos interesses difusos*. São Paulo: Saraiva, 1984, p. 54-55.

reconhecimento de sua vulnerabilidade nas relações de consumo. Sobre isso, Marcelo Gomes Sodré esclarece que:

> [...] o reconhecimento da vulnerabilidade do consumidor é a base para a existência do próprio direito do consumidor. É porque se reconhece que o consumidor é vulnerável que se justifica a existência de normas para protegê-lo. A vulnerabilidade é uma constatação genérica. A desigualdade entre fornecedores e consumidores nas relações de consumo é um fato construído historicamente e é da própria essência desta relação.[33]

Tal premissa é, portanto, a espinha dorsal do movimento e relaciona-se primeiramente com a própria definição de consumidores, que, conforme Fábio Konder Comparato, se trata dos "que não dispõem de controle sobre bens de produção e, por conseguinte, devem se submeter ao poder dos titulares destes".[34] Com as fortes demandas sociais, a Constituição Federal de 1988 reconhece, em seu capítulo relativo aos Direitos e Garantias Fundamentais, inciso XXXII do artigo 5º, o dever do Estado em promover a defesa do consumidor. Além do dispositivo constitucional, a declaração expressa da vulnerabilidade do consumidor ocorreu com a publicação do Código de Defesa do Consumidor (Lei n. 8.078/1990), que destacamos prever como direitos básicos do consumidor o direito à informação clara e adequada sobre os produtos e serviços que consome, o direito à educação e liberdade de escolha,[35]

---

[33] SODRÉ, Marcelo Gomes. "Objetivos, princípios e deveres da política nacional das relações de consumo." In: SODRÉ, Marcelo Gomes; MEIRA, Fabíola; CALDEIRA, Fabíola (Coord.). *Comentários ao Código de Defesa do Consumidor.* São Paulo: Verbatim, 2009, p. 42.

[34] COMPARATO, Fábio Konder. "A proteção do consumidor: importante capítulo do direito econômico." In: MJ/CNDC. *Defesa do consumidor: textos básicos.* Brasília: MJ/CNDC, 1988, p. 37.

[35] BRASIL. Código de Defesa do Consumidor. Lei n. 8.078, de 11 de setembro de 1990.

entre outros. O princípio da vulnerabilidade do consumidor vem previsto no art. 4º, I, CDC e pauta todas as disposições desse código. Importante notar que a vulnerabilidade ocorre em diversos aspectos, cabendo-nos destacar a vulnerabilidade nas informações, decorrente de uma das partes na relação ser profissional e a outra amadora, havendo, por natureza, uma desigualdade quanto à detenção das informações, e, por isso, justificando-se o dever do fornecedor de prestar diversas informações aos consumidores.[36]

Ressaltamos também outros princípios norteadores do Código[37] como o do dever governamental de defender o consumidor (art. 4º, II, VI e VII, CDC); da garantia de adequação (art. 4º, *caput*), onde é assegurado ao consumidor que produtos sejam adequados nos aspectos de segurança e qualidade; da boa-fé nas relações de consumo (art. 4º, III), que tem como premissa o dever de um comportamento leal entre as partes; da transparência e harmonia nas relações de consumo (art. 4º, CDC); e o próprio princípio da ampla informação, que vem previsto como direito em diversos dispositivos do Código (arts. 4º; 6º, III; 8º; 9º; 10; 30; 31; 37; 66; entre outros), estando pautado também no princípio da veracidade. Tais ditames são de fundamental relevância para salvaguardar a liberdade nas decisões de consumo e, por sua vez, o exercício da ação política por meio do consumo.

---

Art. 6º São direitos básicos do consumidor:
II – a educação e divulgação sobre o consumo adequado dos produtos e serviços, asseguradas a liberdade de escolha e a igualdade nas contratações;
III – a informação adequada e clara sobre os diferentes produtos e serviços, com especificação correta de quantidade, características, composição, qualidade, tributos incidentes e preço, bem como sobre os riscos que apresentem.

[36] SODRÉ, Marcelo Gomes, op. cit., 2009, p. 43.
[37] Id. *Formação do Sistema Nacional de Defesa do Consumidor*. São Paulo: Revista dos Tribunais, 2007.

Quando tratamos do consumo alimentar, destacamos a vulnerabilidade do consumidor pelo fato de ele (i) ter necessidade vital do alimento; e (ii) carecer de informações quanto à segurança e ao histórico do processo produtivo da comida. O consumidor só consegue fazer escolhas adequadas (e exercitar o consumo sustentável) se for provido das informações necessárias para esse exercício. Por outro lado, a própria negativa da transparência quanto ao processo produtivo por parte dos fornecedores é um elemento para motivar a não escolha do alimento (boicotando os fornecedores que deixam de cumprir com o direito básico do consumidor à informação).

Importante notar, conforme salienta Ana Elizabeth Lapa Wanderley Cavalcanti, que o direito à informação é previsto constitucionalmente como direito fundamental (art. 5º, IV, XIV e XXXIII da CF) e, além de suas vertentes de direito individual de "informar" (transmitir informações) e de "se informar" (buscar e obter informações), deve-se destacar a vertente de natureza coletiva desse direito, qual seja, o "direito de ser informado", que possibilita a prática da opção, relacionando-se assim com a liberdade de consciência. Trata-se, portanto, de um direito difuso, relacionado à coletividade de forma indeterminada e indivisível.[38]

*Direito à informação e alimentos transgênicos*

Conforme já observado, a ação política através do consumo alimentar é fortemente exemplificada no caso dos alimentos transgênicos. Nessa seara a informação é essencial para a legítima liberdade de escolha do consumidor. A legislação

---

[38] CAVALCANTI, Ana Elizabeth Lapa Wanderley. "A rotulagem dos alimentos geneticamente modificados e o direito à informação do consumidor." In: PAESANI, Liliana Minardi (Coord.). *O direito na sociedade de informação*. São Paulo: Atlas, 2007, p. 145.

brasileira é clara quando define que a oferta e apresentação dos produtos devem assegurar informações corretas (verdadeiras), claras (de fácil entendimento), precisas (sem prolixidades), ostensivas (de fácil percepção) e em língua portuguesa sobre suas "características, qualidade, quantidade, composição, preço, garantia, prazo de validade e origem, entre outros dados, bem como sobre os riscos que apresentem à saúde e segurança dos consumidores".[39] Quando pensamos nessa disposição legal aplicada aos alimentos transgênicos, há que se destacar duas vertentes do direito à informação: aquela que se dá em virtude dos eventuais riscos que a transgenia pode oferecer à saúde humana,[40] e o puro direito à informação sobre as características do alimento (independentemente de riscos), de forma a permitir o direito de livre escolha. Ou seja, independentemente de haver riscos comprovados, de ser um produto de comercialização legalmente aprovada, do percentual de transgênicos no alimento, persiste a necessidade de informação ao consumidor sobre as características essenciais do alimento.

Sobre isso, Ana Elizabeth Lapa Wanderley Cavalcanti salienta a regra de que produto seguro não quer dizer produto

---

[39] BRASIL. Código de Defesa do Consumidor. Lei n. 8.078, de 11 de setembro de 1990. Art. 31.

[40] Com base também nos seguintes dispositivos do Código de Defesa do Consumidor: Art. 8º Os produtos e serviços colocados no mercado de consumo não acarretarão riscos à saúde ou segurança dos consumidores, exceto os considerados normais e previsíveis em decorrência de sua natureza e fruição, obrigando-se os fornecedores, em qualquer hipótese, a dar as informações necessárias e adequadas a seu respeito. Art. 9º O fornecedor de produtos e serviços potencialmente nocivos ou perigosos à saúde ou segurança deverá informar, de maneira ostensiva e adequada, a respeito da sua nocividade ou periculosidade, sem prejuízo da adoção de outras medidas cabíveis em cada caso concreto.
Art. 10 O fornecedor não poderá colocar no mercado de consumo produto ou serviço que sabe ou deveria saber apresentar alto grau de nocividade ou periculosidade à saúde ou segurança.

livre de risco, dado que na ciência inexiste o risco zero. Nesse sentido, "a rotulagem não tem o intuito de afirmar a total segurança do produto, mas sim demonstrar o seu conteúdo para que o consumidor possa escolher se vai consumir ou não".[41]

Tendo em vista os direitos e princípios do Código de Defesa do Consumidor, a Lei de Biossegurança (Lei n. 11.105, de 24 de março de 2005) reforçou o dever de assegurar a informação nos rótulos dos produtos alimentícios transgênicos, determinando que "os alimentos e ingredientes alimentares destinados ao consumo humano ou animal que contenham ou sejam produzidos a partir de OGM ou derivados deverão conter informação nesse sentido em seus rótulos, conforme regulamento".[42] Andrea Lazzarini Salazar observa que a referida disposição legal "somente delega à norma inferior o detalhamento de como deve ser apresentada a informação, não havendo margem para qualquer redução do comando legal".[43]

O detalhamento normativo sobre a rotulagem de OGMs era inicialmente disposto pelo Decreto n. 3.871/2001, e obrigava a informação nos rótulos dos alimentos embalados destinados ao consumo quando houvesse mais de 4% de ingrediente transgênico. Essa restrição percentual representava uma afronta ao direito à informação previsto em lei, o que acabou fundamentando ação civil pública proposta pelo Ministério Público Federal e pelo Idec (Instituto Brasileiro de Defesa do Consumidor), que exige a informação quanto à presença de organismo transgênico independentemente do percentual (ACP 2001.34.00.022280-6).

---

[41] CAVALCANTI, Ana Elizabeth Lapa Wanderley, op. cit., 2007, p. 153.
[42] BRASIL. Lei de Biossegurança. Lei n. 11.105, de 24 de março de 2005. Art. 40.
[43] SALAZAR, Andrea Lazzarini. "A informação sobre alimentos transgênicos no Brasil." In: ZANONI, Magda; FERMENT, Gilles (Org.). *Transgênicos para quem? Agricultura, ciência e sociedade.* Brasília: MDA, 2011, p. 294.

O referido decreto foi revogado e substituído pelo Decreto n. 4.680 de 2003, que dispõe que todos os alimentos transgênicos ou contendo ingredientes transgênicos destinados ao consumo humano e animal, processados ou *in natura*, devem ser rotulados, quando houver acima de 1% de transgênico. Suas disposições também se aplicam aos alimentos e ingredientes produzidos a partir de animais alimentados com ração transgênica, ou seja, que caracterizam um "consumo indireto" de transgênicos. Conforme esse decreto, o rótulo deve designar o produto transgênico (ou ingrediente, ou se o produto é produzido a partir de um produto transgênico), informando a espécie doadora do gene, com o símbolo "T".[44] O decreto ainda prevê a rastreabilidade da cadeia produtiva.[45] Tal mecanismo tem a função de garantir a informação independentemente dos meios técnicos de detecção da presença de OGMs no alimento. Assim, devem constar no documento fiscal as informações sobre presença de organismos geneticamente modificados, de modo que tal informação acompanhe o produto ou ingrediente em todas as etapas da cadeia produtiva.

Ana Elizabeth Lapa Wanderley Cavalcanti também observa que, além do descumprimento da lei, a limitação da rotulagem a um conteúdo alimentício superior a 1% de transgênicos no produto final é um grande óbice à concretização do direito à informação, uma vez que na prática esse percentual

---

[44] De acordo com a Portaria n. 2.685, de 2003, do Ministério da Justiça, o símbolo escolhido foi um triângulo amarelo com as bordas pretas contendo no seu interior a letra "T".

[45] A obrigação legal de rotulagem independe da possibilidade técnica de detecção ou não da presença de organismo geneticamente modificado, já que é exigido que a informação "deverá constar do documento fiscal, de modo que essa informação acompanhe o produto ou ingrediente em todas as etapas da cadeia produtiva" (art. 2º, § 3, do Decreto n. 4.680 de 2003).

praticamente não é alcançado nos produtos à disposição nos mercados atuais (mas sim em apenas algum ou alguns ingredientes que compõem o produto). Como resultado, o consumidor está ingerindo alimentos transgênicos sem saber.[46] A professora conclui que a referida legislação não atende aos ditames do Código de Defesa do Consumidor, e nem mesmo à Constituição Federal, quando limita o direito à informação ao referido percentual de presença de transgênicos no produto final. Isso na prática resulta no impedimento de que o consumidor exerça de forma consciente e coerente seu direito de escolha.[47] Por fim, a professora também assevera que o não cumprimento do direito à informação e à escolha atinge o consumidor na sua própria pessoa (tanto no aspecto do direito fundamental como no seu direito de personalidade), ferindo assim a dignidade da pessoa humana.[48]

Em agosto de 2012, o Tribunal Regional Federal da Primeira Região decidiu que, independentemente do percentual e de qualquer outra condicionante, deve-se assegurar de que haja informação sobre todo e qualquer produto geneticamente modificado ou contendo ingrediente geneticamente modificado. Tal decisão foi confirmada em maio de 2016 pelo Supremo Tribunal Federal (STF), garantindo a rotulagem de qualquer teor de transgênicos, conforme o pedido do Idec e Ministério Público Federal na ação civil pública.

---

[46] CAVALCANTI, Ana Elizabeth Lapa Wanderley, op. cit., p. 155.

[47] A autora ainda aponta que, se for necessário fixar uma porcentagem, diante da impossibilidade técnica de concluir a ausência efetiva de transgênicos em determinado produto, o mais adequado seria estabelecer um mínimo em relação a cada ingrediente, e não ao produto final. Cf. CAVALCANTI, Ana Elizabeth Lapa Wanderley, op. cit., p. 156.

[48] Ibid., p. 156.

Mesmo com uma legislação explícita em relação ao dever de informação, constata-se na prática o descumprimento recorrente desse dever. O consumidor brasileiro ainda encontra muitas dificuldades[49] para ter seu direito à informação assegurado.[50] Além disso, registra-se a tentativa de acabar com a exigência do símbolo da transgenia nos rótulos dos produtos com organismos geneticamente modificados, por meio de projetos de lei, como o PL 4148/08, do deputado Luis Carlos Heinze.

Na esfera internacional, o Protocolo de Cartagena sobre Biossegurança[51] disciplina a identificação das cargas para

---

[49] Diversos exemplos contribuem para essa constatação. Em 18 de junho de 2009, 86 organizações da sociedade civil enviaram uma Carta Aberta à então Ministra Chefe da Casa Civil, Dilma Rousseff, presidente do Conselho Nacional de Biossegurança, denunciando o não cumprimento por parte do governo brasileiro da promessa de controlar os transgênicos, cobrando a suspensão do plantio do milho modificado. Os produtores afirmaram não haver fiscalização pelo Ministério da Agricultura, não haver rastreabilidade (identificação na nota fiscal que acompanha o OGM) nem segregação dos grãos ao longo da cadeia produtiva, e com isso a rotulagem de alimentos não se concretiza. Segundo a Carta, a própria Comissão Técnica Nacional de Biossegurança afirmou que a lei de rotulagem não é plenamente respeitada. Disponível em: <http://antigo.aspta.org.br/por-um-brasil-livre-de-transgenicos/campanhas/carta-aberta-a-ministra-dilma-rousseff/>. Último acesso em: 20 set. 2013.

[50] Em junho de 2013, o Idec publicou pesquisa que avaliava se o direito à informação ao consumidor está sendo cumprido em relação à presença de OGMs nos alimentos. Os problemas encontrados foram: ausência da declaração no rótulo de que o produto é transgênico, ausência da informação da espécie doadora dos genes, e descumprimento da Lei Estadual de São Paulo n. 14.274, de 2010. Disponível em: <http://www.idec.org.br/consultas/testes-e-pesquisas/festa-junina-transgenica>. Último acesso em: 22 jul. 2016.

[51] O Protocolo de Biossegurança tem suas origens na Convenção sobre a Diversidade Biológica (CBD), que apontou a necessidade de disciplina de um protocolo de transporte, manuseio e uso seguro dos OGMs, tendo como pressuposto o princípio da precaução, de forma a possibilitar aos países a recusa na importação de OGMs em razão dos riscos a eles associados. O Protocolo foi celebrado em 29 de janeiro de 2000, aprovado pelo Congresso Nacional brasileiro pelo Decreto Legislativo n. 908, de 21 de novembro de 2003. Por sua vez o instrumento de adesão foi depositado pelo Governo brasileiro junto à Secretaria Geral da ONU, em 24 de

importação e exportação de transgênicos. De acordo com o artigo 18 do Protocolo, quando se tratar de OGM cujo destino é a exportação para introdução intencional no meio ambiente (art. 18, c), as cargas devem ser identificadas com a informação "contém transgênicos", assim como a designação do OGM, seus riscos e características. No entanto, há uma alarmante imprecisão quanto aos grãos transgênicos destinados ao uso direto como alimento humano ou animal, ou para processamento pelo país importador (art. 18, 2, "a"): a obrigação se refere apenas à identificação destas cargas com a sigla "pode conter organismo vivo modificado".

Apesar das disposições legais de ordem nacional e internacional preverem a priorização do princípio da precaução e do direito à informação, diversos especialistas e organizações da sociedade civil apontam a negligência das autoridades competentes para a concretização dos ditames legais.[52]

Conforme aponta Andrea Lazzarini Salazar, outros fatos e pesquisas corroboram para concluir que o direito à informação do consumidor quanto aos alimentos transgênicos tem sido veementemente desrespeitado no Brasil,[53] e assinala que

---

novembro de 2003, passando a vigorar no país em 22 de fevereiro de 2004 e sendo promulgado pelo Decreto n. 5.705, de 16 de fevereiro de 2006.

[52] Essa negligência foi formalizada em denúncia de organizações não governamentais brasileiras (AAO – Associação de Agricultura Orgânica, Anpa – Associação Nacional dos Pequenos Agricultores, AS-PTA – Assessoria e Serviços a Projetos em Agricultura Alternativa, Greenpeace, Idec – Instituto Brasileiro de Defesa do Consumidor e Terra de Direitos), encaminhada ao Comitê de Cumprimento do Protocolo de Cartagena sobre Biossegurança, durante a MOP 4, em Bonn, Alemanha. Disponível em: <http://antigo.aspta.org.br/por-um-brasil-livre-de--transgenicos/protocolo-de-cartagena/organizacoes-da-sociedade-civil-denunciam-brasil-por-descumprimento-de-legislacao-internacional-sobre-biosseguranca>. Acesso em: 21 set. 2013.

[53] Salazar cita alguns exemplos como a determinação judicial que obrigou as duas maiores marcas de óleo de soja do mercado (da Bunge e Cargill) a rotularem os óleos por conterem soja transgênica em ação civil pública proposta pelo Ministério

a falta de fiscalização do poder público é um obstáculo para a plena realização desse direito.

O Ministério da Agricultura, Pecuária e Abastecimento (Mapa) é apontado como o principal responsável por esse desrespeito, uma vez que compete a esse órgão o controle no âmbito federal da documentação fiscal no campo e durante seu transporte, "sem a qual se torna impossível a rastreabilidade das etapas posteriores à produção – o processamento dos grãos, a industrialização e a venda dos alimentos (a cargo da Agência Nacional de Vigilância Sanitária – Anvisa – e do Ministério da Justiça, respectivamente)".[54] Há, assim, responsabilidades interdependentes que devem necessariamente estar bem coordenadas para serem efetivas.

Feitas essas considerações, concluímos que a ação política do consumidor, tendo em vista a promoção e defesa da sustentabilidade, é uma potencial força motriz às mudanças nas práticas de mercado, mas que depende da efetivação das responsabilidades estatais e do mercado quanto ao direito à informação. Por outro lado, a própria ação política (e não só aquela exercida por meio do consumo) é que impulsionará os órgãos públicos competentes a exercerem adequadamente suas funções fiscalizatórias e de aprimoramento de políticas e legislações que permitam a efetivação do consumo sustentável.

Retornamos aqui ao ponto que tem permeado o presente livro de forma transversal, qual seja, o papel da educação e da

---

Público de São Paulo (3ª Vara Cível de São Paulo – processo 583.00.2007.218243-0), a partir de denúncia do Greenpeace feita em outubro de 2005 sobre a utilização de soja transgênica para a produção de óleo; e teste laboratorial realizado pelo Idec. Cf. SALAZAR, Andrea Lazzarini, op. cit., p. 304.

[54] Ibid., p. 305.

participação social como instrumento primário para a realização da sustentabilidade no campo alimentar.

# Conclusão da Parte II

A Parte II do livro destina-se a analisar se o aspecto da sustentabilidade pode ser identificado no atual sistema alimentar, principalmente no campo da produção e do consumo. Em recorte temático, elegemos o caso dos alimentos transgênicos para a referida análise.

Nossa linha de raciocínio partiu da busca pela definição do conceito de sustentabilidade e procuramos reforçar suas diversas dimensões. Além da definição clássica da sustentabilidade, em que é sustentável o desenvolvimento que satisfaz as necessidades atuais sem comprometer a capacidade das gerações futuras para satisfazerem suas próprias necessidades, faz-se necessário ter presente os aspectos social, ambiental, ecológico, cultural, econômico, territorial e político inerentes ao entendimento de sustentabilidade. Não há sustentabilidade enquanto houver desigualdade social; não há sustentabilidade enquanto houver afronta às tradições culturais locais; não há sustentabilidade enquanto os recursos renováveis e não renováveis da natureza não estiverem sendo preservados; não há sustentabilidade enquanto houver desigualdade no ambiente rural e urbano; não há sustentabilidade enquanto houver dependência econômica; não há sustentabilidade enquanto não houver uma política verdadeiramente democrática e participativa.

Outro ponto que trouxemos à tona foi o da inter-relação entre a situação de insegurança alimentar e a pobreza. Nesse ponto trouxemos a lição de Amartya Sen, segundo a qual a fome não se relaciona apenas com a produção de alimentos e a expansão agrícola, mas também com o funcionamento de toda a economia (sendo essa influenciada diretamente por políticas públicas e ações governamentais com outras instituições econômicas e sociais). Na visão do economista, o combate à pobreza (e à fome consequentemente) deve necessariamente contemplar o aumento das capacidades humanas e o desempenho da condição de agente do indivíduo enquanto membro do público capaz de participar de ações econômicas, sociais e políticas, seja no mercado, seja no universo decisório político, de forma a possibilitar sua influência em questões estratégicas e a defesa dos interesses públicos. Com isso, concluímos que a sustentabilidade na segurança alimentar é vinculada a ações de combate à pobreza e de ampliação das capacidades humanas e do poder de participação popular para influência em políticas públicas.

Observamos também que o paradigma ambiental possibilitou a incorporação do valor da solidariedade ao direito, estruturando assim a tutela do meio ambiente. Demos especial destaque à tutela preventiva, abordando os princípios da precaução e prevenção, que devem fundamentar limites às tecnologias que apresentem possibilidade ou plausabilidade de danos ao meio ambiente e aos seres humanos (incluindo aí os direitos humanos). Temos, portanto, que a sustentabilidade pressupõe a aplicação desses princípios e deve fundamentar-se na solidariedade.

Feitas as considerações acerca do conceito de sustentabilidade, partimos para a análise do atual sistema produtivo alimentar, com foco na produção de alimentos transgênicos, de forma a buscar identificar as características da sustentabilidade nesse modelo. Vimos, no entanto, fundamentados riscos à biodiversidade, à saúde humana, sérios riscos sociais e uma perigosa afronta ao princípio da precaução devido à condução de pesquisas descontextualizadas (segundo uma ciência reducionista). A análise realizada permitiu-nos concluir que o caminho pelo qual a ciência está sendo conduzida (com aval das instituições governamentais) – e, por consequência, o sistema produtivo alimentar baseado na lógica da transgenia – obedece mais aos valores do capital e do mercado, em detrimento aos da sustentabilidade.

Em contraposição ao modelo vigente, verificamos na agroecologia um sistema produtivo alimentar que possibilita o respeito às dimensões do direito humano à alimentação adequada, como disponibilidade, acessibilidade, adequação, sustentabilidade e participação dos agricultores. A agroecologia promove uma ruptura com a ciência reducionista, uma vez que os agroecossistemas são investigados tendo em vista o equilíbrio de aspirações diversas, tais quais produtividade, integridade ecológica e preservação da biodiversidade, saúde social, e fortalecimento das ações de populações locais, possuindo métodos apropriados para a investigação de benefícios, riscos e alternativas.

A construção de um sistema produtivo sustentável pode ser impulsionada pela participação social. Por sua vez, observamos um novo modelo de participação política, exercida através das decisões de consumo. O consumo sustentável vem ganhando espaço na pós-modernidade, no entanto, anotamos a essencialidade de atendimento das responsabilidades governamentais e do mercado quanto à prestação da informação para que a sustentabilidade seja assegurada. Remetendo ao caso dos alimentos transgênicos, observamos que o desrespeito ao direito à informação tem impedido a legítima liberdade de escolha do consumidor, o que acaba resultando em um óbice ao exercício da ação política por meio do consumo.

Por todo o exposto, resta-nos a conclusão de que a sustentabilidade, em seu sentido amplo aqui explorado, está muito aquém de ser identificada no atual sistema alimentar, em particular no campo da produção e do consumo. A transição agroecológica, segundo os ditames da sustentabilidade, exige uma mudança geral nos padrões de desenvolvimento e, também, que governos direcionem suas políticas para tanto. A sustentabilidade no consumo vem ganhando corpo, porém, depende da educação e instrumentalização (através do direito à informação) do consumidor para que assuma o caráter de lógica dominante.

Seguimos, assim, para a terceira e última parte desta obra. Conflitos público-privados emergem quando adentramos no tema da implementação do direito humano à alimentação conforme a lógica da sustentabilidade. Diante dos obstáculos a essa implementação, existem instrumentos para a exigibilidade do direito humano à alimentação? Qual o principal foco de superação para que a sustentabilidade seja promovida no sistema de produção e consumo de alimentos?

Dedicaremos a terceira parte deste livro à contemplação dessas questões.

# Parte III
# Conflitos público-privados e realização da sustentabilidade na alimentação

A terceira e última parte desse trabalho dedica-se a trazer considerações sobre os desafios para a realização do direito humano à alimentação e da sustentabilidade no sistema alimentar. O eixo condutor dessa investigação é guiado pelas seguintes questões: existem conflitos público-privados para a implementação desse direito? E quais são os papéis dos diferentes atores econômicos, governamentais e sociais para esse fim? Quais os mecanismos para a exigibilidade do direito humano à alimentação? Nesse sentido, pretendemos identificar os conflitos advindos da implementação desse direito e apontar propostas para a superação desses obstáculos.

# Capítulo 10
# Conflitos público-privados e a realização do direito humano à alimentação

A plena realização do direito humano à alimentação, em conformidade com o conceito de sustentabilidade, enfrenta desafios advindos dos modernos (ou pós-modernos) conflitos entre o público e o privado. De acordo com as valiosas reflexões trazidas por Gilberto Dupas, em *Tensões contemporâneas entre o público e o privado*, pode-se dizer que hoje o setor privado corporativo tornou-se o ator mais importante da esfera política e do espaço público da sociedade burguesa liberal. Tal importância revela-se no poder de decisão sobre padrões e vetores tecnológicos, definindo além dos produtos que se transformarão em nosso objeto de desejo, as características do mercado de trabalho e da oferta de emprego.[1] Esse poder de influência revela-se na produção político-legislativa do direito, organizada por grupos de pressão de corporações e associações do setor privado. Em adição, o poder de influência dos grupos de pressão é favorecido pela variedade de canais de acesso, uma vez que

---

[1] DUPAS, Gilberto. *Tensões contemporâneas entre o público e o privado*. São Paulo: Paz e Terra, 2003, p. 58.

se observa a decomposição dos órgãos públicos em múltiplas instâncias decisórias. O poder do Estado estaria sendo substituído paulatinamente pela influência direta de organizações instrumentais que perseguem a realização contextual de objetivos particulares. Assim, o Estado deixa de exercer o papel de centro de coordenação capaz de induzir com legitimidade uma direção ao conjunto social.

> A ideia moderna de lei como regra geral baseada em princípios e valores universais na realização do bem comum é substituída por um conceito de regulamentação de caráter instrumental e circunstancial.[2]

Esse diagnóstico nos traz à mente o atual processo de liberação dos transgênicos no Brasil. Conforme apontam diversos especialistas[3] e entidades da sociedade civil, trata-se de um sistema desagregado e altamente sujeito às influências dos interesses privados, no qual a instância decisória política tende a acatar decisões que atendem aos interesses das grandes corporações.[4]

Gilberto Dupas observa haver a substituição da classe política partidária tradicional por uma elite política e econômica, cuja visão extremamente tecnocrática e funcional das orientações políticas e econômicas sobre o sistema social apregoa o aumento da eficácia do desempenho da sociedade como um todo, significando otimização dos fatores de produção em favor do aumento das margens de lucro e da produtividade pela

---

[2] Ibid., p. 62.
[3] Magda Zanoni, Leonardo Melgarejo, Rubens Nodari, Fabio Kessler Dal'Soglio, Paulo Kageyama, José Maria Ferraz, Paulo Brack, Solange Teles da Silva, Luiza Chomenko, Geraldo Deffune.
[4] ZANONI, Magda et al. "O biorrisco e a Comissão Técnica de Biossegurança: lições de uma experiência." In: ZANONI, Magda; FERMENT, Gilles (Org.). *Transgênicos para quem? Agricultura, ciência e sociedade*. Brasília: MDA, 2011, p. 250-282.

automação – o que acaba por gerar desemprego estrutural e utilização em larga escala de mão de obra muito barata.[5]

A primazia dos interesses privados em detrimento dos interesses públicos leva a frequentes embates no campo dos direitos. Sobre isso, Gilberto Dupas nos traz a importante reflexão:

> Qualquer limite imposto à liberdade individual passou a ser sentido como o primeiro passo para o totalitarismo. O aumento da liberdade dos indivíduos e das empresas, no entanto, pode coincidir com o aumento da impotência coletiva. Para ser congruente com a democracia, a liberdade individual deve ser construída coletivamente, o que impõe a autolimitação tanto do poder do Estado como da liberdade individual e das corporações, visando à construção do bem coletivo.[6]

O direito humano à alimentação, dentro do seu aspecto de direto social, pode requerer certas limitações à iniciativa privada. Tais limitações não podem ser confundidas com totalitarismo, e sim devem ser construídas no ambiente democrático, coletivamente, visando à construção do bem coletivo. Não fosse assim, não seria possível a própria tutela dos direitos dos consumidores, que nada mais é que o limite ao mercado, tendo em vista o equilíbrio nas relações de consumo. Assim, quando pensamos no direito humano à alimentação sob a lógica da sustentabilidade, faz-se necessário conceber que o mercado deve ser regulado para que sejam preservados os direitos à vida, à saúde e os direitos sociais da coletividade.

Sobre o embate de direitos, Norberto Bobbio pondera que

---

[5] DUPAS, Gilberto, op. cit., p. 88.
[6] Ibid., p. 87.

são bem poucos os direitos considerados fundamentais que não entram em concorrência com outros direitos também considerados fundamentais, e que, portanto, não imponham, em certas situações e em relação a determinadas categorias de sujeitos, uma opção.[7]

Assim, não poderia haver um fundamento absoluto que não permitisse uma justificação válida para a sua restrição. Diante de dois direitos fundamentais antinômicos não pode haver, os dois ao mesmo tempo, um fundamento absoluto, ou seja, um fundamento que torne um direito e seu oposto inquestionáveis e irrestritíveis. Norberto Bobbio recorda que "a ilusão do fundamento absoluto de alguns direitos estabelecidos foi um obstáculo à introdução de novos direitos, total ou parcialmente incompatíveis com aqueles". Sobre isso, o ilustre pensador cita como exemplo os empecilhos relativos ao progresso da legislação social pela teoria jusnaturalista do fundamento absoluto da propriedade. Nesse caso, a oposição quase secular contra a introdução dos direitos sociais foi feita em nome do fundamento absoluto dos direitos de liberdade. Norberto Bobbio ressalta que "o fundamento absoluto não é apenas uma ilusão, em alguns casos é também um pretexto para defender posições conservadoras".[8] Temos, portanto, a conclusão de que os direitos humanos são heterogêneos, ou seja, dentro da categoria podem existir direitos incompatíveis entre si, em outras palavras, direitos cuja proteção não pode ser concedida sem que seja restringida ou suspensa a proteção de outros.[9]

---

[7] BOBBIO, Norberto. *A era dos direitos*. Trad. Carlos Nelson Coutinho. 6. reimpressão. Rio de Janeiro: Elsevier, 2004, p. 20.
[8] Ibid., p. 21-22.
[9] Ibid., p. 42.

No caso da realização do direito humano à alimentação, vemos como natural e previsível os embates entre o direito da sociedade de ter pleno acesso a alimentos adequados, saudáveis e produzidos de forma sustentável e os direitos privados da livre iniciativa mercadológica. Tais embates deveriam ser postos em um espaço democrático de discussão política, a fim de que se chegue a um denominador comum que assegure a preservação do interesse público. No entanto, o que vemos hoje é o poderio privado dominando as instâncias públicas, enquanto a sociedade civil não privada carece de instrumentos para uma inserção política com o peso equivalente à da iniciativa privada. Não há um equilíbrio de forças no embate político. Resultado disso são decisões políticas que tendem a atender os interesses do mercado, reforçando uma lógica de exclusão.

Nesse cenário de encolhimento do papel dos Estados nacionais em sua missão de mediar, pelo exercício da política, as crescentes tensões sociais, fruto dos efeitos negativos do capitalismo global, Gilberto Dupas aponta que as grandes corporações descobriram um novo espaço com alta rentabilidade em imagem pública e social – o desejo dos governos de empurrar para o âmbito privado as responsabilidades e os destinos da desigualdade.[10]

---

[10] DUPAS, Gilberto, op. cit., p. 75.

# Capítulo 11
# O papel da responsabilidade social empresarial

Diante do empobrecimento do espaço de discussão pública e da própria participação política, e concomitantemente ao aumento do desemprego, da miséria e da violência, ganham espaço as ações de responsabilidade social das empresas como alternativa às políticas tradicionais. Gilberto Dupas, no entanto, aponta-nos considerações críticas sobre esse processo:

> O sentido de responsabilidade social das empresas liga-se, ainda que indiretamente, à substituição da ideia de deliberação participativa sobre os bens públicos pela noção de gestão eficaz de recursos sociais, cuja distribuição é decidida aleatória e privadamente; nesse sentido, essas práticas privadas diluem a referência pública e política na tentativa de redução das injustiças sociais. De fato, embora a nova tendência de RSE tenha a pretensão de aparecer como solução para as questões de exclusão social, ela é – além de inócua diante da escala do problema – basicamente despolitizadora da questão social, pois pressupõe a desqualificação do poder público e, portanto, desconhece a possibilidade aberta pelo conflito interno no terreno das próprias políticas públicas para criar compromisso e qualidade dos cidadãos.[1]

---

[1] DUPAS, Gilberto. *Tensões contemporâneas entre o público e o privado*. São Paulo: Paz e Terra, 2003, p. 18-19.

O professor salienta que a condição primária para a prática da cidadania é justamente a existência e explicitação dos conflitos mediados pela sociedade política. No entanto, observa que a sociedade contemporânea (tomada pelo poder de atuação dos atores privados) tem aspirado a ser um lugar do não conflito, no qual os interesses contraditórios não aparecem. Nesse sentido, "privatiza-se o público, mas não se municipaliza o privado".[2] Em outras palavras, o espaço antes público de embate por significados, direitos à fala e exercício da cidadania vem sendo varrido pelas forças privadas, no entanto, os frutos dos interesses privados não são socializados, são colhidos por poucos, portanto, não se publiciza o privado.

As ações de responsabilidade social das empresas podem ser louváveis em termos de filantropia, no entanto merecem o questionamento se o caminho proposto é estruturalmente consistente e eficaz, uma vez que não podem ir contra a lógica de lucratividade empresarial. Não resta dúvida, porém, que independentemente dos reais benefícios à comunidade, as ações de responsabilidade social podem ser excelentes recursos de marketing, por promover a imagem da empresa, agregando valor à marca.

No campo da alimentação, não raro nos deparamos com ações de responsabilidade social empresarial de grandes corporações. A indústria ligada à produção de *fast-food* ou de alimentos ultraprocessados, altamente calóricos e com pouco valor nutricional, como os refrigerantes, frequentemente se encontram envolvidas em campanhas e ações "em prol da comunidade", como, por exemplo, ações de combate ao câncer ou de estímulo a atividades físicas. Nota-se, porém, que tais ações nunca se conciliam com o *core business* da empresa e

---

[2] Ibid., p. 18-19.

distanciam-se de atingir estruturalmente as raízes de problemas sociais decorrentes de seus negócios. Por exemplo, jamais uma ação de responsabilidade social empresarial estimulará a redução ou moderação no consumo desses produtos alimentícios pouco saudáveis, pois isso implicaria ir contra a lógica da lucratividade empresarial; por outro lado, investe-se em outros temas de forte apelo social, cumprindo a missão de construir uma imagem positiva da empresa, atuando marginalmente nos problemas.

Seguindo esses apontamentos, citamos um exemplo concreto: as ações de responsabilidade social da empresa Basf (potência mundial na produção de sementes transgênicas e agrotóxicos) para fortificação de óleo, farinhas e açúcar, tendo em vista o aumento na ingestão da vitamina A por populações de baixa renda.[3] A deficiência de vitamina A causa cegueira e enfraquece o sistema imunológico, afetando 250 milhões de crianças em idade pré-escolar em todo o mundo, o que representa entre 40% e 60% das crianças nos países em desenvolvimento. Tendo isso em vista, a Basf, em parceria com Deutsche Gesellschaft für internationale Zusammenarbeit (GIZ), assessora certos produtores de alimentos com técnicas para a fortificação de alimentos básicos e apoia o desenvolvimento de modelos de negócios para grupos de baixa renda. Tal iniciativa é citada em publicação das Nações Unidas (UN Global Compact[4]) sobre segurança alimentar global e

---

[3] Nações Unidas. Scaling Up Global Food Security and Sustainable Agriculture, United Nations Global Compact, 2012, p. 21. Disponível em: <http://www.unglobalcompact.org/docs/issues_doc/agriculture_and_food/Scaling_Up_Food_Ag.pdf>. Acesso em: 27 jul. 2016.

[4] A UN Global Compact é uma plataforma de liderança para desenvolvimento, implementação e divulgação de políticas e práticas de responsabilidade corporativa. Lançado em 2000, é a maior iniciativa de práticas e políticas de responsabilidade corporativa no mundo, com mais de 10.000 signatários em 140 países.

agricultura sustentável como uma prática exemplar a ser seguida pelas empresas. Sem entrar no mérito da adequação nutricional ou não da proposta, cumpre-nos observar que a vitamina A está contida em frutas, legumes e produtos lácteos, mas muitas vezes esses alimentos não são acessíveis para aqueles que vivem na base da pirâmide social em países que sofrem de pobreza e desnutrição. Nesse sentido, não é preciso ser um especialista no tema para notar que o problema pede atuação em políticas de acesso aos alimentos *in natura* adequados e de estímulo ao seu consumo. Requer, portanto, uma atuação estrutural, que deveria ser conduzida pelos Estados, que porém, falidos e fragmentados, delegam à iniciativa privada soluções marginais e pontuais. Essas ações de responsabilidade social, vindas de transnacionais que afirmam seu poder pelo aumento do mercado de consumo de sementes transgênicas (como a soja e o milho), agrotóxicos e insumos químicos agrícolas, naturalmente não podem contradizer as metas de venda no mercado. Propõe-se, então, uma ação que reafirme e fortaleça a lógica mercantil – enriquece-se com vitamina A o óleo e a farinha (provenientes majoritariamente de sementes transgênicas em um sistema de produção que depende do uso de agrotóxicos e insumos químicos agrícolas), com isso o próprio negócio da empresa é estimulado (monocultura de grãos) –, e pouco ou nada se atua na raiz do problema da desnutrição (diversificação para produção de hortaliças e frutas e ampliação do acesso aos alimentos *in natura*). Em resumo, se uma política estrutural for de encontro aos interesses de lucratividade da empresa, ela certamente jamais será levada a cabo por uma ação de responsabilidade social empresarial.

Nesse mesmo sentido, Jack Donnelly pondera que:

Aliviar o sofrimento da pobreza e adotar políticas compensatórias são funções do Estado e não do mercado. Estas são demandas relacionadas à justiça, a direitos e a obrigações e não à eficiência [...] Os mercados simplesmente não podem tratá-las – porque não são vocacionados para isto.[5]

Ao passo que as ações de responsabilidade social empresarial tornam-se mecanismos de negócio, as empresas têm investido em imagem corporativa de forma que o consumidor as encare como "empresas verdes". Muitas vezes, pequenas ações cercadas de campanhas publicitárias milionárias (valores até mesmo bem superiores aos utilizados nas ações sociais em si) cumprem o papel de cativar o consumidor que, diante da sua vulnerabilidade inerente, acaba por privilegiar ou apoiar determinadas marcas em função de sua imagem. Gilberto Dupas nos traz as considerações de David Herdenson – que já foi o principal economista da OCDE – sobre a não gratuidade da boa cidadania empresarial, estando seu custo adicional embutido no aumento de preços pagos pela própria sociedade. David Herdenson ainda salienta não haver nenhum avanço para a democracia quando as políticas públicas são privatizadas e os conselhos de administração das empresas assumem para si metas sociais, ambientais e econômicas conflitantes. Tal tarefa caberia aos governos, que devem permanecer competentes para desempenhá-las.[6]

O grande problema da redução da sociedade civil ao âmbito dos atores privados são as ameaças à real prática da cidadania, que pressupõe um espaço comum de debates, conflitos por direitos e construção do bem público. Nesse sentido,

---

[5] DONNELLY, Jack. "Ethics and International Human Rights." In: *Ethics and International Affairs*. Japão: United Nations University Press, 2001, p. 153.
[6] DUPAS, Gilberto, op. cit., p. 79-80.

Gilberto Dupas aponta a necessidade da reconstrução do espaço público e a volta ao debate político, assim como a recuperação da verdadeira experiência política pelo cidadão:

> O grande desafio para a preservação da cultura democrática implica a reconstrução de um espaço público e a volta ao debate político. A consciência política é mais do que a consciência de cidadania, é uma exigência de responsabilidade – fazer-se ouvir, participar ainda que indiretamente das decisões que afetam nossa vida. A cultura política identifica as instituições políticas como local e meio principal do reconhecimento do outro, buscando a construção de uma convivência coletiva harmoniosa. Ela constitui o esforço para combinar unidade com diversidade e liberdade individual com integração social, e para ampliar a liberdade de cada indivíduo, na medida em que diversifica os projetos individuais e coletivos.[7]

Temos, portanto, que a plena realização do direito humano à alimentação passa pela reafirmação da democracia e pela deliberação com diversidade participativa nos espaços públicos de exercício político. Delegar ao setor privado a realização do direito humano à alimentação é uma medida inócua, dado os diversos inerentes conflitos de interesse decorrentes da lógica do mercado. Verificamos como principal óbice à realização desse direito a fragilização dos Estados nacionais (e também de organismos internacionais) na condução de políticas públicas construídas democraticamente.

---

[7] DUPAS, Gilberto, op. cit., p. 90.

# Capítulo 12
# O papel do Estado

Flávia Piovesan esclarece que a efetivação dos direitos econômicos, sociais e culturais não é apenas uma obrigação moral dos Estados, mas uma obrigação jurídica, fundamentada nos tratados internacionais de proteção dos direitos humanos, em particular o Pacto Internacional dos Direitos Econômicos, Sociais e Culturais.[1] Conforme reforça a professora, tais direitos estabelecem limites adequados aos mercados, enquanto os direitos civis mantêm a democracia dentro dos limites razoáveis.

No que tange à implementação dos direitos econômicos, sociais e culturais, Flávia Piovesan aponta o desafio da construção de um novo paradigma, segundo o qual "o imperativo da eficácia econômica seja conjugado à exigência ética de justiça social, inspirada em uma ordem democrática que garanta o pleno exercício dos direitos humanos".[2]

---

[1] NAÇÕES UNIDAS. Pacto Internacional dos Direitos Econômicos, Sociais e Culturais. Adotado pela Resolução n. 2.200-A (XXI) da Assembleia geral das Nações Unidas, em 16 de dezembro de 1966 e ratificada pelo Brasil em 24 de janeiro de 1992.

[2] PIOVESAN, Flávia. "Proteção dos direitos econômicos, sociais e culturais e do direito à alimentação adequada: mecanismos nacionais e internacionais". In: PIOVENSAN, Flávia; CONTI, Irio Luiz (Coord.). *Direito humano à alimentação adequada*. Rio de Janeiro: Editora Lumen Juris, 2007, p. 47.

Conforme aponta Maria Paula Dallari Bucci, à medida que se busca a concretização dos direitos sociais, cresce a necessidade de políticas públicas que viabilizem a verificação desses direitos.[3] Quando pensamos nos mecanismos de exigibilidade e justiciabilidade de direitos humanos, em particular do direito humano à alimentação, é central o papel do Estado na condução de políticas públicas. A professora ainda assevera que o fundamento mediato das políticas públicas é a própria existência dos direitos sociais – aquele, dentre o rol de direitos fundamentais do homem, que se concretiza por meio de prestações positivas do Estado.[4]

## Políticas públicas e exigibilidade do direito humano à alimentação

São diversas as acepções atribuídas ao termo "políticas públicas". Não trabalharemos com o sentido de normas ou atos isolados, mas sim com uma atividade que conjugue uma série ordenada de normas e atos, com fins de realização de um objetivo determinado. Nesse sentido, política pública é um programa de ação, com uma meta a ser alcançada, por meio de um conjunto ordenado de meios ou instrumentos. "O que organiza e dá sentido a esse complexo de normas e atos jurídicos é a finalidade, a qual pode ser eleita pelos poderes públicos, ou a eles imposta pela Constituição ou leis".[5] Destacamos,

---

[3] BUCCI, Maria Paula Dallari. "Buscando um conceito de políticas públicas para concretização dos direitos humanos." In: BUCCI et al. (Org.). *Direitos Humanos e políticas públicas*. São Paulo: Polis, 2001, p. 7.

[4] Id. *Direito Administrativo e políticas públicas*. 2000. Tese (Doutorado em Direito Administrativo) – Faculdade de Direito da Universidade de São Paulo, São Paulo, p. 90.

[5] SILVA, Guilherme Amorim Campos da. *Direito ao desenvolvimento*. São Paulo: Editora Método, 2004, p. 103.

portanto, a acepção de política pública enquanto imperativo de fazer contido no comando constitucional.

O comando constitucional brasileiro é claro ao dispor o direito à alimentação como direito social (art. 6º) e reforça a atribuição dos entes federativos em fomentar a produção agropecuária e a organização do abastecimento alimentar, assim como em combater as causas da pobreza e os fatores de marginalização, promovendo a integração social dos setores desfavorecidos (art. 23, VIII e X).[6] Tal dever de fomento deveria dar-se à luz do direito humano à alimentação, obedecendo à lógica da sustentabilidade. No entanto, vemos ainda prevalecer o fomento à produção agropecuária tendo em vista a satisfação dos interesses das grandes corporações e não pautado no fim do combate à pobreza e na realização do direito à alimentação.

As normas constitucionais que preveem direitos sociais são frequentemente denominadas "normas constitucionais de eficácia limitada" ou de "conteúdo programático", o que pode dar ensejo à ideia de inexigibilidade imediata, adiamento, programa para o futuro etc. No entanto, José Afonso da Silva[7] esclarece que o fato de depender de atuação do Estado não implica a inexistência de carga eficacial e tampouco o impedimento ao direito subjetivo. Assim, a omissão no adimplemento da obrigação estatal abre a possibilidade de

---

[6] BRASIL. Constituição Federal. 1988.
Art. 23. É competência comum da União, dos Estados, do Distrito Federal e dos Municípios:
VIII – fomentar a produção agropecuária e organizar o abastecimento alimentar;
X – combater as causas da pobreza e os fatores de marginalização, promovendo a integração social dos setores desfavorecidos;

[7] SILVA, José Afonso da. *Aplicabilidade das normas constitucionais*. São Paulo: Malheiros, 2000.

questionamento pelos credores titulares do direito subjetivo (seja econômico, social ou cultural).[8]

A norma constitucional deve, portanto, ser interpretada à luz das construções doutrinárias e das normas e dos instrumentos internacionais que se dedicam cada vez mais a aprimorar e detalhar o conteúdo do direito à alimentação, além de levar em conta o "todo" da Constituição Federal em seus princípios democráticos e de bem comum. Deve haver uma comunicação entre o "político" e o "jurídico", conforme explana Maria Paula Dallari Bucci:

> Essa ideia consistiria em reproduzir o processo de comunicação entre a política e o direito, que se dá ao nível da Constituição, nos níveis inferiores da hierarquia normativa. Assim, todo o direito público, desde a Constituição até os atos administrativos, passando pelas leis complementares e ordinárias, pelos decretos de regulamentação e execução, deveria expressar essa comunicação entre o jurídico e o político, e realizar, segundo as formas do direito, o interesse público, a vontade geral e o bem comum.[9]

Importa notar que, além de disposição constitucional sobre o direito à alimentação, o Brasil conta com legislação específica (Lei n. 11.346 de 15 de setembro de 2006 – Lei de Segurança Alimentar e Nutricional) que afirma o direito humano à alimentação adequada e a obrigação do poder público em adotar políticas e ações para sua promoção:

> Art. 2º A *alimentação adequada é direito fundamental do ser humano*, inerente à dignidade da pessoa humana e indispensável à realização dos direitos consagrados na Constituição Federal, devendo o poder público adotar as políticas e ações que se façam necessárias

---

[8] BEURLEN, Alexandra. *Direito humano à alimentação adequada no Brasil.* Curitiba: Juruá, 2009, p. 109.
[9] BUCCI, Maria Paula Dallari, op. cit., p. 41.

para promover e garantir a segurança alimentar e nutricional da população.

§ 1º A adoção dessas políticas e ações deverá levar em conta as dimensões ambientais, culturais, econômicas, regionais e sociais.

§ 2º É dever do poder público respeitar, proteger, promover, prover, informar, monitorar, fiscalizar e avaliar a *realização do direito humano à alimentação adequada*, bem como garantir os mecanismos para sua exigibilidade.

Conforme já apontamos no início desta obra, as Diretrizes Voluntárias da FAO são um exemplo de instrumento internacional que também detalha os caminhos a serem adotados pelos Estados para a realização do direito à alimentação. De acordo com esse documento, os Estados devem adotar medidas diretas e imediatas para garantir acesso à alimentação adequada, investindo-se em projetos produtivos para melhorar de maneira sustentável os meios de subsistência da população afetada pela pobreza e pela fome, e estabelecendo instituições adequadas, mercados que funcionem, um marco jurídico e normativo favorável, acesso ao emprego e aos recursos produtivos.[10]

Tais investimentos devem advir de políticas públicas pautadas nos ditames constitucionais, legais e nos instrumentos de direitos humanos internacionais. Uma política para a realização do direito humano à alimentação sob a lógica da sustentabilidade requer mudanças gerais nos padrões de desenvolvimento, sendo necessário agir no alicerce da sociedade e da economia, com medidas de políticas de crédito e extensão rural, pesquisa agropecuária e florestal e reforma agrária.[11]

---

[10] Ponto 2.4 das Diretrizes Voluntárias.

[11] Ações citadas no *Marco referencial em agroecologia*, Brasília, Embrapa Informação Tecnológica, 2006, p. 29.

Salientamos esse último aspecto, pois o acesso à terra e aos recursos produtivos são primordiais nesse intento.¹² No âmbito brasileiro, diversas políticas vêm sendo desenvolvidas, tendo em vista o direito à alimentação, como os programas de transferência de renda (como o Programa Bolsa Família – PBF; Benefício de Prestação Continuada – BPC), políticas públicas de produção e disponibilidade de alimentos (Programa Nacional de Agricultura Familiar – Pronaf; Programa de Aquisição de Alimentos – PAA; Política de Garantia de Preços Mínimos/Formação de Estoques Públicos – PGPM), políticas públicas de acesso à alimentação adequada (como o Programa Nacional de Alimentação Escolar – PNAE, que institui o investimento de pelo menos 30% dos recursos destinados ao PNAE na compra de produtos da agricultura familiar, sem necessidade de licitação, priorizando os alimentos orgânicos ou agroecológicos).¹³ Esclarecemos, no

---

[12] Comitê de Segurança Alimentar Mundial. Sessão (30.:2004: Roma, Itália). Diretrizes Voluntárias em apoio à realização progressiva do direito humano à alimentação adequada no contexto da segurança alimentar nacional, Roma, 20-23 de setembro de 2004. Brasília: Ação Brasileira pela Nutrição e Direitos Humanos (Abrandh), 2005:
Diretriz 8.10: "Os Estados deveriam adotar medidas para promover e proteger a segurança da posse da terra, especialmente em relação às mulheres, aos pobres e aos segmentos desfavorecidos da sociedade, mediante uma legislação que proteja o direito pleno e em condições de igualdade a possuir terra e outros bens, incluído o direito à herança. Caso corresponda, os Estados deveriam estudar a possibilidade de estabelecer mecanismos jurídicos e outros mecanismos de políticas, em consonância com as suas obrigações internacionais em matéria de direitos humanos e de conformidade com o estado de direito, que permitam avançar na reforma agrária para melhorar o acesso das pessoas pobres e das mulheres aos recursos. Tais mecanismos deveriam promover também a conservação e a utilização sustentável da terra. Dever-se-ia prestar uma atenção especial à situação das comunidades indígenas."
[13] CONSEA. *A segurança alimentar e nutricional e o direito humano à alimentação adequada no Brasil – indicadores e monitoramento – da Constituição de 1988 aos dias atuais*. Brasília: Consea, novembro de 2010.

entanto, que foge do escopo desta obra a análise da eficácia e mérito dos referidos programas.

Cumpre-nos, porém, asseverar que uma vez previsto constitucionalmente, detalhado infraconstitucionalmente (a exemplo da Lei n. 11.346/2006) e vinculado pela legislação internacional (Pidesc, Diretrizes Voluntárias, Comentário Geral 12 etc.), o Estado Brasileiro deve pôr em prática as políticas necessárias para a implementação do direito humano à alimentação, assim como prever mecanismos para sua exigibilidade pela população brasileira.

Por exigibilidade entende-se a possibilidade de exigir o respeito, a proteção, a promoção e o provimento de direitos perante os órgãos públicos competentes (administrativos, políticos ou jurisdicionais), para prevenir as violações a esses direitos ou repará-las. Está incluído no conceito de exigibilidade, além do direito de reclamar, o direito de ter resposta e ação em tempo oportuno para a reparação da violação por parte do poder público.[14]

Com frequência, associa-se à exigibilidade a ideia de justiciabilidade (ou judiciabilidade), que seria a possibilidade de exigir direitos perante o Poder Judiciário. Intuitivamente o uso de "recursos judiciais" vem à mente quando a questão é a possibilidade de exigir direitos. No entanto, frisamos que a exigibilidade não se restringe à cobrança pelas vias jurídicas, sendo uma obrigação do Estado como um todo, e não apenas do Poder Judiciário (o Poder Legislativo também viola direitos ao negar-lhes efetividade ou deixando de legislar). No entanto, o Poder Executivo acaba sendo protagonista para o provimento desses direitos, uma vez que tem contato direto

---

[14] BURITY, Valéria et al. *Direito humano à alimentação adequada no contexto da segurança alimentar e nutricional*. Brasília: Abrandh, 2010, p. 70.

233

com as pessoas por meio da prestação de serviços públicos garantidores de direitos e da elaboração e implementação de políticas e programas públicos.[15] As violações ao direito humano à alimentação podem dar-se tanto em razão da omissão como de ações estatais. Se o Estado deixar de programar-se para, progressivamente, assegurar o direito humano à alimentação (não legislando, não elaborando políticas públicas ou não destinando verbas orçamentárias) haverá uma violação por omissão. Por sua vez, se o Estado deixar de respeitar o direito humano à alimentação adequada, adotando medidas que violem os preceitos desse direito, haverá uma violação por ação. Assim, tendo em vista os casos abordados aqui, quando o Estado aprova a comercialização de alimentos não comprovadamente sãos, ou em descompasso com as premissas da sustentabilidade, há um desrespeito ao direito humano à alimentação adequada, que abre azo às medidas de exigibilidade.[16]

Os mecanismos de exigibilidade podem ser administrativos, políticos, quase judiciais e judiciais.

A exigibilidade política é a possibilidade de exigir que os agentes políticos façam as escolhas mais eficazes e diligentes, contemplando a participação social e outros princípios, para a garantia dos direitos humanos. Tal exigibilidade pode ocorrer em relação aos organismos de gestão compartilhada responsáveis pela proposição e fiscalização de políticas e programas públicos (como os Conselhos de Políticas Públicas); junto aos Conselhos de Direitos Humanos;[17] ou em relação

---

[15] Ibid., p. 70.
[16] BEURLEN, Alexandra, op. cit., p. 77.
[17] "Alguns conselhos têm como principal função propor e avaliar políticas públicas. Com essa atribuição existem conselhos que têm como objeto determinadas políti-

aos representantes do Poder Legislativo.[18] Importante notar que os Conselhos de Políticas Públicas são relevantes *locus* de exercício da cidadania e de participação social direta na formulação e no monitoramento de políticas públicas.

Por sua vez, a exigibilidade administrativa consiste na possibilidade de exigir, junto aos organismos públicos diretamente responsáveis pela garantia do DHAA (postos de saúde, escolas, postos de Previdência Social, sedes do Instituto Nacional de Colonização e Reforma Agrária – Incra, postos do Ministério do Trabalho etc.), a promoção desse direito, bem como a prevenção, correção ou reparação das ameaças ou violações. A viabilização desse tipo de exigibilidade depende

---

cas ou mesmo determinados programas, como o Conselho Nacional de Assistência Social, o Conselho Nacional de Saúde, o Conselho Nacional de Segurança Alimentar e Nutricional (Consea), o Conselho Nacional das Cidades, o Conselho Nacional de Educação, o Conselho de Alimentação Escolar, entre outros. Outros conselhos têm como função primordial tratar de denúncias de violações de direitos, sejam essas violações cometidas por agentes públicos ou por particulares. Esses são os Conselhos de Direitos. Na situação brasileira atual, por vezes, os conselhos que tratam de políticas públicas exercem funções relativas ao recebimento e encaminhamento de denúncias de violações de direito. Quando, por exemplo, um conselho propõe a criação de determinado programa para suprir uma ausência do Estado, ou quando recomenda que políticas e programas sofram modificações para que não desrespeitem direitos, esses conselhos adotam medidas de exigibilidade para a garantia de direitos e superação de violações dos mesmos. Da mesma forma, os conselhos que tratam de violações de direitos, com base nas denúncias que recebem, podem propor políticas e programas para que os direitos deixem de ser violados." BURITY, Valéria et al., op. cit., p. 94-95.

[18] "Os cidadãos têm legitimidade para cobrar dos seus representantes eleitos o cumprimento de sua plataforma eleitoral ou de tomarem a iniciativa para a elaboração de leis para defesa e exigibilidade dos direitos humanos. Isso pode ser feito por meio de contato direto com os parlamentares ou através de cartas, e-mails, contatos telefônicos com seus gabinetes e assessores, solicitação de audiências ou mesmo por meio de seus escritórios mantidos em sua sede eleitoral. [...] Também compete ao Legislativo exercer o acompanhamento dos planos e programas governamentais e a fiscalização orçamentária da União. O art. 50 da Constituição Federal, por exemplo, atribui à Câmara dos Deputados e ao Senado Federal o poder de encaminhar pedidos escritos de informação sobre determinados atos de responsabilidade dos Ministros de Estado ou quaisquer titulares de órgãos diretamente subordinados à Presidência da República." BURITY, Valéria et al., op. cit., p. 114.

diretamente da existência de canais de interlocução e tratamento às comunicações encaminhadas pela população.[19]

Antes de contemplarmos os mecanismos judiciais de exigibilidade, é importante citar os chamados mecanismos "quase judiciais", os quais possibilitariam a exigência da realização de direitos junto a órgãos que não são parte do Poder Judiciário (em concepção restrita), mas que podem, em última instância, acionar a Justiça para a garantia de direitos. No Brasil, é o caso, do Ministério Público, que, antes de exigir direitos perante o Poder Judiciário, pode usar instrumentos quase judiciais para averiguar violações de direitos e para fazer com que os agentes públicos adéquem suas ações às normas que preveem direitos humanos. Alguns desses instrumentos de exigibilidade quase judiciais são o Termo de Ajustamento de Conduta (TAC) e o inquérito civil.[20]

Um exemplo da atuação no campo do direito humano à alimentação diz respeito ao pedido feito pelo Ministério Público Federal (MPF) no Distrito Federal à Comissão Técnica Nacional de Biossegurança (CTNBio), solicitando que sejam suspensas as deliberações sobre liberação de sementes transgênicas resistentes a agrotóxicos, até que fossem realizadas audiências públicas e estudos conclusivos sobre o impacto da medida para o meio ambiente e para a saúde humana.[21]

---

[19] BURITY, Valéria et al., op. cit., 2010, p. 72.

[20] Ibid., p. 74.

[21] Investigação do MPF em inquérito civil sobre as possíveis ilegalidades na liberação comercial, pela CTNBio, de sementes de soja e milho geneticamente modificadas que apresentam tolerância aos agrotóxicos 2,4-D, glifosato, glufosinato de amônio DAS-68416-4, glufosinato de amônio DAS-44406-6 e outros herbicidas. Disponível em: <http://www.mpf.mp.br/df/sala-de-imprensa/noticias-df/mpf-pede-suspensao-de-deliberacoes-sobre-sementes-transgenicas-resistentes-a-agrotoxicos>. Acesso em: 26 de julho de 2016.

# Justiciabilidade do direito humano à alimentação

A justiciabilidade do direito à alimentação, enquanto um direito social reconhecido pela Constituição Federal, adentra em um debate sobre os limites e alcances das providências jurisdicionais sobre os direitos econômicos, sociais e culturais. A importância do Poder Judiciário na realização desses direitos, em particular do direito à alimentação, é amplamente defendida por diversos juristas e por órgãos internacionais de direitos humanos.[22] O Comentário Geral 12 das Nações Unidas é claro ao dispor sobre os mecanismos judiciais de exigibilidade do direito humano à alimentação, por exemplo:

> 32. Qualquer pessoa ou grupo que seja vítima de uma violação ao direito à alimentação adequada deveria ter acesso à reparação judicial efetiva ou a outro corretivo apropriado, tanto em termos nacionais como em termos internacionais. Todas as vítimas de tais violações têm direito à reparação adequada, a qual pode tomar a forma de restituição, compensação, desculpas ou garantia de que a violação não será repetida. *Ombudsmen* nacionais ou comissões de direitos humanos deveriam tratar das violações ao direito à alimentação.

No entanto, quando se fala em justiciabilidade dos direitos econômicos, sociais e culturais, frequentemente é aduzido o argumento de ingerência indevida do Poder Judiciário na esfera política (privativa do Poder Executivo e Legislativo).

Virgílio Afonso da Silva chama atenção ao fato de nos encontrarmos em uma sociedade infinitamente mais complexa do que aquela onde foi concebida a "teoria da separação dos

---

[22] GOLAY, Christophe. *Direito à alimentação e acesso à justiça: exemplos em nível nacional, regional e internacional*. Roma: Organização das Nações Unidas para Agricultura e Alimentação, 2009.

Poderes" por Montesquieu.[23] "No modelo liberal clássico, no qual os juízes podiam ser considerados como simples 'boca da lei', seria impossível imaginar que o Judiciário pudesse intervir na realização de políticas públicas e, em alguns casos, até mesmo corrigi-las ou defini-las".[24] No entanto, nos dias de hoje, um amplo controle de constitucionalidade é, para o professor, um ponto inquestionável do sistema constitucional, defendendo, assim, que os juízes possuem legitimidade para interferir em questões legislativas e governamentais.

Christophe Golay esclarece que a exigibilidade judicial dos direitos sociais, econômicos e culturais jamais significaria um desrespeito ao princípio da divisão dos poderes, uma vez que todos os Poderes do Estado são incumbidos de garantir o cumprimento das obrigações estatais relativas aos direitos humanos,[25] em particular ao direito humano à alimentação adequada. Por sua vez, Ada Pellegrini Grinover salienta que os três poderes, além de independentes, devem harmonizar-se para que os objetivos fundamentais do Estado sejam alcançados.[26] A professora salienta caber ao Poder Judiciário analisar, em qualquer situação e desde que provocado, o que se convencionou chamar de "atos de governo" ou "questões políticas", sob o prisma do atendimento aos fins do Estado (art. 3º da CF), ou seja, em última análise à sua constitucionalidade.

---

[23] Cf. MONTESQUIEU. *De l'esprit des lois*, XI, 6.
[24] SILVA, Virgílio Afonso da. "O Judiciário e as políticas públicas: entre transformação social e obstáculo à realização dos direitos sociais." In: SOUZA NETO, Cláudio; SARMENTO, Daniel. *Direitos sociais: fundamentação, judicialização e direitos sociais em espécies*. Rio de Janeiro: Lumen Juris, 2008, p. 589.
[25] GOLAY, Cristophe. *Droit à l'alimentation et accès à justice. Collection de l'académie de droit international humanitaire et de droits humains à Genève*. Geneve: Bruylant, 2004, p. 13.
[26] GRINOVER, Ada Pellegrini. O controle de políticas públicas pelo Poder Judiciário. *O processo: estudos e pareceres*. 2. ed. São Paulo: DPJ, 2009, p. 39.

Alexandra Beurlen aponta que ao defender a justiciabilidade não se pretende que o Poder Judiciário passe a executar as tarefas do Legislativo e do Executivo, mas sim que possa impedir as omissões inconstitucionais e desconstituir políticas públicas comprovadamente ineficazes, inconstitucionais e ilegais. Havendo omissão do Estado, o Judiciário poderia compelir o poder competente a eleger a política pública cabível em um dado prazo. No caso de o poder competente não cumprir com sua obrigação no prazo determinado, o Judiciário deveria disciplinar o exercício do direito, inclusive com a definição da política pública a ser executada.[27]

Sobre a possibilidade de apreciação de constitucionalidade de políticas públicas, Fábio Konder Comparato reforça a importância do papel do Poder Judiciário para assegurar a máxima efetividade dos direitos econômicos, sociais e culturais.[28]

Contrariamente à justiciabilidade dos direitos sociais, também é levantado o argumento da "reserva do possível", segundo o qual, os direitos sociais, econômicos e culturais só poderiam ser realizados a depender das possibilidades orçamentárias e da capacidade jurídica de dispor.[29] Nesse sentido, apenas ao Poder Executivo e Legislativo caberia definir políticas públicas, e o quanto e como se pode gastar para a realização de direitos.

Ingo Wolfgang Sarlet esclarece a problemática relacionada à reserva do possível:

---

[27] BEURLEN, Alexandra, op. cit., p. 112 e 130.
[28] COMPARATO, Fábio Konder. "Ensaio sobre o juízo de constitucionalidade de políticas públicas." *Revista dos Tribunais*, São Paulo, a. 86, v. 737, p. 21-22, mar. 1997.
[29] SARLET, Ingo Wolfgang. *A eficácia dos direitos fundamentais*. 8. ed., Porto Alegre: Livraria do Advogado Ed., 2007, p. 308.

> [...] a assim designada reserva do possível apresenta pelo menos uma dimensão tríplice, que abrange: a efetiva disponibilidade fática dos recursos para a efetivação dos direitos fundamentais; b) a disponibilidade jurídica dos recursos materiais humanos, que guarda íntima conexão com a distribuição das receitas e competências tributárias, orçamentárias, legislativas e administrativas, entre outras, e que reclama equacionamento, notadamente no caso do Brasil, no contexto do nosso sistema constitucional federativo; c) já na perspectiva (também) do eventual titular de um direito a prestações sociais, a reserva do possível envolve o problema da proporcionalidade da prestação, em especial no tocante à sua exigibilidade, e, nesta quadra, também da sua razoabilidade.[30]

Ainda que reconhecida referida problemática, Ingo Wolfgang Sarlet levanta o questionamento sobre até que ponto tais aspectos efetivamente podem impedir a eficácia e realização dos direitos sociais, econômicos e culturais.[31]

Ada Pellegrini Grinover assevera que

> frequentemente a "reserva do possível" pode levar o Judiciário à condenação da administração a uma obrigação de fazer em duas etapas: primeiro, a inclusão no orçamento da verba necessária ao adimplemento da obrigação; e, em seguida à inclusão, à obrigação de aplicar a verba para o adimplemento da obrigação.[32]

Importante esclarecer que não apenas os direitos sociais econômicos e culturais implicam o dispêndio de custos. Virgílio Afonso da Silva atenta ao fato de que recursos públicos são indispensáveis tanto para a proteção dos direitos civis

---

[30] Ibid., p. 289.
[31] Ibid., p. 288.
[32] GRINOVER, Ada Pellegrini. "Judiciário pode intervir no controle do Executivo." *Revista Consultor Jurídico* [on-line], 8 de maio de 2009. Disponível em: <http://www.conjur.com.br/2009-mai-08/judiciario-intervir-executivo-controlar-politicas-publicas>. Acesso em: 27 jul. 2016.

e políticos como para a liberdade de imprensa, o direito de propriedade, o direito de associação etc., "já que a criação e a manutenção de instituições políticas, judiciárias e de segurança, necessárias para a garantia desses direitos, implicam gastos para o Estado".[33] De outro lado, o professor traz a consideração de que haveria direitos sociais que não implicam grandes gastos, por não requererem um "fazer", mas uma abstenção. O direito à saúde, por exemplo, pode implicar um dever estatal de não prejudicar a saúde dos indivíduos. Com base nisso, tomamos a liberdade de estender o exemplo ao direito à alimentação, como nos casos em que se deve limitar políticas de subsídios (e gastos) com modelos produtivos não sustentáveis de alimentos ou que prejudiquem a saúde da população.

Porém, não se pode deixar de reconhecer que a exigibilidade individual de direitos sociais no Judiciário (como a demanda de medicamentos em nome do direito à saúde) pode afetar o planejamento coletivo e global de políticas públicas, devido ao comprometimento de orçamento. Tendo isso em vista, Virgílio Afonso da Silva defende que o Judiciário seja capaz de pensar os direitos sociais de forma global, bem como de "exigir explicações objetivas e transparentes sobre a alocação de recursos públicos por meio das políticas governamentais, de forma a estar apto a questionar tais alocações com os poderes políticos sempre que necessário for".[34]

O professor também pondera ser defensável a legitimidade dos juízes para discutir políticas públicas e ao mesmo tempo reconhecer a limitação dessa atuação por uma série de razões

---

[33] SILVA, Virgílio Afonso da. "O Judiciário e as políticas públicas: entre transformação social e obstáculo à realização dos direitos sociais." In: SOUZA NETO, Cláudio; SARMENTO, Daniel. *Direitos sociais: fundamentação, judicialização e direitos sociais em espécies*. Rio de Janeiro: Lumen Juris, 2008, p. 591.

[34] Ibid., p. 598.

estruturais, tais como o despreparo dos juízes, a falta de estrutura dos tribunais e o despreparo dos procedimentos judiciais para essa tarefa. Isso significa que, embora o ativismo judicial seja uma possibilidade, ele depende de diversas mudanças estruturais nessas esferas para que seja possível tratar os direitos sociais e sobre eles decidir de forma coletiva.[35]

No que tange ao direito humano à alimentação, é necessário ainda avançar muito em relação ao conhecimento e à apropriação por parte do Judiciário da complexidade do conteúdo desse direito. Compreender suas dimensões e sua interação com outros direitos fundamentais, como o direito à terra, à participação, ao meio ambiente ecologicamente equilibrado e à justiça nas relações produtivas e na comercialização etc., é imprescindível para uma correta intervenção jurídica nas políticas públicas.

De forma a exemplificar as possíveis providências do Judiciário em relação à realização do direito humano à alimentação, trazemos aqui alguns casos emblemáticos listados por Christophe Golay em estudo para a FAO.

*Justiciabilidade das obrigações de respeitar, proteger, promover e prover o direito à alimentação*

Conforme já comentado na primeira parte deste livro, Asbjørn Eide[36] desenvolveu uma tipologia dos diferentes níveis de obrigações dos Estados quanto ao direito humano à alimentação. Essas obrigações seriam: a obrigação de (i) respeitar; (ii) proteger; (iii) promover; e (iv) prover direitos

---

[35] Ibid., p. 596.
[36] Nações Unidas. E/CN.4/2001/53.

humanos.[37] A jurisprudência nacional e internacional demonstra a possibilidade de justiciabilidade dessas obrigações.

A título de ilustração, trazemos o caso *Ogoni*,[38] em que a Comissão Africana de Direitos Humanos e dos Povos (ComADHP) reconheceu violação do direito à alimentação das comunidades Ogonis pelo governo da Nigéria devido à destruição das bases de sua alimentação. A ComADHP concluiu que o tratamento do Governo às comunidades Ogonis violou os deveres mínimos do Estado em relação ao direito à alimentação: o Governo destruiu as fontes de alimentos com suas forças de segurança e com companhias petrolíferas estatais; permitiu que companhias petrolíferas privadas destruíssem as fontes de alimentos; e, por meio do terror, impediu que as comunidades Ogonis se autoalimentassem.[39] Dentre as medidas reparatórias determinadas pela ComADHP, o Governo deveria corrigir a violação ao direito à alimentação, inclusive mediante pagamento de compensações e despoluição das terras e dos rios.

A obrigação de (i) *respeitar* o direito à alimentação relaciona-se a uma obrigação de abstenção, não acarretando, *a priori*, despesa orçamentária específica. Um exemplo de violação dessa natureza encontra-se no caso *Kenneth George*, ocorrido na África do Sul, em que comunidades de pescadores tradicionais perderam acesso ao mar após a promulgação de uma lei sobre os recursos marinhos. As comunidades alegaram,

---

[37] Esses níveis de obrigações também são previstos no parágrafo 15 do Comentário Geral 12 do Comitê das Nações Unidas sobre Direitos Econômicos, Sociais e Culturais (E/C.12/1999/5).

[38] ComADHP, *Social and Economic Rights Action Center (SERAC), Center for Economic and Social Rights v. Nigeria*, 2001. Disponível em: <http://www.escr-net.org/sites/default/files/serac.pdf>. Acesso em: 26 jul. 2016.

[39] Ibid., parágrafo 66.

perante a Alta Corte da Província de Cabo de Boa Esperança, que o Governo violou a obrigações de *respeitar* o direito à alimentação e de não tomar medidas que impeçam o cumprimento desse direito. A Corte ordenou acesso imediato ao mar aos pescadores e que o Governo redigisse uma nova lei, com a participação das comunidades de pescadores tradicionais, para que o direito à alimentação fosse respeitado.[40]

A obrigação de (ii) *proteger* imprime uma conduta positiva. Como ilustração, a Corte Suprema da Índia determinou a obrigação do Governo de proteger os direitos dos pescadores tradicionais de ter acesso ao mar, à terra e à água contra as atividades da indústria do camarão,[41] e os modos de subsistência das populações tribais contra as concessões outorgadas pelo Estado às companhias privadas.[42]

Por sua vez, a obrigação de (iii) *promover* e de (iv) *prover* o direito à alimentação é frequentemente associado ao dispêndio de recursos orçamentários, e por isso sua justiciabilidade acaba sendo mais dificultosa e questionada. Destacamos três principais situações em que essas obrigações são exigidas por meio da Justiça: (a) para o provimento de um mínimo existencial, tendo em vista o abrigo da fome (núcleo duro do direito à alimentação); (b) para o controle da implementação de políticas já adotadas pelo poder público; (c) para o controle da apropriação e razoabilidade das políticas para realização do direito à alimentação.

Para exemplificar a primeira situação, Christophe Golay traz o caso argentino *Defensor del Pueblo de la Nación c.*

---

[40] South Africa, High Court, *Kenneth George and Others v. Minister of Environmental Affairs & Tourism*, 2007, par. 94-96.
[41] India, Supreme Court, S. *Jagannath vs. Union of India and Ors*, 1996.
[42] Ibid.

*Estado Nacional y outra*.⁴³ A Corte Suprema argentina obrigou o Governo nacional e o Governo da Província do Chaco a prover acesso à alimentação e à água potável às comunidades indígenas que vivem na Província. Tratava-se de uma situação de urgência, em que as condições de vida deploráveis já tinham causado onze mortes. Como justificativa para ordenar medidas positivas aos poderes executivos, a Corte invocou a gravidade da situação e seu papel de guardiã da Constituição e de seus direitos fundamentais. A Corte ressaltou que tal decisão não deveria ser vista como uma intromissão indevida do Poder Judiciário, uma vez que estava em jogo a tutela de direitos e o suprimento de omissões.⁴⁴ Nesse sentido, resta claro ser possível a demanda judicial por provimento de alimentos, na circunstância de grave ameaça ao mínimo existencial, de forma a garantir o núcleo duro do direito à alimentação, qual seja, o de estar ao abrigo da fome. O provimento direto de alimentos (ou provimento de renda para aquisição de alimentos) é uma obrigação do Estado em relação aos grupos impossibilitados de obter a alimentação por conta própria, como, por exemplo, as vítimas de desastres naturais ou de guerras; os órfãos; minorias étnicas, idosos, doentes e crianças em situação de vulnerabilidade etc. A obrigação de prover alimentos adequados ocorre em caráter emergencial, sempre que as outras obrigações (respeitar, proteger e promover) não forem suficientes para garantir o direito humano à alimentação.

A segunda situação diz respeito ao controle da implementação de políticas públicas para a realização do direito à alimentação. Isso ocorre quando as próprias autoridades

---

⁴³ Argentina, Corte Suprema de Justicia de la Nación, *Defensor del Pueblo de la Nación c. Estado Nacional y otra*, 2007, par. 3.III.
⁴⁴ Ibid., par. 3.

políticas assumem o compromisso em relação à determinada política, sendo mais fácil para o poder Judiciário exigir que essas propostas sejam implementadas. Como caso ilustrativo, citamos o *People's Union for Civil Liberties*,[45] no qual várias comunidades passavam fome no estado do Rajastão, na Índia, enquanto existiam estoques de alimentos não utilizados sendo comidos por ratos. A Suprema Corte da Índia proferiu diversas decisões provisórias, exigindo que os governos dos estados da Índia implementassem os programas de distribuição de alimentação que foram elaborados pelo Governo nacional.

Por fim, como exemplo da terceira situação – justiciabilidade para o controle da apropriação e razoabilidade das políticas de alimentação –, citamos a decisão da Corte Interamericana de Direitos Humanos (CIDH) no caso *Sawhoyamaxa v. Paraguay*. A CIDH concluiu que o governo do Paraguai não havia adotado todas as medidas que poderia razoavelmente ter tomado para garantir o direito à vida e o direito à alimentação dos membros da comunidade Sawhoyamaxa. Tendo em vista a correção da violação, a Corte indicou diversas medidas que o Governo devia tomar, como, por exemplo, compensação para as vítimas, reconhecimento de seus direitos sobre suas terras ancestrais, criação de um fundo de desenvolvimento para a comunidade e distribuição de alimentação adequada até que eles voltassem a ter acesso completo a suas terras.[46]

Com esses exemplos, ao refletirmos sobre a situação da produção agrícola não sustentável, ou seja, quando a produção de alimentos não respeita o princípio da precaução, coloca em risco a saúde humana, o meio ambiente e desrespeita

---

[45] India, Supreme Court, *People's Union for Civil Liberties vs. Union of India & Ors*, 2001.
[46] GOLAY, Christophe, op. cit., p. 27.

outros direitos humanos, estamos diante de uma afronta ao direito humano à alimentação, havendo assim fundamentação para a justiciabilidade.

# Capítulo 13
# O papel da educação

Diante dos patentes conflitos público-privados que emergem da realização do direito humano à alimentação sob a premissa da sustentabilidade e dos óbices advindos da exigibilidade desse direito, partimos para nosso último ponto de análise, qual seja, o papel da solidariedade na educação como força motriz da realização do DHAA. Em seu discurso na Segunda Conferência Internacional sobre Nutrição, o Papa Francisco nos fala dos desafios para a realização do direito humano à alimentação e, entre eles, cita a solidariedade:

> O segundo desafio que se deve enfrentar é a falta de solidariedade. Nossas sociedades se caracterizam por um crescente individualismo e pela fragmentação; isto termina privando os mais frágeis de uma vida digna e provocando revoltas contra as instituições. Quando falta a solidariedade em um país, todos ressentem. Com efeito, a solidariedade é a atitude que torna as pessoas capazes de ir ao encontro do próximo e fundar suas relações mútuas neste sentimento de fraternidade que vai além das diferenças e dos limites, e encoraja a procurarmos, juntos, o bem comum. Se tomassem consciência de ser parte responsável do desígnio da Criação, os seres humanos seriam capazes de se respeitar reciprocamente, ao invés de combater entre si, danificando e empobrecendo o planeta. Também os Estados, concebidos como uma comunidade de pessoas e de povos, se fossem exortados a atuar de comum acordo,

estariam dispostos a ajudar-se uns aos outros, mediante princípios e normas que o direito internacional coloca à sua disposição.

Uma fonte inesgotável de inspiração é a lei natural, inscrita no coração humano, que fala uma linguagem que todos podem entender: amor, justiça, paz, elementos inseparáveis entre si. Como as pessoas, também os Estados e as instituições internacionais são chamados a acolher e cultivar estes valores, no espírito de diálogo e escuta recíproca. Deste modo, o objetivo de nutrir a família humana se torna factível.[1]

A solidariedade entendida como um valor ético-moral (e no âmbito jurídico, como um princípio) tem seu conceito frequentemente aproximado aos de simpatia, compaixão e caridade, que são simultaneamente sentimentos e virtudes. E, nesse sentido, não podem ser impostos. Como sentimentos, eles podem ser ensinados e aprimorados, conforme demonstra a história sobre a formação do homem grego: a educação tem de ser também um processo de construção consciente.[2]

Na sociedade contemporânea, a solidariedade é um dever social, assegurado em diversas Constituições modernas. Esta nova visão ética do meio ambiente tem um marco histórico: a realização da Conferência das Nações Unidas sobre o Meio Ambiente e o Desenvolvimento (CNUMAD), conhecida também como ECO-92, que não só estabeleceu as bases para o desenvolvimento sustentável, mas consagrou o princípio da precaução nas questões ambientais.[3]

---

[1] Discurso do Papa Francisco à sede da FAO, em Roma, por ocasião da Segunda Conferência Internacional sobre Nutrição. Sede da FAO – Roma. 20 de novembro de 2014. Disponível em: <http://papa.cancaonova.com/discurso-do-papa-a-conferencia-da-fao-sobre-nutricao>. Acesso em: 20 jul. 2016.

[2] JAEGER, Werner Wilhelm. *Paideia: a formação do homem grego.* Trad. Arthur M. Parreira 4. ed., São Paulo: Martins Fontes, 2001, p. 9-10.

[3] BOITEUX, Elza Antônia P. C.; BOITEUX, Fernando Netto. *Poluição eletromagnética e meio ambiente: o princípio da precaução.* Porto Alegre: Sérgio Antonio Fabris Editor, 2008.

Daniel José da Silva mostra que a *sustentabilidade* é também uma ética: "Uma ética que responde em sua origem à emoção de constrangimento à degradação do mundo, tanto da natureza quanto dos humanos que o degradam". O professor esclarece que a emoção experimentada, quando trabalhada pedagogicamente, pode ser somatizada como uma ética, ou seja, como uma nova forma de agir do ser humano.[4] Destaca-se, portanto, o papel da educação para a internalização da ética da sustentabilidade, e, por consequência, para a realização dos direitos humanos nela pautados.

A educação como sistema político de formação do ser humano é narrada por diversos autores, em especial Werner Wilhelm Jaeger, que descreve a construção de um sistema consciente de educação para atingir um ideal de homem e de cidadão:

> Os gregos viram pela primeira vez que a educação tem de ser também um processo de construção consciente. "Constituído de modo correto e sem falha, nas mãos, nos pés e no espírito", tais são as palavras pelas quais um poeta grego dos tempos de Maratona e Salamina descreve a essência da virtude humana mais difícil de adquirir. Só a este tipo de educação se pode aplicar a palavra formação, tal qual a usou Platão pela primeira vez em sentido metafórico aplicando-a à ação educadora.[5]

O nascimento da *paideia*[6] grega teve como finalidade a superação dos privilégios da antiga educação, na qual a *arete*

---

[4] SILVA, Daniel José da. *Ética, educação e sustentabilidade*. COEB 2012, p. 2. Disponível em: <http://www.pmf.sc.gov.br/arquivos/arquivos/pdf/13_02_2012_10.54.00.7c80 cd14c3771f0d648accb834e4e269.pdf>. Acesso em: 26 jul. 2016.

[5] JAEGER, Werner Wilhelm, op. cit., p. 9-10.

[6] "Foi então que pela primeira vez surgiu uma paideia do homem adulto. O conceito que originariamente designava apenas o processo da educação como tal, estendeu ao aspecto objetivo e de conteúdo a esfera do seu significado, exatamente como a palavra alemã *Bildung* (formação) ou a equivalente latina *cultura*, do processo da

(virtudes) era acessível apenas aos que tinham sangue divino. O caminho para isso era a construção consciente do espírito.[7] Werner Wilhelm Jaeger elucida que o objetivo da educação sofista, qual seja, a formação do espírito, encerra-se em diversos processos e métodos, entre eles na política e na ética. Quando esses aspectos são incorporados na educação, o homem deixa de ser considerado em abstrato, e passa a ser concebido como membro da sociedade: "É dessa maneira que coloca a educação em sólida ligação com o mundo dos valores e insere a formação espiritual na totalidade da *arete* humana".[8]

Daniel José da Silva recorre à herança grega para apontar a necessidade atual de trabalhar o tema da sustentabilidade como uma "nova ética a ser considerada nas propostas educacionais de forma a qualificar os seres humanos aos desafios culturais de uma sociedade sustentável"[9] e, a nosso ver, para o exercício da reivindicação cidadã por direitos. Diante da questão se a ética, considerada como virtude humana, pode ser um conhecimento adquirido, o professor recorre às ciências

---

formação passaram a designar o ser formado e o próprio conteúdo da cultura, e por fim abarcaram, na totalidade, o mundo da cultura espiritual: o mundo em que nasce o homem individual, pelo simples fato de pertencer ao seu povo ou a um círculo social determinado. A construção histórica deste mundo da cultura atinge seu apogeu no momento em que se chega à ideia consciente da educação. Torna-se claro e natural o fato de os gregos, a partir do séc. IV, quando este conceito encontrou a sua cristalização definitiva, terem dado o nome de *paideia* a todas as formas e criações espirituais e ao tesouro completo de sua tradição, tal como nós o designamos por *Bildung* ou, com a palavra latina, *cultura*." JAEGER, Werner Wilhelm, op. cit., p. 354.

[7] "Basta para tanto que nos figuremos o conceito de espírito na multiplicidade dos seus aspectos possíveis. Por um lado, o espírito é o órgão através do qual o homem apreende o mundo das coisas e se refere a ele. Porém, se abstrairmos de qualquer conteúdo objetivo (e esta é uma nova faceta do espírito naquele tempo), também o espírito não é vazio, mas revela pela primeira vez sua própria estrutura interna. É este o espírito como princípio formal." JAEGER, Werner Wilhelm, op. cit., p. 342.

[8] Ibid., p. 342.

[9] SILVA, Daniel José da, op. cit.

cognitivas e à pedagogia construtivista, concluindo que "sim, é possível construir emoções secundárias com a educação e associar a essas emoções um valor ético", parecendo ser esse o caso em relação à sustentabilidade:[10]

> Os seres vivos, incluindo nós, os humanos, não nascemos com informações genéticas sobre um viver sustentável. Na natureza a sustentabilidade acontece como uma emergência dos ecossistemas. Nas sociedades humanas ela terá que acontecer como uma emergência cultural de nossas cidades, nações e países. E para que isto aconteça as escolas precisam construir uma nova PAIDEIA, um novo programa de formação ética e humanista para crianças, jovens e cidadãos. ANTES QUE SEJA TARDE DEMAIS.[11]

O processo de consolidação da educação pelos gregos leva em conta que o ser humano nasce com a biologia do emocionar, sendo o amor e o medo as *emoções primárias*, estando o homem sujeito a experimentar ao longo de sua vida as *emoções secundárias*, tais quais gentileza, coragem, honestidade, paz, responsabilidade social. Elas podem ser "construídas pedagogicamente e experimentadas e praticadas, de modo a consolidar na biologia do corpo a memória cognitiva (rede neurológica e sistema imunológico) de cada uma das emoções". Nesse sentido a educação funda-se também no "ensino das virtudes humanas enquanto éticas que o corpo humano experimenta como emoções".[12]

Também cumpre comentar o papel da educação grega no ensino da ética cidadã, no sentido de "não somente educar um humano a viver de forma civilizada, mas também formar um cidadão que seja capaz de reconhecer seus direitos e deveres

---

[10] Ibid., p. 3.
[11] Ibid., p. 3.
[12] Ibid., p. 5-6.

para com a cidade com a qual possui sua pertinência histórica e ecológica".[13] Quando transmutamos essa lição para os dias de hoje, vemos como necessária a educação quanto à cidadania global, que influencia diretamente na construção e na exigibilidade de direitos humanos internacionais. A partir do momento em que o ser humano entende-se como cidadão do mundo, ele passa a reconhecer os direitos e deveres compartilhados com toda a humanidade. E o *reconhecer* abre caminho para o *reivindicar*.

Sobre a educação para os direitos humanos, trazemos a lição do ilustre professor e pensador Paulo Freire:

> A educação para os direitos humanos, na perspectiva da justiça, é exatamente aquela educação que desperta os dominados para a necessidade da briga, da organização, da mobilização crítica, justa, democrática, séria, rigorosa, disciplinada, sem manipulações, com vistas à reinvenção do mundo, à reinvenção do poder. A questão colocada não é a de um educador que se inserisse como estímulo à tomada do poder, que parasse na tomada do poder, mas a da tomada do poder que se prolongue na reinvenção do poder tomado, o que vale dizer que essa educação tem que ver com uma compreensão diferente do desenvolvimento, que implica uma participação, cada vez maior, crescente, crítica, afetiva, dos grupos populares.[14]

Não queremos aqui afirmar ingenuamente que a educação é a solução para todos os males. É necessário reconhecer os limites da eficácia da educação, ainda mais se ela contraria os poderosos interesses da lógica mercantil. O legado grego

---

[13] Ibid., p. 7.
[14] FREIRE, Paulo. "Direitos humanos e educação libertadora." In: FREIRE, Paulo; FREIRE, Ana Maria Araújo (Orgs.). *Pedagogia dos sonhos possíveis*. São Paulo: Unesp, 2001, p. 99.

nos aponta que os seres humanos são terrenos férteis[15] para a apreensão da ética por meio do trabalho educativo, mas, diante dos inúmeros conflitos público-privados para a realização do direito humano à alimentação, resta-nos a questão: poderiam também os mercados sob a lógica capitalista serem educados para a ética da sustentabilidade, da solidariedade e para o respeito aos direitos humanos? Seriam os mercados terrenos férteis para a apreensão da ética por meio da educação?

Tendemos a crer que o mercado em si, ou a lógica mercantil-capitalista, enquanto ente inanimado, não apreende a ética. No entanto, os seres humanos que são mobilizadores desse sistema são sujeitos à educação ética e, portanto, possibilitam mudanças e adaptações nos rumos das práticas mercadológicas.

A eficácia limitada da educação é reconhecida e explanada por Paulo Freire, ao aduzir a necessidade de não cairmos na ingenuidade de uma educação "todo-poderosa", tampouco de negar a potencialidade da educação, cabendo-nos, no entanto, "descobrir os espaços para a ação" e "nos organizarmos nos espaços". "É reconhecer que a educação, não sendo a chave, a alavanca da transformação social, como tanto vem se afirmando, é, porém, indispensável à transformação social."[16]

---

[15] "É através do exemplo da agricultura, encarada como caso fundamental do cultivo da natureza pela arte humana, que Plutarco explica a relação entre os três elementos da educação. Uma boa agricultura requer em primeiro lugar uma terra fértil, um lavrador competente e uma semente de boa qualidade. Para a educação, o terreno é a natureza do homem; o lavrador é o educador; a semente são as doutrinas e os preceitos transmitidos de viva voz. Quando as três condições se realizam com perfeição, o resultado é extraordinariamente bom." In: JAEGER, Werner Wilhelm, op. cit., p. 364.

[16] FREIRE, Paulo. "Direitos humanos e educação libertadora." In: FREIRE, Paulo; FREIRE, Ana Maria Araújo (Org.). *Pedagogia dos sonhos possíveis*. São Paulo: Editora Unesp, 2001, p. 98 e 100.

No campo da alimentação, alguns passos podem ser observados na esfera brasileira, como, por exemplo, a publicação no ano de 2012 do *Marco de referência de educação alimentar e nutricional para as políticas públicas*,[17] documento produzido com a participação da sociedade civil (contando com mecanismos participativos, tais quais consulta pública, encontros e oficinas), elaborado sob perspectiva do direito humano à alimentação adequada. O referido marco objetiva orientar as políticas públicas governamentais relacionadas à educação alimentar e nutricional (EAN), saindo da abordagem meramente biológica da alimentação e incorporando dimensões sociais, econômicas e de direitos afetas ao tema. Um dos princípios enumerados no marco de referência para políticas públicas de educação alimentar e nutricional, que aqui nos cabe destacar, é o "princípio da sustentabilidade social, ambiental e econômica":

> A temática e os desafios da sustentabilidade assumem um papel central na reflexão sobre as dimensões do desenvolvimento e dos padrões de produção, de abastecimento, de comercialização, de distribuição e de consumo de alimentos. No contexto deste marco, "sustentabilidade", inspirada em seu conceito original (ONU, 1987) e no conceito de "ecologia integral" (BOFF, 1999; DELLORS, 1999), não se limita à dimensão ambiental, mas

---

[17] "Educação alimentar e nutricional, no contexto da realização do direito humano à alimentação adequada e da garantia da segurança alimentar e nutricional, é um campo de conhecimento e de prática contínua e permanente, transdisciplinar, intersetorial e multiprofissional, que visa promover a prática autônoma e voluntária de hábitos alimentares saudáveis. A prática da EAN deve fazer uso de abordagens e recursos educacionais problematizadores e ativos que favoreçam o diálogo junto a indivíduos e grupos populacionais, considerando todas as fases do curso da vida, etapas do sistema alimentar e as interações e os significados que compõem o comportamento alimentar." Definição trazida em: BRASIL. Ministério do Desenvolvimento Social e Combate à Fome. *Marco de referência de educação alimentar e nutricional para as políticas públicas*. Brasília, DF: MDS/Secretaria Nacional de Segurança Alimentar e Nutricional, 2012, p. 23.

estende-se às relações humanas, sociais e econômicas estabelecidas em todas as etapas do sistema alimentar. Assim, *a EAN quando promove a alimentação saudável refere-se à satisfação das necessidades alimentares dos indivíduos e populações, no curto e no longo prazos, que não implique o sacrifício dos recursos naturais renováveis e não renováveis e que envolva relações econômicas e sociais estabelecidas a partir dos parâmetros da ética, da justiça, da equidade e da soberania*[18] (grifo nosso).

Estamos ainda em uma pré-etapa de reflexão e consolidação de conceitos a serem um dia propriamente trabalhados em estratégias de educação efetivas. Cumpre-nos, portanto, a tarefa de, com este livro, contribuir para a consolidação desses conceitos, não deixando de enfatizar os pontos de abordagem mais sensíveis, como os conflitos público-privados reais que emergem quando discutimos a realização do direto humano à alimentação adequada. Os choques de interesse advindos da construção de um sistema alimentar sustentável não podem ser ignorados e devem ser trazidos à discussão no cenário educativo. Isso porque os contatos com tais conflitos exprimem no ser humano uma miríade de sentimentos, tais quais revolta, compaixão e senso de justiça, que podem ser trabalhados para uma formação ética que gere transformações sociais.

Recorremos, por fim, à lição de Norberto Bobbio, segundo a qual:

> ... os direitos do homem, por mais fundamentais que sejam, são direitos históricos, ou seja, nascidos em certas circunstâncias, caracterizados por lutas em defesa de novas liberdades contra velhos

---

[18] BRASIL. Ministério do Desenvolvimento Social e Combate à Fome. *Marco de referência de educação alimentar e nutricional para as políticas públicas*. Brasília, DF: MDS/Secretaria Nacional de Segurança Alimentar e Nutricional, 2012, p. 24.

poderes, e nascidos de modo gradual, não todos de uma vez e nem de uma vez por todas.[19]

Segue essa lógica o nascimento do direito humano à alimentação adequada e saudável, pautado na sustentabilidade e no seu contínuo processo de realização. A afirmação desse direito significa uma revisitação constante ao universo dos significados, em que cada visita distingue-se da anterior devido às mudanças contextuais. A educação imprime papel estratégico para o aprimoramento desse direito, uma vez que possibilita a ampliação dos indivíduos pensantes e suas consequentes contribuições para a atribuição de significados aos direitos, assim como para realização desses conteúdos.

A educação, portanto, pode desempenhar papel-chave para a ampliação da "consciência ética coletiva", comentada por Fábio Konder Comparato[20] no início desta obra, como o necessário fundamento para a vigência dos direitos humanos.

---

[19] BOBBIO, Norberto. *A era dos direitos*. Trad. Carlos Nelson Coutinho. 6. reimpressão. Rio de Janeiro: Elsevier, 2004, p. 5.

[20] COMPARATO, Fábio Konder. *A afirmação histórica dos direitos humanos*. 6. ed., São Paulo: Saraiva, 2008, p. 60.

# Conclusão da Parte III

A Parte III contemplou os conflitos público-privados emergentes da implementação de direitos humanos, em particular do direito humano à alimentação orientado pela ética da sustentabilidade.

Partimos da análise de Gilberto Dupas sobre a primazia do setor privado corporativo na esfera política e nos espaços públicos, traduzindo-se num forte poder de influência sobre as instâncias decisórias de políticas públicas. A aplicação de uma visão mercadológica às orientações políticas resulta em "otimização" dos fatores de produção e aumento concentrado do lucro em detrimento de interesses públicos relacionados aos direitos sociais.

Nesse contexto, sustentamos, ao lado de Gilberto Dupas, que a liberdade das empresas não deva ser ilimitada, sendo necessária a imposição de regras construídas coletivamente. Tal constatação leva-nos à reflexão sobre os naturais embates de direitos fundamentais (no caso, a propriedade e a livre-iniciativa *versus* direitos sociais), concluindo, conforme a lição de Norberto Bobbio, que não há fundamento absoluto que impeça a restrição de certos direitos para a garantia de outros.

O conflito entre direitos deve ser solucionado em um espaço democrático de discussão política; no entanto, o poderio privado predomina onde deveria haver uma pluralidade de representações e impede um equilíbrio de forças no embate político.

Soma-se a isso o encolhimento do papel do Estado na condução de políticas públicas, a delegação dessa tarefa ao setor privado e a construção de um "lugar do não conflito" na sociedade contemporânea. Ganham corpo as ações de responsabilidade social empresarial, que, em regra, atuam marginalmente em problemas estruturais. Ao passo que as políticas públicas são privatizadas, há um prejuízo substancial à democracia.

A fragilização dos Estados nacionais (e também de organismos internacionais) na condução de políticas públicas construídas democraticamente é apresentada como um dos principais óbices à realização do direito humano à alimentação, conforme os ditames da sustentabilidade.

Ainda assim, sustentamos que a efetivação dos direitos econômicos, sociais e culturais é obrigação jurídica dos Estados, sendo as políticas públicas um instrumento viabilizador da verificação desses direitos.

O direito à alimentação é um direito social assegurado na Constituição Federal Brasileira e um direito humano fundamental reconhecido internacionalmente e por legislação infraconstitucional (Lei n. 11.346/2006), sendo claro, em todos esses instrumentos, o dever do Estado em conduzir políticas para a sua implementação e em prover mecanismos que permitam sua exigibilidade (política, administrativa, quase judicial e judicial).

Foi dado destaque aos questionamentos advindos da exigibilidade judicial do direito humano à alimentação enquanto um direito econômico, social e cultural, sustentando a possibilidade de apreciação pelo Judiciário da constitucionalidade de políticas públicas e da sua atuação diante da omissão do Executivo ou Legislativo. Trouxemos jurisprudência que exemplifica a atuação do Judiciário quanto às obrigações de respeitar, proteger, promover e prover o direito à alimentação sob a lógica da sustentabilidade. Importou-nos, porém, ponderar as limitações fáticas e instrumentais da atuação dos juízes nessa seara, principalmente no que tange à necessidade de aumento do grau de compreensão sobre a complexidade do conteúdo do direito humano à alimentação.

Os conflitos conjunturais e de implementação do direito humano à alimentação nos conduziram à contemplação do papel da educação como força mobilizadora para realização do direito humano à alimentação sob o prisma da sustentabilidade.

Defendemos que a solidariedade e a sustentabilidade, enquanto éticas inerentes ao direito humano à alimentação, podem ser obtidas por meio da educação. Tal processo educativo leva em conta a experimentação de emoções, passíveis de serem somatizadas como uma ética, imprimindo uma nova forma de agir do ser humano. Comentamos também ser fundamental o ensino da ética cidadã que permite ao indivíduo o autorreconhecimento enquanto cidadão e detentor de direitos, abrindo caminho para a reivindicação deles. Na perspectiva freireana, tal educação deve ser emancipadora e participativa, de forma a despertar os oprimidos para a luta pelo direito.

Também salientamos o reconhecimento dos limites à eficácia da educação, não podendo ser apontada como solução para todos os problemas, principalmente tendo em vista a conjuntura da dominação dos espaços públicos e deliberativos pelos interesses das grandes corporações. No entanto, há que reconhecer a importância da educação como um mecanismo para apropriação dos direitos humanos e os valores e éticas a eles relacionados.

Surge-nos, porém, a questão: a lógica mercantil poderia absorver valores éticos, tais quais os da solidariedade e da sustentabilidade? Tendemos a crer que os mercados, enquanto entes inanimados, não apreendem a ética, porém, a natureza humana por detrás dos mercados poderia apreendê-la e, por conseguinte, conduzi-los segundo um novo modelo.

Observamos, por fim, que, no Brasil, encontramo-nos nos passos preambulares para a construção de uma nova *paideia* de formação ética e humanista no campo da alimentação. Reconhecendo que a educação "não pode tudo, mas pode alguma coisa",[21] conforme a lição de Paulo Freire, cabe-nos descobrir os espaços (políticos, institucionais e extrainstitucionais) a serem ocupados e a serem "contaminados" pela ética da solidariedade, da sustentabilidade e da justiça social.

---

[21] FREIRE, Paulo. "Direitos humanos e educação libertadora." In: FREIRE, Paulo; FREIRE, Ana Maria Araújo (Orgs.). *Pedagogia dos sonhos possíveis*. São Paulo: Unesp, 2001, p. 100.

# Considerações finais

Este livro dedicou-se a compreender o conceito de direito humano à alimentação e sua interação com os ditames da sustentabilidade.

Em síntese, dedicamo-nos a: (i) compreender o processo de especificação da alimentação enquanto direito e o conteúdo do direito humano à alimentação; (ii) compreender o conceito de sustentabilidade no universo da alimentação, em particular na produção e no consumo de alimentos; (iii) identificar os conflitos advindos da implementação desse direito e apontar propostas para a superação desses obstáculos.

Algumas questões delinearam o eixo condutor da investigação, tais como: o que é direito humano à alimentação? O que é sustentabilidade? A sustentabilidade é um aspecto inerente ao direito humano à alimentação? Ela é verificada nos atuais modelos de produção e consumo de alimentos? Quais são os conflitos e impedimentos da realização do direito humano à alimentação sob o prisma da sustentabilidade?

A alimentação enquanto direito foi concebida a partir de um processo histórico de reconhecimento da necessidade de proteção jurídica em face das graves violações vivenciadas pela humanidade. Com a modernização, o processo de globalização, o império da lógica capitalista e o advento das tecnologias, as violações tornam-se mais complexas, exigindo a constante revisão e ampliação do conteúdo dos direitos protetivos. O direito à alimentação passa por esse processo. A afirmação do direito humano à alimentação é acompanhada do constante detalhamento do seu conteúdo. Conforme exposto na primeira parte desta obra, diversos aspectos compõem o conceito do direito humano à alimentação, como *disponibilidade* (existência de alimento suficiente no mercado para suprir as demandas), *acessibilidade* (o alimento deve estar fisicamente acessível de forma permanente, regular e socialmente justa a todas as pessoas, e deve ser economicamente acessível sem comprometer outras necessidades básicas), *adequação* (o alimento deve satisfazer as necessidades nutricionais de cada indivíduo, deve ser seguro para consumo humano, isento de substâncias adversas, culturalmente aceitável; deve permitir o gozo de outros direitos humanos; e respeitar o acesso à informação), e a alimentação deve ser *saudável* (acessível, saborosa, variada, colorida, harmônica, segura e culturalmente aceita). A responsabilidade primária para a realização do direito humano à alimentação é atribuída aos Estados, sendo obrigados a respeitar, proteger, promover e prover tal direito. Além disso, há também o dever de cooperação entre os Estados para a viabilização das políticas nacionais em prol de um sistema alimentar sustentável.

Ao atribuir à alimentação o caráter de direito humano, temos que a implementação do direito à alimentação deve necessariamente respeitar os princípios da igualdade e da não discriminação; da participação e inclusão; da prestação de contas pelo Estado; e da universalidade, indivisibilidade e interdependência dos direitos humanos. Necessário ter em vista também a proteção à soberania alimentar, ou seja, o respeito às culturas e à diversidade dos modos como os alimentos são produzidos, comercializados e consumidos.

Além desses aspectos, afirma-se que, para a concretização do direito humano à alimentação, a *sustentabilidade* deve estar presente nos processos de produção, comercialização e consumo dos alimentos. Isso nos direcionou à segunda parte deste livro.

Concluímos que, além da definição clássica da sustentabilidade, em que é sustentável o desenvolvimento que satisfaz as necessidades atuais sem comprometer a capacidade das gerações futuras para satisfazerem suas próprias necessidades, é necessário ter presente os aspectos social, ambiental, ecológico, cultural, econômico, territorial e político inerentes ao entendimento de sustentabilidade. Não há sustentabilidade enquanto houver desigualdade social; não há sustentabilidade enquanto houver afronta às tradições culturais locais; não há sustentabilidade enquanto os recursos renováveis e não renováveis da natureza não estiverem sendo preservados; não há sustentabilidade enquanto houver desigualdade no ambiente rural e urbano; não há sustentabilidade enquanto houver dependência econômica; não há sustentabilidade enquanto não houver uma política verdadeiramente democrática e participativa.

As premissas da sustentabilidade e o conteúdo do direito humano à alimentação coincidem, fortalecem-se mutuamente e complementam-se. Concluímos que a sustentabilidade na segurança alimentar é vinculada a ações de combate à pobreza e de ampliação das capacidades humanas e do poder de participação popular para influência em políticas públicas, assim como pressupõe a aplicação dos princípios da precaução e da prevenção, fundamentados na ética da solidariedade.

No entanto, ao sair da esfera do dever-ser e adentrar no mundo prático (em um recorte metodológico no caso dos alimentos transgênicos), e revisando as premissas da sustentabilidade defendidas nesta obra, não identificamos no atual modelo produtivo pautado na tecnologia transgênica os critérios essenciais que entendemos compor o conceito de sustentabilidade. Verificamos, em contrapartida, um modelo pautado em uma abordagem descontextualizada, que não considera o meio ambiente dentro de uma visão holística e humanista, centrado na concentração de riquezas e na lucratividade das grandes corporações, e desconsiderando também o princípio da precaução. Assim, concluímos que a produção de alimentos pautada no atual sistema de transgenia, por si só, não é um modelo sustentável, ferindo, portanto, os ditames do direito humano à alimentação adequada construídos e requeridos pela sociedade.

Abordamos a ação política do consumidor como uma potencial força motriz às mudanças nas práticas de mercado, dependendo, no entanto, da efetivação das responsabilidades estatais e do mercado quanto ao direito à informação.

Já na terceira e última parte, anotamos os principais óbices à realização do direito humano à alimentação sob as premissas da sustentabilidade, quais sejam, a primazia dos interesses do setor privado corporativo na esfera decisória política; o encolhimento do papel do Estado na condução de políticas públicas construídas democraticamente; os embates entre direitos advindos da regulação do mercado para garantia de direitos sociais; as dificuldades enfrentadas para a exigibilidade perante o Estado dos direitos econômicos, sociais e culturais (e do direito à alimentação que pertence a essa categoria); e as limitações para a justiciabilidade de direitos dessa natureza.

No entanto, apontamos ser possível a reivindicação através do Judiciário, e por meio de outros mecanismos de exigibilidade, dos deveres do Estado de respeitar, proteger, promover e prover o direito à alimentação. Tais exemplos permitem-nos afirmar ser admissível a utilização dos instrumentos de exigibilidade e justiciabilidade para reivindicar sistemas alimentares sustentáveis (conforme as premissas adotadas neste trabalho) e o conteúdo do direito humano à alimentação.

Por fim, um fator crucial destacado como desafio para a concretização do direito humano à alimentação é o papel da educação para a construção de uma consciência ética coletiva, que reafirme e valide o conteúdo do direito humano à alimentação sob a lógica da sustentabilidade e instrumentalize o cidadão para a ação política reivindicatória de seus direitos.

Finalizamos, assim, com um pensamento de Paulo Freire:

> Seres programados para aprender e que necessitam do amanhã como o peixe da água, mulheres e homens se tornam seres "roubados" se é-lhes negada a condição de partícipes da produção do amanhã. Todo amanhã, porém, sobre que se pensa e para cuja realização se luta implica necessariamente o sonho e a utopia. Não há amanhã sem projeto, sem sonho, sem utopia, sem esperança, sem o trabalho de criação e desenvolvimento de possibilidades que viabilizem a sua concretização [...]. O meu discurso em favor do sonho, da utopia, da liberdade, da democracia é o discurso de quem recusa a acomodação e não deixa morrer em si o gosto de ser gente, que o fatalismo deteriora.[1]

---

[1] FREIRE, Paulo. "Algumas reflexões em torno da utopia." In: FREIRE, Paulo; FREIRE, Ana Maria Araújo (Orgs.). *Pedagogia dos sonhos possíveis*. São Paulo: Unesp, 2001, p. 85-86.

# Referências bibliográficas

ALSTON, Philip. "International Law and the Human Right to Food." In: ALSTON, Philip, TOMASEVSKI, Katarina. *The right to Food*. São Paulo: SIM, 1984. Disponível em: <http://books.google.com.br/books?id=pe2FhMUtS7I-C&printsec=frontcover&hl=pt-BR&source=gbs_ge_summary_r&cad=0#v=onepage&q&f=false>. Acesso em: 27 jul. 2016.

ANTUNES, Paulo Bessa. *Direito Ambiental*. 7. ed. Rio de Janeiro: Lumen Juris, 2004.

ARENDT, Hannah. *A condição humana*. Trad. Roberto Raposo. 10. ed. Rio de Janeiro: Forense Universitária, 2004.

ARISTÓTELES *Ética a Nicômaco*. Trad. Leonel Vallandro e Gerd Bornheim. São Paulo: Abril Cultural, 1979.

AS-PTA (Assessoria e Serviços a Projetos em Agricultura Alternativa). "Com mais transgênicos, Brasil supera recorde de consumo de agrotóxicos." *Em pratos limpos*, 13 maio 2010. Disponível em: <http://pratoslimpos.org.br/?p=1052>. Acesso em: 20 jul. 2016.

_____. "CTNBio e CNBS". 28 de agosto de 2013. Disponível em: <http://pratoslimpos.org.br/?p=6197>. Acesso em: 27 jul. 2016.

_____. "Organizações da Sociedade Civil denunciam Brasil por descumprimento de legislação internacional sobre biossegurança." 14 de maio de 2008. Disponível em: <http://antigo.aspta.org.br/por-um-brasil-livre-de-transgenicos/protocolo-de-cartagena/organizacoes-da-sociedade-civil-denunciam-brasil-por-descumprimento-de-legislacao-internacional-sobre-biosseguranca>. Acesso em: 21 set. 2013.

AZEVEDO, Eliane de; RIGON, Silvia do Amaral. "Sistema agroalimentar com base no conceito de sustentabilidade." In: TADEI, José Augusto et al. *Nutrição em Saúde Pública*. Rio de Janeiro: Rubio, 2011.

BADUE, Ana Flavia Borges et al. *Manual pedagógico: entender para intervir. Por uma educação para o consumo responsável e o comércio justo*. São Paulo/Paris: Instituto Kairós/Artisans du Monde, 2005.

BECK, Ulrich. *La sociedad del riesgo global*. Madrid: Siglo Ventiuno de España Editores, 2002.

BEURLEN, Alexandra. *Direito humano à alimentação adequada no Brasil*. Curitiba: Juruá, 2009.

BOBBIO, Norberto. *A era dos direitos*. Trad. Carlos Nelson Coutinho. 6. reimpressão. Rio de Janeiro: Elsevier, 2004.

BOFF, Leonardo. *Saber cuidar – ética do humano – compaixão pela Terra*. Petrópolis: Vozes, 1999.

_____. *Sustentabilidade: o que é: o que não é*. Petrópolis, RJ: Vozes, 2012.

BOITEUX, Elza Antônia Pereira Cunha. "Educação e valores ambientais". *Revista da Faculdade de Direito da Universidade de São Paulo*, São Paulo, v. 103, p. 503-516, jan./dez. 2008.

_____. "O princípio da solidariedade e os direitos humanos de natureza ambiental". *Revista da Faculdade de Direito (USP)*, v. 105, p. 509-535, 2010.

_____; BOITEUX, Fernando Netto. *Poluição eletromagnética e meio ambiente: o princípio da precaução*. Porto Alegre: Sérgio Antonio Fabris Editor, 2008.

BORGES, Ana Flávia; GOMES, Fernanda Freire Ferreira. *Parceria entre consumidores e produtores na organização de feiras*. São Paulo: Instituto Kairós, 2011.

BONAVIDES, Paulo. *Curso de Direito Constitucional*. 22. ed. São Paulo: Malheiros, 2008.

BRASIL. Constituição Federal. 1988.

BRASIL. Código de Defesa do Consumidor. Lei n. 8.078, de 11 de setembro de 1990.

BRASIL. Estado de São Paulo. Lei Estadual de São Paulo n. 14.274, de 2010.

BRASIL. Lei de Biossegurança. Lei n. 11.105, de 24 de março de 2005.

BRASIL. Lei Nacional de Segurança Alimentar e Nutricional (Losan). Lei n. 11.346, de 15 de setembro de 2006.

BRASIL. Ministério da Saúde. Secretaria de Atenção à Saúde. Coordenação Geral da Política de Alimentação e Nutrição. *Guia alimentar para a população brasileira: promovendo a alimentação saudável*. Brasília: Ministério da Saúde, 2005.

BRASIL. Ministério da Saúde. Secretaria de Atenção à Saúde. Departamento de Atenção Básica. Guia alimentar para a população brasileira / Ministério da Saúde, Secretaria de Atenção à Saúde, Departamento de Atenção Básica. 2. ed. Brasília: Ministério da Saúde, 2014.

BRASIL. Ministério da Saúde. Vigitel 2014. Brasília, DF: Ministério da Saúde, 2015.

BRASIL. Ministério do Desenvolvimento Social e Combate à Fome. *Marco de referência de educação alimentar e nutricional para as políticas públicas.* Brasília, DF: MDS/Secretaria Nacional de Segurança Alimentar e Nutricional, 2012.

BUCCI, Maria Paula Dallari. "Buscando um conceito de políticas públicas para concretização dos direitos humanos." In: BUCCI et al. (Orgs.). *Direitos Humanos e políticas públicas.* São Paulo: Polis, 2001.

_____. *Direito Administrativo e políticas públicas.* 2000. Tese (Doutorado em Direito Administrativo) – Faculdade de Direito da Universidade de São Paulo, São Paulo, 2000.

BURITY, Valéria; FRANCESCHINI, Thaís; VALENTE, Flavio; RECINE, Elisabetta; LEÃO, Marília; CARVALHO, Maria de Fátima. *Direito humano à alimentação adequada no contexto da segurança alimentar e nutricional.* Brasília: Abrandh, 2010.

CAISAN (Câmara Interministerial de Segurança Alimentar e Nutricional). Conselho de Direitos Humanos. Décima sexta sessão. *Relatório apresentado pelo relator especial sobre direito à alimentação, Olivier de Schutter.* Brasília, DF: MDS, 2012.

CANÇADO TRINDADE, Antônio Augusto. "Direitos Econômicos e Sociais." In: CANÇADO TRINDADE, Antônio Augusto (Ed.). *A incorporação das normas internacionais de proteção dos direitos humanos no direito brasileiro.* San Jose da Costa Rica/Brasília: Instituto Interamericano de Direitos Humanos, 1991.

CARVALHO RAMOS, André de. "O Supremo Tribunal Federal e o Direito Internacional dos Direitos Humanos."

In: SARMENTO, Daniel; SARLET, Ingo Wolfgang (Orgs.). *Direitos fundamentais no Supremo Tribunal Federal: balanço e crítica*. Rio de Janeiro: Lumem Juris, 2011.

_____. *Processo Internacional de Direitos Humanos – Análise dos sistemas de apuração de violações dos direitos humanos e a implementação de decisões no Brasil*. Rio de Janeiro: Ed. Renovar, 2002.

CARTA DE OTTAWA. Primeira Conferência Internacional sobre Promoção da Saúde. Ottawa, novembro de 1986.

CASTRO, Josué de. "Explosão demográfica e a fome no mundo. *Civillità delle Machine*, jul./ago. de 1968, Roma." In: Castro, Anna Maria de (Org.). *Fome, um tema proibido – últimos escritos de Josué de Castro*. Rio de Janeiro: Civilização Brasileira, 2003.

CAVALCANTI, Ana Elizabeth Lapa Wanderley. "A rotulagem dos alimentos geneticamente modificados e o direito à informação do consumidor." In: PAESANI, Liliana Minardi (Coord.). *O direito na sociedade de informação*. São Paulo: Atlas, 2007.

CHOMENKO, Luiza. *Texto básico 3: biodiversidade e biotecnologia. Curso de especialização em Direito Ambiental*. Porto Alegre: Pontifícia Universidade Católica do Rio Grande do Sul, 2005.

COMEST (World Comission on the Ethics of Science and Technology). The precautionary principles. (SHS-2005/WS/21 cld/d 20151). Paris: Unesco, 2005.

COMISSÃO MUNDIAL SOBRE MEIO AMBIENTE E DESENVOLVIMENTO. *Relatório Brundtland: nosso futuro comum*. 2. ed. Rio de Janeiro: Editora da Fundação Getúlio Vargas, 1991.

COMPARATO, Fábio Konder. *A afirmação histórica dos direitos humanos*. 6. ed. São Paulo: Saraiva, 2008.

_____. "A proteção do consumidor: importante capítulo do direito econômico." In: MJ/CNDC. *Defesa do consumidor: textos básicos*. Brasília: MJ/CNDC, 1988.

_____. "Ensaio sobre o juízo de constitucionalidade de políticas públicas." *Revista dos Tribunais*, São Paulo, ano 86, v. 737, p. 11-22, mar. 1997.

_____. *Ética: direito, moral e religião no mundo moderno*. São Paulo: Companhia das Letras, 2006.

CONSEA. III CONFERÊNCIA NACIONAL DE SEGURANÇA ALIMENTAR E NUTRICIONAL. *Documento base*. Brasília: Consea, 2007.

_____. *A segurança alimentar e nutricional e o direito humano à alimentação adequada no Brasil: indicadores e monitoramento – da Constituição de 1988 aos dias atuais*. Brasília: Consea, novembro de 2010.

Consumers International/MMA/MEC/IDEC. *Consumo sustentável: manual de educação*. Brasília, 2005. Disponível em: <http://portal.mec.gov.br/dmdocuments/publicacao8.pdf>. Acesso em: 22 jul. 2016.

DONNELLY, Jack. "Ethics and International Human Rights". In: *Ethics and International Affairs*. Japão: United Nations University Press, 2001.

DUFUMIER, Marc. "Os organismos geneticamente modificados (OGMS) poderiam alimentar o terceiro mundo?" In: ZANONI, Magda; FERMENT, Gilles (Orgs.). *Transgênicos para quem? Agricultura, ciência e sociedade*. Brasília: MDA, 2011, p. 380-405.

_____. "Os riscos para a biodiversidade desencadeados pelo emprego das plantas geneticamente modificadas." In: ZANONI, Magda; FERMENT, Gilles. *Transgênicos para quem? Agricultura, ciência e sociedade*. Brasília: MDA, 2011, p. 244-248 (Série Nead debate 24).

DUPAS, Gilberto. *Tensões contemporâneas entre o público e o privado*. São Paulo: Paz e Terra, 2003.

EIDE, Asbjørn. Right to Adequate Food as Human Right. Human Rights Studies Series N. 1, Sales N. E.89.XIV.2, New York, United Nations, 1989.

Embrapa (Empresa Brasileira de Pesquisa Agropecuária). *Marco referencial em agroecologia*. Brasília: Embrapa Informação Tecnológica, 2006.

FAO. Declaração de Roma sobre a Segurança Alimentar Mundial e Plano de Ação da Cimeira Mundial da Alimentação (versão em português). Roma: FAO, 1996. Disponível em: <http://www.fao.org/wfs/index_en.htm>. Acesso em: 20 jul. 2016.

_____. Declaração aprovada na Cúpula Mundial da Alimentação: cinco anos depois. World Food Summit: five years later FAO Headquarters, Rome, Italy, 10-13 June 2002. Disponível em: <ftp://ftp.fao.org/docrep/fao/meeting/004/Y6948E.PDF>. Acesso em: 20 jul 2016.

_____. Diretrizes Voluntárias em apoio à realização progressiva do direito humano à alimentação adequada no contexto da segurança alimentar nacional. Roma, 2015 [edição portuguesa]. Disponível em: <http://www.fao.org/3/b-y7937o.pdf >. Acesso em: 20 jul. 2016.

_____. IFAD and WFP. 2015. The State of Food Insecurity in the World 2015. Meeting the 2015 international hunger targets: taking stock of uneven progress. Rome, FAO.

Disponível em: <http://www.fao.org/3/a-i4671e.pdf>. Último acesso em: 20 jul. 2016.

FERMENT, Gilles. "Análise de risco das plantas transgênicas: princípio da precaução ou da precipitação?" In: ZANONI, Magda; FERMENT, Gilles. *Transgênicos para quem? Agricultura, ciência e sociedade*. Brasília: MDA, 2011 (Série Nead debate 24).

_____; NODARI, Rubens Onofre; ZANONI, Magda. *Estudo de caso: sojas convencionais e transgênicas no Planalto do Rio Grande do Sul. Propostas de sistematização de dados e elaboração de estudos de biossegurança*. Brasília: Ministério do Desenvolvimento Agrário, 2010.

FERRAZ, Antônio Augusto Camargo; MILARÉ, Édis; NERY JUNIOR, Nelson. *A ação civil pública e a tutela dos interesses difusos*. São Paulo: Saraiva, 1984.

FIAN International (Foodfirst Information and Action Network); Human Rights Organization for the Right to Feed Oneself; WANAHR (World Alliance for Nutrition and Human Rights; Institute Jacques Maritain International. "International Code of Conduct on Human Right to Adequate Food." Disponível em: <http://www.iatp.org/files/International_Code_of_Conduct_on_the_Human_Rig.htm>. Acesso em: 20 jul. 2016.

FREIRE, Paulo; FREIRE, Ana Maria Araújo (Orgs.). *Pedagogia dos sonhos possíveis*. São Paulo: Unesp, 2001.

FRIEDMAN, Harriet; McMICHAEL, Philip. "Agriculture and state system: The rise and decline of national agricultures, 1870 to the present." *Sociologia Ruralis*, 1989; 29(2):93-117.

GIDDENS, Anthony. *As consequências da modernidade*. São Paulo: Unesp, 1991.

GOLAY, Christophe. *Direito à alimentação e acesso à justiça: Exemplos em nível nacional, regional e internacional.* Roma: Organização das Nações Unidas para Agricultura e Alimentação, 2009. Disponível em: <http://www.fao.org/docrep/016/k7286p/k7286p.pdf>. Acesso em: 20 jul. 2016.

GRINOVER, Ada Pellegrini. "Judiciário pode intervir no controle do Executivo." *Revista Consultor Jurídico* [on-line], 8 de maio de 2009. Disponível em: <http://www.conjur.com.br/2009-mai-08/judiciario-intervir-executivo-controlar-politicas-publicas>. Acesso em: 27 jul. 2016.

_____. *O processo: estudos e pareceres.* 2. ed. São Paulo: DPJ, 2009.

GRIOT, Jean-Yves. "OGMs e o poder do consumidor: o desafio da rotulagem." In: ZANONI, Magda; FERMENT, Gilles (Orgs.). *Transgênicos para quem? Agricultura, ciência e sociedade.* Brasília: MDA, 2011.

GRUPO DE CIÊNCIA INDEPENDENTE. HO, Mae-Wan et al. *Em defesa de um mundo sustentável sem transgênicos.* São Paulo: Expressão Popular, 2004.

GUERRA, Pablo. *Qué es el consumo responsable? Cartilha n. 3, 2011* (Serie Kolping – Economía Solidaria).

IDEC – Instituto Brasileiro de Defesa do Consumidor. "Festa junina transgênica." Disponível em: <http://www.idec.org.br/consultas/testes-e-pesquisas/festa-junina-transgenica>. Acesso em: 22 jul. 2016.

JAEGER, Werner Wilhelm. *Paideia: a formação do homem grego.* Trad. Arthur M. Parreira. 4. ed. São Paulo: Martins Fontes, 2001.

LACEY, Hugh. *A controvérsia sobre os transgênicos: questões científicas e éticas.* São Paulo: Ideias e Letras, 2006.

_____. "Crescimento econômico, meio ambiente e sustentabilidade." *Mercado ético* [on-line], 23 de julho de 2009. Disponível em: <http://mercadoetico.terra.com.br/?p=11512&preview=true>. Acesso em: 5 set. 2013.

_____. "Há alternativas ao uso de transgênicos?" *Novos estudos, CEBRAP*, São Paulo, n. 78, julho de 2007.

_____. "OGMs: A estrutura da controvérsia." *ComCiência, Revista eletrônica de Jornalismo Científica* [on-line], 10 de maio de 2002. Disponível em: <http://comciencia.br/reportagens/transgenicos/trans12.htm>. Acesso em: 21 jul. 2016.

_____. "O princípio da precaução e a autonomia da ciência." *Scientle studia*, São Paulo, v. 4, n. 3, 2006.

LAFER, Celso. *A reconstrução dos direitos humanos: um diálogo com o pensamento de Hannah Arendt*. São Paulo: Companhia das Letras, 1988.

LEÃO, Marília; MALUF, Renato. *A construção social de um sistema público de segurança alimentar e nutricional: a experiência brasileira*. Brasília: Abrandh, 2012.

_____; RECINE, Elisabetta. "O direito humano à alimentação adequada." In: TADDEI, José Augusto et al. (Orgs.). *Nutrição em Saúde Pública*. Rio de Janeiro: Editora Rubio, 2011.

LEDESMA, Héctor Faúndez. "Las dimensiones jurídicas del derecho a la alimentación." In: *Memorias del seminario "El derecho a la alimentación como derecho fundamental"*. Caracas, 12-14 de julho de 1996.

LEITE, José Rubens Morato. *Dano ambiental: do individual ao coletivo extrapatrimonial*. São Paulo: Revista dos Tribunais, 2000.

_____; AYALA, Patryck de Araújo. "Novas tendências e possibilidades do Direito Ambiental no Brasil." In: WOLKMER, Antônio Carlos; LEITE, José Rubens Morato (Orgs.). *Os novos direitos no Brasil: natureza e perspectivas: uma visão básica das novas conflituosidades jurídicas*. São Paulo: Saraiva, 2003.

LEMOS, Patrícia Faga Iglecias. "Responsabilidade civil e dano ao meio ambiente: novos rumos." *ACTA Científica – Ciências Humanas*, v. 2, n. 11, 2º semestre, 2006.

LORENZETTI, Ricardo Luiz. *Teoria da decisão judicial: fundamentos do direito*. São Paulo: Revista dos Tribunais, 2009.

MAGALHÃES, Vladmir Garcia. "O princípio da precaução e os organismos transgênicos." In: VARELLA, Marcelo Dias; BARROS-PLATIEU, Ana Flávia (Orgs.). *Organismos geneticamente modificados*. Belo Horizonte: Del Rey, 2005.

MALUF, Renato S. *Segurança alimentar e nutricional*. 3. ed. Petrópolis: Vozes, 2011.

MORAES, Alexandre de. *Direitos humanos fundamentais: teoria geral, comentários aos arts. 1º a 5º da Constituição da República Federativa do Brasil, doutrina e jurisprudência*. 9. ed. São Paulo: Atlas, 2011.

NAÇÕES UNIDAS. A/58/330, 28 de agosto de 2003, p. 2. Disponível em: <https://documents-dds-ny.un.org/doc/UNDOC/GEN/N03/484/16/PDF/N0348416.pdf?OpenElement>. Acesso em: 20 jul. 2016.

_____. Comitê de Direitos Econômicos, Sociais e Culturais. Comentário Geral n. 12 sobre o direito à alimentação adequada, E/C.12/1999/5. Disponível em: <http://www.fao.org/fileadmin/templates/righttofood/documents/

RTF_publications/EN/General_Comment_12_EN.pdf>. Acesso em: 20 jul. 2016.

_____. Division for Sustainable Development Department of Economic and Social Affairs. Background paper for the United Nations Inter-Regional Expert Group Meeting on Consumer Protection and Sustainable Consumption: New Guidelines for the Global Consumer. São Paulo, Brazil. 28-30 January 1998. Disponível em: <http://www.un.org/documents/ecosoc/cn17/1998/background/ecn-171998-consumer.htm>. Acesso em: 27 jul. 2016.

_____. *General Comments 12*. E/C.12/1999/5.

_____. E/CN.17/1998/5.

_____. E/CN.4/2001/53.

_____. Pacto Internacional dos Direitos Econômicos, Sociais e Culturais. Adotada pela Resolução n. 2.200-A (XXI) da Assembleia geral das Nações Unidas, em 16 de dezembro de 1966 e ratificada pelo Brasil em 24 de janeiro de 1992.

_____. Relatório preliminar do relator especial da Comissão de Direitos Humanos para o direito à alimentação, Jean Ziegler. 23 de julho de 2001. Parágrafo 23. (A/56/210). Disponível em: <http://www.righttofood.org/wp-content/uploads/2012/09/A56210.pdf>. Acesso em: 20 jul. 2016.

_____. Scaling Up Global Food Security and Sustainable Agriculture, United Nations Global Compact, 2012, p. 21. Disponível em: <http://www.unglobalcompact.org/docs/issues_doc/agriculture_and_food/Scaling_Up_Food_Ag.pdf>. Acesso em: 27 jul. 2016.

_____. The Human Rights Based Approach to Development Cooperation: Towards a Common Understanding Among the U.N. Agencies (May 2003). Disponível em: <https://

www.humanrights.gov.au/sites/default/files/content/social_justice/conference/engaging_communities/un_common_understanding_rba.pdf>. Acesso em: 20 jul. 2016.

_____. United Nations Guidelines for Consumer Protection (as expanded in 1999). New York: Department of Economic and Social Affairs, 2003. Disponível em: <http://www.un.org/esa/sustdev/publications/consumption_en.pdf>. Acesso em: 27 jul. 2016.

NODARI, Rubens Onofre. "Ciência precaucionária como alternativa ao reducionismo científico aplicado à biologia molecular." In: ZANONI, Magda; FERMENT, Gilles (Org.). *Transgênicos para quem? Agricultura, ciência e sociedade*. Brasília: MDA, 2011.

_____. "Calidad de los análisis de riesgo e inseguridad de los transgénicos para la salud ambiental y humana." *Revista Peruana de Medicina Experimental y Salud Pública*, v. 26, p. 74-82, 2009. Disponível em: <http://www.ins.gob.pe/insvirtual/images/artrevista/pdf/rpmesp2009.v26.n1.a15.pdf>. Acesso em: 21 jul. 2016.

_____; DESTRO, Deonísio. "Relatório sobre a situação de lavouras de soja da região de Palmeiras das Missões (RS): safra 2001/2002." Disponível em: <http://www.greenpeace.org.br/transgenicos/pdf/soja-produtiva.pdf>. Acesso em: 27 jul. 2016.

NOISETTE, Christophe. "OGM: as empresas colhem os dividendos da fome." In: ZANONI, Magda; FERMENT, Gilles (Orgs.). *Transgênicos para quem? Agricultura, ciência e sociedade*. Brasília: MDA, 2011.

NOVELLI, Mariano H. "La justicia en el derecho ambiental." *Revista del Centro de Investigaciones de Filosofía Jurídica y Filosofía Social*, n. 32, p. 81-94, 2009.

OMS. Preâmbulo da Constituição da Organização Mundial da Saúde, 1946.

PIESSE J.; THIRTLE C. Agricultural R & D, technology and productivity. *Philosophical Transactions of The Royal Society B.*, v. 365, n. 1.554, p. 3035-3047, 2010. Disponível em: <http://rstb.royalsocietypublishing.org/content/365/1554/3035.full.pdf+html>. Último acesso em: 27 jul. 2016.

PIOVESAN, Flávia. Temas de Diretos Humanos. 2. ed. São Paulo: Max Limonad, 2003.

_____. "Proteção dos Direitos Econômicos, Sociais e Culturais e do Direito à Alimentação Adequada: mecanismos nacionais e internacionais." In: PIOVESAN, Flávia; CONTI, Irio Luiz (Coords.). "Direito humano à alimentação adequada". Rio de Janeiro: Lumen Juris, 2007.

PORTILHO, Fátima; CASTAÑEDA, Marcelo; CASTRO, Inês Rugani Ribeiro de. "A alimentação no contexto contemporâneo: consumo, ação política e sustentabilidade." *Ciência & saúde coletiva*, Rio de Janeiro, v. 16, n. 1, jan. 2011. Disponível em: <http://www.scielo.br/scielo.php?script=sci_arttext&pid=S1413-81232011000100014>. Acesso em: 22 jul. 2016.

PORTILHO, Fátima. "Novos atores no mercado: movimentos sociais econômicos e consumidores politizados." *Revista Política e Sociedade. Dossiê Sociologia Econômica*, v. 8, n. 15, 2009.

PORTO, Sílvio Isoppo. "CONAB. Visões institucionais sobre a dinâmica atual e futura da difusão da soja transgênica no Brasil." In: SEMINÁRIO GICOGM, Brasília, 3 de agosto de 2009. Disponível em: <portal.mda.gov.br/o/3050680>. Acesso em: 20 jul. 2016.

RIOS, Josué de Oliveira; LAZZARINI, Marilena; NUNES Jr., Vidal Serrano. (Orgs.). *Código de Defesa do Consumidor Comentado.* São Paulo: Idec/Globo, 2001 (Série Cidadania).

SACHS, Ignacy. *Caminhos para o desenvolvimento sustentável.* Rio de Janeiro: Garamond, 2009.

SALAZAR, Andrea Lazzarini. "A informação sobre alimentos transgênicos no Brasil." In: ZANONI, Magda; FERMENT, Gilles (Orgs.). *Transgênicos para quem? Agricultura, ciência e sociedade.* Brasília: MDA, 2011.

SARLET, Ingo Wolfgang. *A eficácia dos direitos fundamentais.* 8. ed. Porto Alegre: Livraria do Advogado, 2007.

SEN, Amartya. *Desenvolvimento como liberdade.* Trad. Laura Teixeira Motta. São Paulo: Companhia das Letras, 2010.

SILVA, Daniel José da. "Ética, educação e sustentabilidade." COEB 2012, p. 2. Disponível em: <http://www.pmf.sc.gov.br/arquivos/arquivos/pdf/13_02_2012_10.54.00.7c80cd14c3771f0d648accb834e4e269.pdf>. Último acesso em: 27 jul. 2016.

SILVA, Guilherme Amorim Campos da. *Direito ao desenvolvimento.* São Paulo: Método, 2004.

SILVA, José Afonso da. *Aplicabilidade das normas constitucionais.* São Paulo: Malheiros, 2000.

SILVA, Virgílio Afonso da. "O Judiciário e as políticas públicas: entre transformação social e obstáculo à realização dos direitos sociais." In: SOUZA NETO, Cláudio; SARMENTO, Daniel. *Direitos sociais: fundamentação, judicialização e direitos sociais em espécies.* Rio de Janeiro: Lumen Juris, 2008.

SODRÉ, Marcelo Gomes. "Objetivos, Princípios e Deveres da Política Nacional das Relações de Consumo." In:

SODRÉ, Marcelo Gomes; MEIRA, Fabíola; CALDEIRA, Fabíola (Coords.). *Comentários ao Código de Defesa do Consumidor*. 1. ed. São Paulo: Editora Verbatim, 2009.

_____. *Formação do Sistema Nacional de Defesa do Consumidor*. São Paulo: Revista dos Tribunais, 2007.

VALENTE, Flavio Luiz Schieck. "Frustrações e desafios cinco anos depois." *Observatório da cidadania*, 2002. Disponível em: <http://www.socialwatch.org/sites/default/files/pdf/en/tematicosc2002_bra.pdf>. Acesso em 20 jul 2016.

VARELLA, Marcelo Dias. "O tratamento jurídico-político dos OGMs no Brasil." In: VARELLA, Marcelo Dias; BARROS-PLATIEU, Ana Flávia (Orgs.). *Organismos geneticamente modificados*. Belo Horizonte: Del Rey, 2005.

VIEIRA, Adriana Carvalho Pinto; VIEIRA JÚNIOR, Pedro Abel. *Direitos dos consumidores e produtos transgênicos: uma questão polêmica para a bioética e o biodireito*. Curitiba: Juruá, 2005.

WINDFUHR, Michael. "The Code of Conduct on the Right to Adequate Food: A Tool for Civil Society." Disponível em: <http://www.worldhunger.org/articles/global/foodashumrgt/windfuhr.htm>. Acesso em: 20 jul. 2016.

WORLD CANCER RESEARCH FUND/AMERICAN INSTITUTE FOR CANCER RESEARCH. Food, Nutrition, Physical Activity, and the Prevention of Cancer: a Global Perspective. Washington DC: World Cancer Research Fund/American Institute for Cancer Research, 2009.

YOSHIDA, Consuelo Y. Moromizato. "Sustentabilidade Urbano-Ambiental: os conflitos sociais, as questões urbanístico-ambientais e os desafios à qualidade de vida nas cidades." In: MARQUES, José Roberto (Org.). *Sustentabilidade e temas fundamentais de Direito Ambiental*. Campinas, SP: Milennium, 2009.

ZANONI, Magda; MELGAREJO, Leonardo; NODARI, RUBENS; DAL'SOGLIO, Fabio Kessler; KAGEYAMA, Paulo; FERRAZ, José Maria; BRACK, Paulo; SILVA, Solange Teles da; CHOMENKO, Luiza; DEFFUNE, Geraldo. "O biorrisco e a Comissão Técnica de Biossegurança: lições de uma experiência." In: ZANONI, Magda; FERMENT, Gilles. (Orgs.). *Transgênicos para quem? Agricultura, ciência e sociedade*. Brasília: MDA, 2011.

Impresso na gráfica da
Pia Sociedade Filhas de São Paulo
Via Raposo Tavares, km 19,145
05577-300 - São Paulo, SP - Brasil - 2017